Franconofurt – Frankenfurth – Franckfurt – Frankfurt am Main. Von einer brieflichen Erwähnung durch Karl den Großen im Jahre 794 über Johann Wolfgang von Goethes Jugenderinnerungen hin zu den Tagebuchaufzeichnungen Max Frischs aus den Nachkriegsjahren im 20. Jahrhundert spannt sich der Bogen in dieser Anthologie. Die Texte bezeugen und verdichten die bedeutende, wechselvolle Historie der Stadt.

Diese Reihe nimmt deutsche Städte, Flüsse und Regionen in den Blick: Auszüge aus literarischen Klassikern, Gedichte, Sagen, Märchen und Briefe über die verschiedenen Landstriche versammeln Historisches und Mythisches, Kurioses und Aufschlussreiches.

Es erschienen außerdem: Berlin, Dresden, Harz, Rhein, Schwaben

Unsere Adresse im Internet: www.fischerverlage.de

Frankfurt

Eine Lese-Verführung

Herausgegeben von
Jörg Bong

Fischer Taschenbuch Verlag

Für Leo, den Frankfurter

2. Auflage: Oktober 2009

Originalausgabe
Veröffentlicht im Fischer Taschenbuch Verlag,
einem Unternehmen der S. Fischer Verlag GmbH,
Frankfurt am Main, Oktober 2009

Gesamtherstellung: CPI – Clausen & Bosse, Leck
Printed in Germany
ISBN 978-3-596-65001-9

Inhalt

Brief von Karl dem Großen an den Bischof von Toledo 9

Paul Schede Gleichwie Hellas 11

Karl Enslin Frankfurt's Gründung 12

Ludwig Braunfels Frankfurt unter Karolingern und Staufern 17

Karl Simrock Frankfurts Weg zur freien Reichsstadt 28

Johann Steinwert von Soest Ein Spruchgedicht zu Lob und Ehre der Stadt Frankfurt 35

Achim von Arnim Von der Belagerung der Stadt Frankfurt 43

Hans Sachs Schwank: Von dem frommen adel 47

Johann Rudolf Karst Lorbeer-Crantz der weltberuffenen Stadt Franckfurt 51

Johann Albrecht Jormann Das Gewimmel und Getümmel der Franckfurter Meß 55

Johann Wolfgang von Goethe Aus meinem Leben 61

Catharina Elisabeth Goethe Frau Rat Goethe schildert ihrem Sohn die Stadtbeschießung 1796 80

Adolph Freiherr von Knigge Der Roman meines Lebens, in Briefen herausgegeben 83

Johann Kaspar Riesbeck Brief eines reisenden Franzosen über Deutschland an seinen Bruder in Paris 86

Georg Forster Ansichten vom Niederrhein 89

Johann Gottfried Seume Spaziergang nach Syrakus im Jahre 1802 91

Jacob und Wilhelm Grimm Die Sachsenhäuser Brücke zu Frankfurt 93
Karl Malß Der alte Bürger-Capitain 94
E. T. A. Hoffmann Das Schneiderlein von Sachsenhausen 99
Karl Julius Weber Das Stadtgebiet ist ein großer Garten 101
Wilhelm Hauff Mein Besuch in Frankfurt 106
Karl Julius Weber Die Frankfurter Küche steht auf der Höhe der Zeit 119
Ludwig Börne Aus meinem Tagebuche 122
Robert Schumann Brief an die Mutter 130
Johann Ludwig Deinhardstein Vergnügungen zur Messezeit um 1830 133
Eduard Beurmann Die Main-Lust 136
Bettina von Arnim Goethes Briefwechsel mit einem Kinde 141
Ludwig Börne Über Goethes Briefwechsel mit einem Kinde 150
Heinrich Heine Ludwig Börne. Eine Denkschrift 153
Ludwig Tieck Der junge Tischlermeister 157
Karl Gutzkow Die drei Farben 164
W. Wagner Die Frankfurterinnen 166
Gérard de Nerval Frankfurt bietet das Bild einer gotischen Großstadt 171
Karl Simrock Die Frankfurter – ein sehr geistreicher Menschenschlag 172
Friedrich de la Motte Fouqué Lebensgeschichte des Baron Friedrich de la Motte Fouqué 175
Heinrich Heine Der Rabbi von Bacherach 178
Ludwig Braunfels Straßen und Plätze, Paläste und Spazierwege 190
Malwida Freiin von Meysenbug Memoiren einer Idealistin 194
Louise Aston Revolution und Contrerevolution 204
Georg Herwegh Das Reden nimmt kein End 209
Karl Enslin Auf dem Feldberg 211
Luise Büchner Deutsche Geschichte von 1815–1870 213

Richard Wagner Mein Leben 221
Johanna Spyri Heidis Lehr- und Wanderjahre 225
Friedrich Stoltze Frankfurt 232
Joachim Ringelnatz Frankfurt am Main 234
Kurt Tucholsky Kleine Dienstreise 235
Heinrich Wassermann Am Freßgass-Brunnen 237
Werner Bergengruen Deutsche Reise 239
Max Frisch Tagebuch 1946–1949 241

Anmerkungen des Herausgebers 243

Autorenviten und Quellenverzeichnis 248

Karl der Große erwähnt Frankfurt 794 als namhaften Ort in einem Brief an den Bischof von Toledo: »*an jenem bekannten (berühmten) Ort, der Frankfurt genannt wird*« (»*inloco caelebri quidir franconofurd*«); die erste bekannte urkundliche Nennung der Stadt stammt aus dem Jahre 793.

Anno Dni 794.
Francofurdense Conc.
adversus Elipandum Tolet.
congregatum.

INCP LIBELLUS SACROSYLLAB; CATHOLICO SA
LUBRITER EDITUS STILO IN CONSILIO DIVINO
NUTO HABITO IN SUBURBANIS MOGUNTIAE
METROPOLITANE CIUITATIS REGIONE GER
MANIE IN LOCO CAELEBRI QUI DICITUR FRANCO
NO FURD. SUB PRESENTIA CLEMENTISSIMI
PRINCIPIS DOMNI CAROLO GLORIOSIQ: REGIS
ANNO FELICISSIMO REGNI EI XXVI. & XX
PLACUIT IGITUR SCO UENERANDOQ: CONCILIO
QUATENUS HIC LIBELLUS P CAUSA FIDEI AD
PUINTIAS GALLICIAE AC SPANIARU MITTI
DEBERET NOXIOS RESECCANDOS ERRORES
SPECIALITAU ADELIPANDU TOLITANE SEDIS
EPM IN QUO OMIS HUI NEGOTII CONSTAT MA
TERIA QUESTIONUM

Sco incitante spu ac zelo fidaei catholicae scintil
latim sub pectore feruescente. clementissimi
& tranquillissimi. gloriosiq; caroli regis. domini
terrae imperii ei decreta p diuersas puincias
regni ei ditioni subiectas. summa celeritate p
currentia multitudo antistitum. sacris obtem
perando pceptis in uno collegio congregata conue
nit; Quadam die residentibus cunctis in aula

Paul Schede

Gleichwie Hellas

(Aus dem Lateinischen)

Gleichwie Hellas im Griechenland
Gantz Griechen ist worden genannt,
Gleichwie Rom die Welt praesentiert
Und die gantz Welt genennet wird,
Gleich man Neapolin die Stadt
Italien geheißet hat,
Und gleich wie jetzt in Gallia
Gantz Frankreich ist Lutetia:
Also Franckenfurth heut zu Tag
Man dich ganz Teutschland nennen mag,
Von wegen deiner Herrlichkeit
Der Messen und ander Freyheit.

Karl Enslin

Frankfurt's Gründung

Karolus Magnus, der Kaiser des großen Frankenreiches, führte viele und lange Kriege mit den heidnischen Sachsen, die er mit aller Gewalt zum Christenthum bekehren wollte.

Aber die Sachsen wehrten sich tapfer um ihren Glauben und ihre Freiheit und schlugen gar manchmal das Heer ihres gewaltigen Feindes.

So mußt' er denn auch einmal, nachdem ihm viele seiner Helden von Sachsenhänden erschlagen worden, mit dem Rest seines Heeres fliehen in Nacht und Nebel.

Und sie kamen an den Fluß, der da Main genennet wird, hätten gern drüber gemocht, konnten aber nicht; denn er war tief.

Die Sachsen aber waren hinter ihnen; und so war die Noth groß und guter Rath theuer.

Da betete der Kaiser und that ein Gelübde: wenn ihn Gott glücklich hinüber geleite, wolle er drüben eine Stadt gründen, die zur Ehre des Herrn erblühen solle.

Da zertheilte sich der Nebel, und die Franken sahen eine weiße Hirschkuh mit ihren Jungen durch das Wasser gehen bis an das jenseitige Ufer.

Und sie folgten ihr nach durch die Furt und erreichten glücklich das Land.

Die Sachsen aber konnten im Nebel die Furt nicht mehr finden.

Da redete der Kaiser seine Krieger folgendermaßen an:

»Es ist mir lieber, den Vorwurf von den Völkern zu hören, ich sei geflohen, als daß sie sagen, ich sei gefallen; denn so lang ich lebe, lebt auch der Rächer meiner Ehre! Die göttliche Barmherzigkeit aber sei gepriesen! Und diese Stätte hier sei fernerhin der Franken Furt genannt; dort drüben aber sollen die Sachsen hausen!« –

Und bis auf den heutigen Tag nennt man die Stadt am Main: Frankfurt und Sachsenhausen. Und auf der Sachsenhäuser Brücke, nicht sehr weit von der Stelle, an der die Furt war (am Fahrthor), steht das Denkmal des großen Karl, des Gründers der Mainstadt.

Diese Sage ist nacherzählt der Chronik des Bischofs Thietmar von Merseburg (geb. 976, gest. 1018) und ist die einzige über die Gründung Frankfurts, die, wenn auch nicht im Volk entsprungen, doch ins Volk gedrungen, jedoch wohl erst in neuerer Zeit durch Buch und Schule.

Da nun aber, wohl mit veranlaßt durch diese Sage, unter dem Volke noch häufig die Meinung auftaucht, Karl der Große sei der wirkliche erste Erbauer Frankfurts gewesen, so ist zu berichtigen, daß der Ursprung Frankfurts in viel frühere Jahrhunderte fällt, und daß Karl der Große es nur aus seinem sagenhaften Dunkel hervorhob, indem er im Jahre 794 eine große Kirchenversammlung daselbst hielt, von welcher sich die erste bekannte Urkunde datirt, worin Frankfurt genannt wird; demnach muß auch schon damals (794) Frankfurt ein sehr bedeutender Ort gewesen sein.

Im Jahr 790 kam Karl der Große auf einer Mainreise zu Schiff an der Frankenfurt vorüber und mochte wohl damals den ersten Entschluß gefaßt haben, in dieser schönen, milden Waldgegend (dem Dreieichenhain) ein Jagdschloß zu erbauen – an der Stelle der jetzigen Leonhardskirche.

Im Jahr 794 war die untere Maingegend der Sammelplatz der

fränkischen Krieger, die gegen die Sachsen zogen. Um in der Nähe seines Heeres bleiben zu können, ließ Karl jene Kirchenversammlung in dem Palast und Flecken Franconofurd halten.

In der Nähe der Königshöfe zwang Karl die besiegten Sachsen, sich anzubauen. Daher: Sachsenhausen. –

Jene Kirchenversammlung, durch die Frankfurt zuerst im fränkischen Reiche bekannt und berühmt ward, war gegen das zweite Concilium zu Nicäa in Kleinasien gerichtet, das die griechische Kaiserin Irene 787 hielt, die später, um sich auf ihrem Throne zu befestigen, den Entschluß faßte, Karl den Großen zu heirathen. Ihr Nachfolger jedoch, Kaiser Nicephorus, verbannte sie auf die Insel Lesbos im ägäischen Meere, wo sie 803 in einem Kloster starb.

Auf jenem Concil zu Nicäa wurde der Bilderdienst, die Verehrung der Heiligenbilder durch Küssen, Kniebeugung, Räuchern und Lichteranzünden, zum Kirchengesetz erhoben, sowie auch das Aufbewahren der Reliquien in den Kirchen angeordnet.

Auf der Synode zu Frankfurt aber wurde die Bilderverehrung strenge verboten; ferner wurde die Ketzerei zweier spanischer Bischöfe, Felix und Elipandus, verdammt, die in Christus nicht den wirklichen Sohn Gottes, sondern nur einen angenommenen, einen Adoptivsohn, erkennen wollten; ferner wurde die Entrichtung des gesetzlichen Neunten und Zehnten, die Abgabe an die Geistlichkeit, eingeschärft usw.

Unter den weltlichen Angelegenheiten war diejenige die wichtigste, die den Herzog Thassilo von Baiern betraf. Er bat um Verzeihung wegen seines Treubruchs gegen den Kaiser, verzichtete auf seine Besitzthümer und empfahl sich und seine Kinder der Gnade Karls, der ihm auch verzieh, ihn aber in ein Kloster verbannte.

Und andere Dinge mehr.

Etwas verwandt mit jener Sage, aber viel geringfügiger als sie, ist nachfolgende ziemlich wortgetreu übersetzte, aus einer alten sächsischen Chronik:

»Cronecken der sassen. – Dusse Kronecke von keyseren unde anderen Fursten und steden der sassen mit oren wapen hefft geprent Peter schoffer von gernßheim. In der eddelen stat Mencz die eyn anefangk is der prentey. In deme iare na cristi gebort dusent vierhundert LXXXXII oppe den Sesten dach des Merczen.«

(Chronik der Sachsen. – Diese Chronik von Kaisern und andern Fürsten und Städten mit ihren Wappen hat gedruckt Peter Schöffer von Gernsheim in der edeln Stadt Mainz, die ein Anfang ist der Buchdruckerei; in dem Jahre nach Christi Geburt 1492 auf den sechsten Tag des März.)

»Sunte hulpen barch.«

(Sankt Hülfs-Berg.)

König Karl zog mit einem Heere gegen die Sachsen. Und die Sachsen hatten auch ein großes Heer, zogen König Karl mit Macht entgegen und wurden ihm so stark, daß er auf einen hohen Berg floh, der nun der heilige Hülfs-Berg heißt. Er führte allezeit ein Kreuz mit sich, wenn er in den Streit zog; und da er auf diesen Berg floh, setzte er das Kreuz nieder und rief die Hülfe Gottes an, welche ihm auch zu Theil ward. Und er ließ das Kreuz auf dem Berge. Darnach ward eine Kapelle dort gebaut, genannt St. Hülfs-Berg.

Derweilen König Karl auf dem Berge war, floh sein Volk über das Wasser, das da heißt der Main. Da kehrten die Sachsen wieder und riefen: Franke fort, Franke fort! Dann bauten sie dort eine Feste und hießen sie Sachsenhausen, in der Meinung, daß die Sachsen da hausen wollten.

Also half Gott dem König, daß er wieder zu seinem Volke kam. Er zog wieder gegen die Sachsen und verjagte sie von der kleinen Festung, die sie gebaut und Sachsenhausen geheißen hatten, und baute auf der andern Seite des Wassers, wo die

Sachsen gestanden und gerufen: Franke fort, Franke fort! auch eine Feste, und nannte sie, den Sachsen zum Spott, nach den Worten, die sie gerufen: Frankfort.

Also daß nun davon geworden ist eine große Kaufstadt, und heißt noch bis zum heutigen Tage Frankfurt; und das Andere auf der andern Seite des Wassers heißt auch noch Sachsenhausen. Und es sind zwei Städte, geschieden durch das Wasser des Mains.

Ueber den Ursprung oder die Gründung Frankfurts gibt es noch andere sogenannte Sagen, die sich aber allzuweit in nebelhafte, altersgraue Vorzeit verlieren, sich an nichts Geschehenes oder Vorhandenes anlehnen, jeder historischen Unterlage entbehren und nur als ganz willkürliche Erdichtungen der Chronikenschreiber anzusehen sind.

So soll Frankfurt früher Helenopolis (von Helena, der Mutter Kaiser Konstantins des Großen), Teutoburgum (Teutschburg), Artaunum (vom Taunusgebirg) geheißen haben und sein Ursprung wird bis zum König Priamus von Troja und bis zu Vater Noah hinaufgeleitet.

Ludwig Braunfels

Frankfurt unter Karolingern und Staufern

Der Name der Stadt deutet auf ihren Ursprung. Eine Furt im Main, an der Stelle, wo noch jetzt am rechten Ufer das Fahrtor steht, diente den fränkischen Heeren als Übergang über den Strom, entweder als sie mit den Alemannen Krieg führten (496) oder als Karl der Große seine Scharen von Worms aus durch die Wetterau und Hessen gegen die Sachsen führte (772). Besonders im Kampf gegen die letzteren mag die Frankenfurt häufig benützt worden sein, da drei Jahrzehnte hindurch die rheinfränkischen Lande für das Heer Karls als Sammelplatz dienten.

Im Herbst 790 reiste Karl mit dem Schiff den Main hinauf zu seiner Salzburg. Die Beschreibung der Reise findet sich mehrfach bei alten Chronisten, ohne daß bei dieser Gelegenheit Frankfurt erwähnt wird – Beweis genug, daß damals eine Ansiedlung an der Furt oder doch allenfalls ein königliches Schloß nicht vorhanden war. Vielleicht faßte auf ebendieser Reise Karl der Große den Plan, an der Frankenfurt, deren jenseitiges Ufer der Dreieichenhain säumte, ein Jagdschloß zu erbauen, denn unmittelbar darauf muß mit dem Bau begonnen worden sein, da Karl schon 794 in seinem Palatium Franconofurd die Ostern feierte und eine Kirchenversammlung hier abhielt. Dieser wohnten etwa 300 Bischöfe bei, die sich damit unterhielten, zwei spanische Bischöfe wegen irriger Meinungen über die Person Christi (den die beiden für einen »Adoptivsohn Gottes« erklärt hatten) zu verurteilen und dem widerspenstigen Volk die Entrichtung des Zehnten ans Herz zu legen.

Während Karl hier verweilte, starb ihm seine Gemahlin, die stolze Fastrada; sie liegt in Mainz begraben.

Die älteste Urkunde, die den Namen Frankfurts erwähnt, ist ein Schenkungsbrief Karls, ausgestellt am 22. Februar 794. Der gelehrte Fichard bemerkt mit Recht, daß die Unterschrift des Pergaments die Neuheit des königlichen Schlosses beweise; sie lautet: »Actum super fluvium Moin in loco nuncupato Franconofurd.« (Geschehen am Mainfluß, an einem Ort, genannt Frankfurt.)

Bei jedem Königspalast mußten sich Dienstmannen (Ministerialen) ansiedeln, um die Aufsicht über die Gebäude und die Vorräte zu führen und für des Königs eventuelle Ankunft alles bereitzuhalten. Eine große Anzahl königlicher Meierhöfe rings in der Umgebung hatte die Bedürfnisse für den Palast zu liefern. Die Dienstmannen, deren Amt bald erblich wurde, wie es der Begriff des Lehensverhältnisses mit sich brachte, hatten statt der Besoldung Lehensgüter zur Benützung. Für die meisten Ministerialen des Palastes war es Bedürfnis, in dessen unmittelbarster Nähe ihre Niederlassung, ihren Lehenshof, zu haben. Aus solchen Ansiedlungen entstand Frankfurt, das sicher noch ein Jahrhundert lang eine Villa, ein offener Ort ohne Mauern, blieb.

Ein Jahrzehnt nach der Gründung des Schlosses, als Karl viele gefangene Sachsen durch das ganze Frankenland in einzelne Niederlassungen zerstreute, entstand Sachsenhausen, der Frankenfurt gegenüber, jetzt eine Vorstadt von Frankfurt.

Über die Stelle, wo das Schloß Karls gestanden hatte, hat man vielfach gestritten. Einige haben die Stelle der jetzigen Leonhardskirche angegeben; andere die des Römers, des jetzigen Rathauses. Ich möchte für die letztere Meinung, die von den tüchtigsten Kennern der Ortsgeschichte zwar für unhaltbar erklärt wird, doch noch einen Grund anführen. An sich ist es schon wahrscheinlich, daß der König sein Jagdschloß eher auf die Spitze des Hügels (des Römerbergs) als dicht ans Ufer gebaut haben würde, wo es gerade zur Jagdzeit den meisten Überschwemmungen ausgesetzt sein mußte. Außerdem nennen alte Urkunden den Römer nicht Rômer, wie das Wort im Mittelalter lautete, sondern Remer; das Wort Remer bedeutet aber Saal. (Vergleiche hiermit den noch heute in Frankfurt gebräuchlichen Ausdruck Gerämse; ferner den Remter in Marienburg und in Königsberg.)

Ludwig der Fromme erbaute auf der Stätte des jetzigen Saalhofes einen neuen, größeren Palast, der in den Urkunden häufig »des rîches sal« heißt. Im Winter 822/23 hielt der Kaiser hier hof. Sein Sohn, Ludwig der Deutsche, nahm seinen ständigen Aufenthalt in Frankfurt, wo er auch 876 starb. Um diese Zeit wird Frankfurt bereits »principales sedes regni«, das heißt »der Hauptsitz der königlichen Herrschaft«, genannt. Es behauptete diesen Glanz unter der Herrschaft Ludwigs des Jüngeren, der im Palast Frankfurt 882 starb, und Karls des Dicken, der hier auf einem Fürstentag des Throns entsetzt wurde (887). Arnulf verlegte seine Hofstatt nach Regensburg; doch sowohl er wie sein Sohn, Ludwig das Kind, verweilten häufig in Frankfurt. Die Versammlungen der Fürsten und der Bischöfe fanden meistens hier statt.

Zu welcher Zeit Frankfurt das Stadtrecht erhalten hat, das heißt mit Mauern umschlossen worden ist, ist ungewiß. Im Jahre 882 erscheint es noch als Villa; die älteste urkundliche Bezeichnung als Stadt findet sich im Jahre 994, wo Frankfurt ein Castellum genannt wird. Das zwischen beiden Endpunkten liegende Jahrhundert hat sonach die städtische Würde Frankfurts begründen gesehen. Es ist jedoch nicht unwahrscheinlich, daß dieses für die Zukunft des Ortes entscheidende Ereignis noch in die Zeiten der Karolinger fällt. Die Kaiser aus den folgenden

Häusern kümmerten sich wenig um den Lieblingssitz der Ludwige, sie verweilten aber hier noch immer von Zeit zu Zeit; nur von Heinrich I. und Lothar II. ist nicht bekannt, daß sie jemals in dem Saal ihren Aufenthalt genommen haben.

Der Umfang der ältesten Stadt war klein. Er erstreckte sich an der Westseite vom Leonhardstor bis an den Kornmarkt; nördlich von da an bis an die Paulskirche, die Wedelgasse entlang bis an die Schwanpforte (wo sich jetzt die Apotheke Zum Schwan befindet), sodann hinter dem Markt (hinter dem »Lämmchen«) den Dom entlang, wo noch vor wenigen Jahren Reste der Mauern und Gräben zu sehen waren, bis an die Fahrgasse; an der Ostseite von der Mehlwaage bis an die Brücke; südlich sodann von hier bis wieder an das Leonhardstor. Die erste Erweiterung, deren Zeitpunkt sich nicht bestimmen läßt, umfaßte eine bedeutende Grundfläche. Die Stadtmauer führte von der Mauer bis hinter den Arnsburger Hof; sodann an der späteren Judengasse hin, wo sie noch größtenteils erhalten ist, bis an die Bornheimer Pforte; sodann durch den Badgraben bis an die Preungesheimer Pforte (jetzt die Hasengasse), durch den Holzgraben bis an die Rödelheimer Pforte (jetzt Katharinenpforte); ferner den Kleinen und den Großen Hirschgraben entlang bis an das Zollgebäude und von hier den Main hinauf bis wieder an die Brücke.

Die nächste Erweiterung geschah im Jahre 1333 durch ein Privileg Kaiser Ludwigs des Bayern; sie gab der Stadt einen bedeutenden Umfang, der erst spät mit Häusern ausgefüllt wurde. Noch lange Zeit trennten Mauern und Tore die Altstadt von ihren Vorstädten. Seit jener Zeit vergrößerte sich Frankfurt nicht weiter, bis erst in diesem Jahrhundert die Schleifung der Festungswerke Gelegenheit gab, sich nach allen Seiten auszudehnen.

Die ältesten Bewohner der Stadt waren Dienstmannen des Palastes, Handwerker und Ackerbauer, die gleichfalls als niederste Dienstmannen, als Halbfreie (Laten oder Lassen), zum Palast gehörten. Zu ihnen wanderten auch Freie aus ihren ländlichen Besitzungen ein. Ohne Zweifel hat ursprünglich die eigentlich sogenannte Gemeinde nur aus den Freien und den Dienstmannen bestanden; doch bald entwickelte sich die Kraft der Zünfte so mächtig, daß sie mit jenen in ein Gemeinwesen verschmolzen. Eine Zeitbestimmung kann hiervon nicht angegeben werden; nur so viel ist sicher, daß noch im 15. Jahrhundert die Spuren des Unterschieds zwischen beiden nicht ganz erloschen waren.

Die Dienstmannen des Palastes bildeten zur Rechtsprechung ein eigenes königliches Gericht unter dem Vorsitz eines höheren Dienstmanns aus einer Dynastenfamilie. Für die Freien (Cives), also die eigentliche Gemeinde, sprachen das Recht die Schöffen, vierzehn an der Zahl, unter dem Vorsitz eines Schultheißen, den man 1189 zum erstenmal erwähnt findet. Das königliche Gericht dehnte seinen Sprengel weithin über alle Kammergüter des Palastes aus. Später verschmolzen die Befugnisse des königlichen Gerichts mit denen des Schöffenstuhls. Die Schöffen (Scabini) hatten schon von Anfang an ein gemeinsames Gericht mit den königlichen Richtern (den Judices) in all den Fällen gebildet, wo es sich um Streitigkeiten zwischen Dienstmannen und Gemeindemitgliedern handelte.

Als dann der Saal seltener und stets nur auf kürzere Zeit von den Königen besucht wurde, mögen viele Dienstmannen ihren Aufenthalt anderswo genommen haben; andere kamen in den Gemeindeverband. So fand das königliche Gericht stets weniger Veranlassung, seine Sitzungen abzuhalten. Da der ganze Boden Frankfurts königliches Eigentum war, so hatten auch die Freien, um sich ansiedeln zu können, Grund und Boden als Lehen zu nehmen, also zum König in das Dienstmannverhältnis treten müssen; auf diese Weise schwand von selbst der Unterschied zwischen den Ministerialen des Palastes und der eigentlichen Gemeinde, der Civitas. Im Laufe des 13. Jahrhunderts hat allmählich das Schöffengericht infolge der Heranbildung dieser Verhältnisse die Stelle des königlichen Gerichtes fast vollständig eingenommen. Seitdem bildete es auch für alle jene Gegenden, wo sich früher die Kammergüter des Saales befunden hatten, einen Oberhof, das heißt, diese pflegten sich ihr Weistum, ihre Unterweisung in schwierigen Rechtsfällen, hier zu holen. Diese Sitte kam erst im 16. Jahrhundert gänzlich ab.

Die Schöffen wurden ursprünglich durch einen Sendgrafen (hier wahrscheinlich durch den obersten Dienstmann des Saales) unter Mitwirkung der Gemeinde ernannt; später ergänzten sie sich durch Selbstwahl. Den Begriffen alter Zeiten war es gemäß, daß sie zu gleicher Zeit die Verwaltung besorgten. Der Telonarius hatte die Aufsicht über die königliche Zollstätte, die bereits 1073 urkundlich erwähnt wird; der Monetarius jene über die königliche Münze, auf die Urkunden des 12. Jahrhunderts hinweisen.

Der nächste Beamte nach dem Schultheiß war in der Stadt der Vogt, der Advocatus; in seinen Händen lagen die Polizei, die Gerichtsbarkeit über die Handwerke, der Blutbann (das heißt die peinliche Gerichtsbarkeit) und die Erhebung der königlichen Einkünfte. Der Umfang dieser Befugnisse macht es erklärlich, daß der Vogt, obschon er im Rang dem Schultheißen nachstand, ihn an Macht weit überbot und diesen und die Schöffen in ihren Verwaltungsrechten äußerst beschränkte. Daher war es der Stadt die willkommenste Gabe und zugleich der Anfang ihrer Reichsfreiheit, als Friedrich II. 1220 am Reichstag in Frankfurt mit Einwilligung der versammelten Fürsten die Stelle des Vogtes aufhob und seine Befugnisse dem Schultheißen übertrug. Noch im Jahre 1257 ließ sich die Stadt von König Richard ein Privileg erteilen, daß die Vogtei nicht wieder besetzt werden solle.

Es mag sein, daß die Hinzufügung von vierzehn neuen Ratsmännern zu den bisherigen Schöffen in irgendeiner Verbindung mit der Abschaffung der Vogtei steht, um mit diesen gemeinsam die eigentlichen Verwaltungssachen zu erledigen. Gewisses ist über den Zeitpunkt nicht bekannt, wann sich diese »zweite Ratsbank« bildete. Sie wurde nur aus Mitgliedern der eigentlichen Gemeinde besetzt. Die Macht des so vermehrten Stadtrates wuchs insbesondere durch den allmählichen Erwerb königlicher Einkünfte und einzelner fiskalischer Rechte vom König selbst oder von dessen Lehensträgern.

Aber auch die Zünfte waren unterdessen zu solcher Bedeutung erstarkt, daß sie sich – wahrscheinlich um die Mitte des 13. Jahrhunderts – eine Teilnahme am Stadtrat zu erringen wußten. Sie besetzten seitdem die vierzehn Stellen der dritten Ratsbank. Die erste Spur dieser Neuerung findet sich in einer Urkunde von 1266; über allem Zweifel steht die Beteiligung der Handwerksgenossen an den Ratsbefugnissen in einer anderen Urkunde von 1284.

Für die Handhabung der Polizei wurde schon früh aus den Schöffen jährlich ein Bürgermeister, der Ältere genannt, aus den Ratsmännern der zweiten Bank der Jüngere Bürgermeister erwählt. Ihre erste urkundliche Erwähnung fällt in das Jahr 1304. Die Bürger betrachteten diese beiden als ihre eigentlichen Häupter, um so mehr, als der Schultheiß bis zum Jahre 1366 in der Regel aus dem benachbarten Adel genommen und vom König oder dessen Lehensträgern ernannt wurde. Das Sinken der Gewalt des Schultheißen und das steigende Ansehen der Bürgermeister sind die Gradmesser, an denen sich der Zuwachs der städtischen Freiheit deutlich erkennen läßt.

So war die Verfassung der Stadt in ältester Zeit. Ihre Geschichte knüpft sich eng an den königlichen Saal und an die Verhältnisse seiner Dienstmannschaft. Wie mit der selteneren Bewohnung des Saales die Bande der königlichen Gewalt schlaffer und minder fühlbar werden und sich der vorwaltende

Einfluß der Dienstmannen verliert, wächst die junge Freiheit der Stadt, bis sie endlich innerhalb ihres Gebietes dieselbe Landeshoheit erlangt wie die Fürsten des Reiches. Und so wie das Aufhören der Vogtei die erste Stufe zur bürgerlichen Selbständigkeit war, so erklomm diese ihre Gipfelhöhe mit dem Eintreten zweier anderer Ereignisse: dem Erlöschen der Landvogtei und der Erwerbung des Rechts, die Schultheißenstelle zu besetzen.

Die Landvogtei über die Wetterau, mit der der Niedgau, in dem Frankfurt lag, schon im 13. Jahrhundert verschmolz, war ursprünglich, soweit bekannt ist, in der Familie der Dynasten von Hammerstein ein erbliches Lehen. Im Jahre 1026 gelangte diese Würde an die Dynasten von Nurings. (Nurings war dieselbe Burg, die später unter dem Namen Falkenstein im Taunus, bei Königstein, neu erbaut wurde.) Ein Jahrhundert später fiel sie an die Dynasten von Münzenberg; seit 1255 wechselten die Inhaber dieser Stelle mehrfach. Erzbischof Johann von Mainz war der letzte Landvogt (bis 1429). Die Landvögte waren die Verwalter der königlichen Rechte und Gefälle; ihre Würde erlosch, als den Königen von allen ihren Gütern in der Wetterau nichts mehr übriggeblieben war.

Die Selbständigkeit der Stadt Frankfurt trat zuerst deutlicher hervor in der Stiftung eines engeren Bundes mit den drei anderen wetterauischen Städten Wetzlar, Friedberg und Gelnhausen; eines Bundes, der fast bis zum Ursprung der beiden letzteren zurückgeht. Schon 1257 erhielten sie vom König Privilegien.

Wir haben an dieser Stelle noch einiges Bemerkenswerte aus Frankfurts früherer Geschichte nachzuholen. Im hiesigen Saal wurde im Jahre 823 Karl der Kahle geboren, der zum Anlaß des verderblichen Zwistes unter den Söhnen Ludwigs des Frommen wurde. Im Jahre 831 versöhnte sich hier Kaiser Ludwig mit seinem Sohn Lothar. Das Salvatorsstift, später Bartholomäusstift, wurde 854 durch die Schenkung der frommen Rucklindis gegründet. In der Kapelle des Saals wurde Karl der Dicke, der Sohn Ludwigs des Deutschen, der nach mißlungener Empörung gegen den Vater in Raserei verfiel, durch das Händeauflegen der Bischöfe geheilt (875).

Kaiser Otto I. besuchte im Herbst 942 zum erstenmal den Saal. Als er am Morgen des Weihnachtsfestes aus dem Tor des Palastes schreiten wollte, um die Mette zu hören, warf sich ein Bittender im unscheinbaren Gewand ihm zu Füßen. Es war sein eigener Sohn Heinrich, der sich in eine Verschwörung gegen den Kaiser eingelassen hatte und dann von diesem nach Mainz ins Gefängnis gelegt worden war. In der Christnacht war Heinrich entsprungen und im Frost der Winternacht nach Frankfurt gegangen, um an die Milde des Vaters zu appellieren. Otto verzieh ihm.

Überhaupt war der Saal von jeher der Schauplatz vieler Hof- und Staatsaktionen. So mußte schon im Jahre 794 Tassilo, der Herzog Bayerns, hier in feierlicher Fürstenversammlung seiner Absetzung den Schein einer Abtretung geben, nachdem er schon von Karl dem Großen verurteilt worden war. Zwei Jahrhunderte später versöhnte sich hier ein anderer Herzog von Bayern, der sächsische Heinrich, mit seinem Neffen, Kaiser Otto III. (985). So hatte auch Ludwig I. mit seinem Sohn Lothar, Ludwig II. mit seinen Verwandten in dem Saal das Fest der Versöhnung gefeiert.

Im Jahre 1069 versammelte Heinrich IV. die Fürsten in Frankfurt, um ihre Einwilligung zur Ehescheidung von seiner Gemahlin Bertha zu erlangen. Der Erzbischof von Mainz unterstützte des Königs Wunsch, aber vom Papst war unerwünscht ein Legat gekommen, der Petrus Damianus hieß und der ihn mit glühenden Worten, wie sie bis dahin Rom keinem deutschen Herrscher gesagt hatte, und unter Strafandrohungen von seinem Vorhaben zurückschrecken sollte. Die Fürsten entschieden gegen Heinrichs Verlangen. Später lernte er im Unglück den Wert eines treuen Weibes kennen.

Unter die Regierung Heinrichs IV. fielen auch die ersten Kreuzzüge. Hier wie an vielen anderen Orten feierten die durchziehenden Scharen das Vorspiel zu ihrem »heiligen Werk« der Plünderung und Ermordung der Juden.

Im Jahre 1105 zog Heinrich V., den der Papst zuletzt noch zum Abfall von seinem schwer geprüften Vater bewegt hatte, durch Frankfurt, um den alten Kaiser in Mainz zu belagern. Er nahm die beiden Marktschiffe in Beschlag, die seit alten Zeiten zwischen hier und Mainz fuhren, und entsandte auf ihnen 400 Bewaffnete; auch hob er die besten Bogenschützen unter den Bürgern aus. Im Jahre 1106 starb Heinrich IV., von allen verlassen; ein talentvoller, im stetigen Unglück beharrlich ausdauernder Fürst, der sein ganzes Leben hindurch für seine schlechte Erziehung büßen mußte.

Auf dem Reichstag, der 1109 in Frankfurt abgehalten wurde, übergab Heinrich V. den Pfalzgrafen Siegfried als Gefangenen in die Hände des Bischofs von Würzburg.

Denkwürdiger war der Reichstag des Jahres 1142. Nachdem Markgraf Heinrich Jochsamer von Österreich hier mit Gertrud, der Witwe Heinrichs des Stolzen, des Herzogs von Sachsen und Bayern, seine Vermählung gefeiert hatte, mußten die Fürsten den mahnenden Worten des heiligen Bernhard, des Abtes von Clairvaux, Gehör geben. Er rief Volk und Herrscher auf, zur Befreiung des Heiligen Grabes nach Jerusalem zu ziehen. Viele Wunder, an Siechen und Gebrechlichen geübt, bekräftigten die Göttlichkeit seiner Sendung. Eines Tages wurde im Dom das Gedränge um den frommen Mann so groß, daß sein Leben bedroht war, und der König selbst – der Hohenstaufe Konrad III. –, seinen Mantel von der Schulter werfend, ihn mit nervigem Arm umfaßte und ihn aus der Kirche trug. In der Nähe des Doms, an der Stelle, wo später die Mönche des Klosters Haina einen Hof bauten, der noch jetzt der Hainerhof heißt, erneuerte einst Bernhard ein Wunder des Evangeliums: er heilte durch sein Wort einen gichtbrüchigen Greis, so daß dieser alsbald sein Bett auf den Schultern nach Hause trug. Allein trotz aller Wunder wollte der König sein Deutschland nicht dem Heiligen Grab opfern. Erst später erreichte Bernhards Unermüdlichkeit den Zweck; im Jahre 1147 brach Konrad nach dem Osten auf, um bald sieglos wiederzukehren.

Vor seiner frommen Kriegsfahrt hatte der greise Herrscher seinen Sohn Heinrich von den versammelten Fürsten zu seinem Nachfolger küren lassen. Dies war die erste förmliche Königswahl in Frankfurt. Ein solcher Vorgang wurde der Anlaß, daß auch Friedrich I., da Heinrich noch vor dem Vater starb, sich hier zum Nachfolger Konrads, seines Oheims, wählen ließ (1152). Heinrich VI. ließ im Jahre 1196 seinen zweijährigen Sohn Friedrich II. gleichfalls hier zu seinem Nachfolger ernennen; so wurde auch Ottos IV. Wahl in Frankfurt von den Fürsten bestätigt (1208). Sodann ließ Friedrich II. im Jahre 1220 seinen Sohn Heinrich (der später als Empörer gegen seinen Vater in einem Kerker Apuliens endete) ebenfalls in Frankfurt zu seinem Nachfolger ernennen. So erkoren die meisten Hohenstaufer den alten Herrschersitz der Karolinger zur Stätte für die Königswahl, und wie es überhaupt in den Begriffen des Mittelalters vorwaltend war, erhob sich bald die Gewohnheit zum förmlichen Recht. Den Hohenstaufern verdankt also Frankfurt den glänzendsten Teil seiner geschichtlichen Bedeutung.

Karl Simrock

Frankfurts Weg zur freien Reichsstadt

Wie Frankfurts erstes Entstehen sich an den Saalhof knüpfte, so blieben auch seine späteren Schicksale genau mit ihm verbunden. In der ältesten Zeit gab es nur dreierlei Bewohner der Stadt. Die angesehenste Klasse bildeten die Ministerialen – Beamte, welche den persönlichen Dienst des Königs, wenn er in den Palast einkehrte, versahen, den Hoffesten beiwohnten, die Gefälle des Palastes und der Villa verwalteten und über die Untergeordneten Gericht hielten. Die Masse der Einwohner waren hofhörige Handwerker und Gewerbetreibende, aus denen späterhin die zünftigen Bürger hervorgingen. In der Mitte standen wenig ansässige Freie, welche Freihuben in der Feldmark besaßen und sich nicht in des Königs Dienst begeben hatten. Zu diesen kamen hernach die unter dem Namen Königsleute begriffenen Freien, welche vom Land in die Stadt ziehend sich dem Hofrecht unterwarfen, um des Königsschutzes teilhaftig zu werden. »Handel, das Wechseln der Münzen, Kunstfleiß, die Bearbeitung der edlen Metalle, viele über die gewöhnliche Handarbeit sich erhebende, später erst in Zünfte beschränkte Beschäftigungen, Anbau der Feldmark der Stadt durch Knechte, Garten- und Weinbau waren die Quellen ihres Erwerbes und Wohlstandes.« Sie hatten anfänglich, mit Ausnahme der Besitzer von Freihuben, nur nutzbares Eigentum, das aber bald gegen Zahlung der Reichssteuer in volles überging. Von nun an bildete die Masse der Grundeigentümer, zu denen auch die Ministerialen wegen ihrer Besitzungen gehörten, die eigentliche Gemeinde, während die hörigen Zunftgenossen noch lang davon ausgeschlossen blieben. Nur die Geschlechter, aus denen jene mittlere Klasse bestand, rechnete man zur Bürgerschaft.

Die Karolinger hatten den Palast Frankfurt sehr reich dotiert. Weit umher auf beiden Mainufern war fast alles Land königliches Eigentum, dessen Ertrag zur Unterhaltung des Palastes, zur Bestreitung aller öffentlichen Ausgaben, gelegentlich auch wohl zu den Bedürfnissen des anwesenden Hofes verwendet werden sollte. Da aber die Ministerialen, welche diese Einkünfte verwalteten, selbst mit ihrer Besoldung darauf angewiesen waren, so wurden sie bald von ihnen verschlungen. Die Könige, die nur selten anwesend waren, kannten den Wert der Besitzungen nicht, die sie nach und nach teils sich entfremden ließen, teils durch Geldnot gedrängt mit grenzenloser Verschwendung verschleuderten. Einiges wurde den Ministerialen als Lehen zugeteilt, anderes durch Verjährung aus nutzbarem in wirkliches Eigentum verwandelt, manches der Geistlichkeit zu frommen Zwecken überwiesen, vieles gegen geringe Darlehen verpfändet, das meiste ohne Zweifel veruntreut. »Die deutschen Könige erschienen immer geldbedürftiger und geneigter, die Fiskaleinkünfte für den augenblicklichen, selbst geringen Vorteil hinzugeben. Von der Thronbesteigung König Rudolfs von Habsburg an waren das Verpfänden der Reichseinkünfte und die Erhöhung solcher Pfandschaften, wodurch zuletzt ihre Wiedereinlösung unmöglich wurde, an der Tagesordnung und lieferten den Stoff zu einem bedeutenden Teil der in diesem Zeitraum ausgefertigten königlichen Urkunden. Schon in der Mitte des 15. Jahrhunderts blieb beinahe nichts mehr zu verpfänden übrig. So sank die Nationalstärke mit der Macht des Regenten dahin, und es entstand der Krieg aller gegen alle, jene ewigen Fehden, die früher in Deutschland, wenigstens in solchem Grade unbekannt, alle Kraft des Landes aufzehrten und zuletzt die alten Grenzen des Reichs zur Beute den Nachbarn hingaben. – Die völlige Zersplitterung aller zu dem Palast gehörigen Einkünfte brachte als nächste Folge hervor, daß dieser Palast nicht mehr in baulichem Zustand erhalten werden konnte und verfiel.«

Da die Mittel fehlten, den verfallenen Palast wiederherzustellen, so wurde auch er verpfändet, und zwar an einen Dynasten der Umgegend, Gerhard von Bruberg. Schon früher hatten die seltene Anwesenheit der Könige und die Unmöglichkeit, von der Reichsdienstmannschaft weitere Vorteile zu ziehen, den ersten Stand der Einwohnerschaft, die Ministerialen, der städtischen Gemeinde entfremdet. Nach der Verpfändung des Palastes verschwanden sie völlig. Während sie ihre befestigten Landsitze in der Nachbarschaft bezogen, kamen ihre Höfe in der Stadt größtenteils in den Besitz des zweiten Standes der Bürger, der sich jetzt zum ersten erhoben sah.

Glücklicherweise war die Stadt selbst durch ein von König Wilhelm erteiltes Privilegium vor jeder Veräußerung gesichert. Allein schon die Verpfändung des Palastes an einen Dynasten bedrohte sie mit Unfreiheit, zumal durch die Auswanderung der Ministerialen die alte königliche Stadtverfassung, welche der Anmaßung kräftigen Widerstand leisten konnte, teilweise zerstört und noch keine neue vorhanden war. »Doch die Kraft, die die angesehensten Bürger, die alten Geschlechter der Gemeinde, als Führer derselben entfalteten, sammelte alle Hoheitsrechte, welche die Königskrone vergeudet hatte, unter der Mauerkrone der städtischen Herrschaft und leitete den emporstrebenden Freistaat einer beglückenden Zukunft entgegen.«

Der erste Schritt zur Gründung der reichsstädtischen Selbständigkeit Frankfurts war die Erwerbung der Befugnis, die veräußerten königlichen Rechte wieder einzulösen. König Ludwig der Bayer, der Freund und Wohltäter Frankfurts, erteilte der Gemeinde Geheiß und Vollmacht, in seinem und des Reiches

Namen alle Güter und Gülten in und bei Frankfurt, die von ihm oder seinen Vorfahren verpfändet oder wiederkäuflich verkauft worden sind, es sei Waage, Zoll, Juden, Ungeld, Bornheimer Gericht, Schultheißenamt oder was es auch sei, einzulösen und bis zur Wiedererstattung durch das Reich zu behalten. Diesen wichtigsten ihrer Gnadenbriefe erwarb der Stadt, nebst vielen anderen, einer der reichsten und angesehensten Bürger, Jakob Knoblauch, der bei Ludwig dem Bayer in persönlichem Wohlwollen stand. Er tat noch mehr: er löste selber die Ruine des Saals von den Pfandinhabern ein, ließ sie sich zu Weiberlehen geben und baute sie wieder auf. Hierdurch befreite er seine Mitbürger von einer großen, begründeten Furcht und sicherte ihnen die unbestrittene Herrschaft innerhalb der Ringmauern der Stadt.

Nicht geringeres Verdienst um Frankfurt erlangte, obwohl kein geborener Frankfurter, Jakob Knoblauchs Schwiegersohn, Siegfried zum Paradeis. Auch das Schultheißenamt oder eigentlich das Recht, dasselbe zu besetzen, hatten die Könige verpfändet. Ulrich von Hanau, der gefährlichste unter allen benachbarten Dynasten, befand sich im Besitz dieses höchst wichtigen Rechts. Er selbst bekleidete jetzt die Stelle als Oberschultheiß und ließ sie durch einen Unterschultheiß versehen. Dieser war Heinrich im Saal, nach dem Saalhof genannt, von dem er einen Teil besaß oder in Anspruch nahm, was ohne Zweifel seine Abneigung gegen die Knoblauch verstärkte. Als Landvogt der Wetterau hatte Ulrich schon großen Einfluß in die äußeren Angelegenheiten Frankfurts, das Schultheißenamt sicherte ihm noch größeren in die inneren, und das Ansehen, das er vom kaiserlichen Hof genoß, wandte er unablässig zur Vermehrung seiner Gewalt an. In der Tat gelang es ihm durch kaiserliche Verfügungen, auf die Besetzung des Schöffenstuhls einen Einfluß zu erwerben, der ihm den Weg zur Beherrschung der Stadt bahnte, ja es schien schon um ihre Freiheit getan, als ihm der

Kaiser befahl, für sein und des Reiches Bedürfnis an allen Toren Frankfurts einen Zoll zu erheben. Siegfried zum Paradeis war es, der durch seinen persönlichen Einfluß und die energischen Bemühungen, welchen er sich unterzog, alle diese Schläge von der Stadt abwandte und so der Retter ihrer Freiheit wurde. Er tat es nicht ohne Gefahr seines Lebens, denn er mußte vor den herrschsüchtigen Zünften fliehen, die Heinrich im Saal durch die Aussicht, Anteil an der Gewalt zu erwerben, dem Unterdrücker aller städtischen Selbständigkeit gewonnen hatte. Dennoch setzte er es durch, daß der Kaiser dem Landvogt Ulrich von Hanau befahl, Heinrich im Saal des Schultheißenamts zu entsetzen und mit dieser Stelle seinen Widersacher Siegfried zum Paradeis zu bekleiden. Hierdurch war er jedoch erst Unterschultheiß, als Stellvertreter des Dynasten, welcher noch immer Oberschultheiß und Pfandherr des Schultheißenamts blieb. Seinen fortgesetzten Bemühungen am kaiserlichen Hof gelang es indessen, auch den Besitz jener Reichspfandschaft den Händen Ulrichs zu entwinden, der vom Kaiser gezwungen wurde, sich der Auslösung zu unterwerfen. Hierdurch war nun Siegfried Pfandherr des Schultheißenamts und wirklicher Schultheiß zugleich. Aber Siegfried hatte nicht für sich und seine Familie, sondern für den Rat und in dessen Auftrag gehandelt, dieser erlegte die Einlösungssumme und erwarb die Reichspfandschaft, nicht Siegfried, der seinen Einfluß zum Wohl des Gemeinwesens geltend gemacht hatte, ohne sich irgend einen Vorteil zuzusichern. »Ihm hat Frankfurt in der Folgezeit seine Erhaltung und alle daraus auch für die jetzigen Tage entsprungenen Vorteile allein zu verdanken.«

Den beiden Ehrenmännern, welche Frankfurts Freiheit und Blüte begründeten, verdient ein dritter beigesellt zu werden, der kämpfend – zunächst nur für den eigenen Herd – ein Wohltäter seiner Mitbürger wurde. Nach einem Herkommen, das sich in den Zeiten der dinglichen Unfreiheit selbst der persönlich freien

Königsleute gebildet hatte, konnten diese ihre Töchter einem Ministerialen nicht versagen. Hatte die Tochter eines Frankfurter Bürgers einem königlichen Dienstmann gefallen, so trat, im Namen des Königs, dessen Marschall vor das Haus des Vaters und sprach etwa folgende Reime:

»Hört zu, ihr Herren überall
Was gebeut der König und Marschall,
Was er gebeut, und das muß sein:
Hier ruf ich aus N. N. mit N. N.s Töchterlein,
Heute zu Lehen, morgen zu Ehen,
Über ein Jahr zu einem Paar.«

Johann Goltstein, ein reicher Mann und Schöffe, sollte seine Tochter wider seinen und vermutlich auch wider des Mädchens Willen einem Ministerialen hingeben, der sich auf das verhaßte Herkommen des Ehezwangs berief. Zum Glück war damals König Heinrich, Kaiser Friedrichs II. Sohn, in Frankfurt anwesend. An diesen wandte sich der bedrängte Vater und erlangte von seiner Milde die Aufhebung des Ehegebots. Heinrich versprach den vier wetterauischen Städten Frankfurt, Wetzlar, Friedberg und Gelnhausen, künftig keinen ihrer Angehörigen mehr zwingen zu wollen, daß er seine Tochter oder Enkelin einem von dem königlichen Hofgesinde zur Ehe gebe, sondern sich bei den Bürgern auf eine einfache Fürbitte zu beschränken. Insbesondere befreite er die Tochter seines Getreuen Johann Goltstein von der erzwungenen Ehe mit dem Hofdiener. »Es scheint«, sagt Lersner, »daß von diesem Brauch das noch jetzt übliche Lehenausrufen der Kinder übriggeblieben ist, welche auf den ersten Mai in einem grünen Wägelchen von Haus zu Haus fahren und obige Worte, wiewohl etwas undeutsch und gebrochen, mit hellem Hals ausrufen.« Ob diese Sitte noch in Frankfurt lebt, wissen wir nicht; am Niederrhein hat sich aber das Mailehen in den Dörfern erhalten, wo am ersten Mai die jungen Burschen alle mannbaren Mädchen für das ganze Jahr unter sich zu verteilen pflegen.

Der Saalhof, auf den wir die wichtigsten Momente der Frankfurter Geschichte bezogen haben, zeigt heutzutage von dem ursprünglichen karolingischen Bau keine Überreste mehr, wenn nicht die Kapelle zu diesen Zeiten hinauf reicht. Der turmartige Bau, welcher sie enthält, mag der von Jakob Knoblauch vorgenommenen Erneuerung angehören. Sonst ist auch von dieser wenig oder nichts übrig. Die Familie Knoblauch hatte einige ihrer Verwandten in den Mitbesitz des Saalhofs aufgenommen. Die Läden und Stände, welche die Miterbschaft während der Messe im Saalhof vermietete, warfen so reichliche Einkünfte ab, daß 1604 die Gebäude erweitert werden konnten. Dieser Neubau, der seitdem noch in Türen und Fenstern verändert worden ist, betraf nur die nach der Saalgasse gehende Seite; die Gebrüder Burnus, welche den Saalhof gekauft hatten, erneuerten 1717 auch die Wasserseite zunächst dem Rententurm, so daß jetzt auf den Saalhof und seine Kapelle das Sprichwort wohl paßt: eine große Monstranz und wenig Heiligtum.

Johann Steinwert von Soest

Ein Spruchgedicht zu Lob und Ehre der Stadt Frankfurt

Frankfurt, du edle, herrliche Stadt,
deren Tugend über jeden Zweifel erhaben ist,
deine freundliche, gute und ehrbare Art
drängt mich dazu, vorbehaltlos
dein vielfältiges Lob zu singen,
was wiederum zu deinem guten Ruf beitragen wird.
Du bist vielen Menschen
in deutschen und welschen Ländern bekannt,
denn nicht umsonst bist du seit alters her
die ›Kammer des römischen Reiches‹.

Bei dir in der Stadt findet sich alles,
was ein Mensch begehren kann, seien es nun große Dinge oder Kleinigkeiten;
denn es ist ja keine Neuigkeit,
dass du große Mengen von Gold, Silber, Perlen und Edelsteinen besitzt.
Auch für Seide und goldgewirkte Stoffe,
überhaupt für viele unterschiedliche Sorten guten und kostbaren Tuchs,
kurz für alles, was der äußeren Zierde dient,
bist du bekannt.
Deshalb suchen alle Fürsten dich auf

*zu den beiden jährlichen Messen, die im ganzen Reich Bedeutung haben.**

Was niemand sonst bieten kann, findet sich bei dir,
und du bist eine Zierde des römischen Reiches.
Wälder, Weingärten, Quellen, Gewässer und Viehweiden,
Fische, Wildpret und Feldfrüchte gedeihen in deiner Umgebung.
Auch gibt es einen als Schiffahrtsweg viel genutzten Fluß, der Main heißt
und vielen Kaufleuten vertraut ist.
Bei dir trifft sich eine angenehme und gesittete Gesellschaft
zu Wein und Bier.
Alles, was einem Mensch irgendwie nötig ist,
hast du in guter Qualität;
egal, ob es den Leib oder die Seele betrifft,
bei dir ist alles leicht zu finden.

Du stattest Klöster, Stifte und Pfarreien
reichhaltig aus, damit sie Gottesdienst halten können.
Sie sind prächtig gebaut zur Ehre Gottes
und zudem wohlgeordnet.
Auch kümmerst du dich um die Armenpflege
und betreibst diese nach weisen Regeln.
Deswegen bist du mit kaiserlichen Privilegien ausgestattet
und hast dein Lob voll und ganz verdient.

Deine Tugend zeichnet dich aus,
und wer auch immer dir Schaden zufügt,
der soll verflucht sein bis in die Hölle

* *Kursiv* gesetzte Stellen bezeichnen Textpassagen, in denen die Bedeutung des frühneuhochdeutschen Originals nicht ganz klar ist. Hier ist jede Übersetzung mehr Interpretation, die mit dem entsprechenden Vorbehalt zu genießen ist.

und von allem nur erdenklichen Leid geplagt werden.
Denn es ist weit bekannt, dass du jederzeit
Treu und Glauben hältst.
Deshalb bist du der erste Ort im Reich,
bei dem man Zuflucht sucht.
Die Goldene Bulle nennt deinen Namen
vor allen anderen Städten weit und breit.
Bei dir stehen alle Fürsten, Bischöfe, Grafen und Herren
in hohem Ansehen, wie es sich gehört.
Auch die Pfarrerschaft und den Adel im allgemeinen
sowie alle Geistlichen, die mit dir in Verbindung stehen,
ehrst und unterstützt du jederzeit.

Du suchst den allgemeinen Frieden
und lässt jedem Gerechtigkeit
zukommen, ohne dabei Widerstand zu dulden.
Das gefällt vor allem dem Kaufmann gut,
der Ware und Bargeld mitbringt,
weil er weiß, dass sein Leben und sein Besitz
in Frankfurt gut aufgehoben sind.

Der ehrbare Stadtrat macht seine Sache so gut,
dass sowohl die Wohlhabenden als auch die Armen in der Stadt
ihn bis heute außerordentlich loben.
Denn seine Pläne sind aufrichtig,
und er sucht nach Kräften Tag und Nacht
den allgemeinen Nutzen.
Die Ratsherren regieren, ohne sich über die Anderen zu erheben,
weswegen ihnen keiner so leicht etwas vorwerfen kann.
Sie vertreten ihren Stand im ganzen Rat ganz ausgezeichnet,
das versichere ich euch.
Freundschaftlich und friedlich halten auch

die Freunde und die Untertanen des ehrbaren Stadtrats
zusammen.
Die Frankfurter gewähren ihren Knechten einen angemessenen
Unterhalt
und bezahlen sie mit Bargeld.
Außerdem ist es üblich in Frankfurt,
dass man einen Knecht, der seinen Dienst gut versehen hat
und irgendwann in Ruhestand treten will,
bis an das Lebensende versorgt,
damit er gemäß seinem Stand
sein Auskommen hat.
An einem solchen Ort lässt es sich gut dienen,
denn hier gelten jederzeit verlässliche Zusagen.

Die öffentliche Ordnung in Frankfurt ist so bestellt,
dass niemand durch Unrecht geschädigt wird.
Man muss sich nur all ihre Schultheißen und Schöffen ansehen,
wie sie tapfer, vornehm und ordentlich
nach ihrem jeweiligen Stand auftreten,
wie es ja auch der ganze Rat macht.
Keiner von ihnen
macht einen schlechten Eindruck, das kann ich wahrlich sagen.
Sie haben alle miteinander alle Ehren verdient
und enttäuschen das in sie gesetzte Vertrauen nicht,
denn ihr »Ja« bedeutet »Ja«, ihr »Nein« bedeutet »Nein«,
da kann es gar keine Missverständnisse geben!

Auch verhalten sich die Adligen und die Bürgerlichen
ehrbar und angemessen.
Sie sind ohne übertriebenen Prunk
gemäß ihrem Stand und dem, was ihnen zukommt, gekleidet.
Ihre Sitten sind höflich, fein und angenehm,
und sie verstehen es, jedem

nach seinem Stand Ehre zu erweisen;
auch das macht den großen Ruhm des Rats aus.

Und wie züchtig erst die Ehefrauen sind!
Und auch die unverheirateten Frauen sind im allgemeinen
holdselig, ehrbar, außerdem noch fromm,
und ihre Tugend bringt ihnen großes Lob ein.
In ihrer Ehrbarkeit sind sie anderen weit voraus;
ich sage es wahrlich, da gibt es keinen Zweifel.
Ihr Ruhm erklingt in der ganzen Welt,
deswegen kann auch ich ohne Vorbehalte sprechen.

Frankfurt, du edle Stadt und Krone der Städte,
du hast vielen Menschen Gutes erwiesen,
und auch mir, deswegen schätze ich dich
und trachte danach, auch deine Zuneigung zu gewinnen;
denn ich habe Zuverlässigkeit und Treue bei dir erfahren,
deswegen gefällt es mir hier.
Bei dir kann ich Frieden finden
und behütet sein Tag und Nacht.
Das liegt an den Stadtgräben, Türmen und Mauern,
die mich und die ganze Stadt beschützen.
Auch gibt es auf allen Türmen Wächter,
die täglich Gefahren abwenden.
Sie sind Tag und Nacht bestellt,
um weit ins Land Ausschau zu halten.
Auch wenn in der Stadt ein Unglück droht,
ist sofort der Wächter zur Stelle und gibt Alarm.
Daher sind sowohl Fremde als auch Einheimische
in Frankfurt gut und sicher aufgehoben.

Wenn mehr Menschen eine solche Bedeutung hätten wie in Frankfurt,

dann würde das zweifellos dazu führen, dass viele gering geachtet würden,
die jetzt in hohem Ansehen stehen;
das wird aber bisher nach dem Vorbild der weisen Alten
verhindert.

Ich kann sogar ein Beispiel für die Weisheit des Rats nennen,
und zwar in einer Sache, die das Brot betrifft,
das ja von den meisten Menschen sehr nötig gebraucht wird,
weswegen Tag und Nacht Klagen laut werden.
Frankfurt hat sich darüber ausführliche Gedanken gemacht
und durch den weisen Rat für gut befunden,
dass jeder und jederzeit
für sein Geld gutes Brot bekommen soll,
das ohne Ausnahme gut gebacken ist
und auch das richtige Gewicht hat,
was ich hier zurecht vermelden und bedichten kann.

Denn seither hat sich kein Gauner mehr
gefunden, der so klug ist,
dass es ihm durch Manipulation gelungen wäre,
das Brot allgemein als unverfälscht erscheinen zu lassen.

Dagegen hat nämlich der ehrbare Stadtrat
ein Mittel gefunden,
wozu Daniel Bromm unter großen Mühen
Einiges beigetragen hat.
Dafür wird er allgemein gelobt.
Er ist inzwischen verstorben. Gott möge sich seiner Seele annehmen
und ihm bald ewige Ruhe gewähren.
Er war fromm und weise
und hatte stets den allgemeinen Nutzen im Blick,

wie es die Andern im Rat ja auch haben,
und darauf beruht die öffentliche Wohlfahrt.
Wohl dem, der den allgemeinen Nutzen
mit mehr Mühe sucht, als nur die Pflicht es ihm gebietet;
einen solchen Menschen liebt Gott sehr
und wird ihn niemals verlassen.

Höre nun, Frankfurt, du edle Krone der Städte,
auf dieses mein Gedicht,
und nimm eine kurze Lehre von mir an,
denn diese wird dir großen Nutzen bringen:

Behalte Gott den Herrn von Herzen lieb,
sei großzügig und gib gern zur Ehre Gottes.
Strebe allzeit nach dem allgemeinen Nutzen
und sei dabei gerecht.
Sei immer auf Frieden bedacht
mit deinen Bürgern, sowohl den bedeutenden als auch den
unbedeutenden.
Deine Regierung soll nach Tugend streben,
und Bosheit sollst du nach Maßgabe des Gesetzes bestrafen.
Sei friedlich und freundlich zu deinen Nachbarn,
denn echte Zuneigung ist viel mehr wert als alles Gold.
Verschone gleichzeitig aber auch deine Feinde nicht,
sondern sei tapfer, wenn es darauf ankommt.
Fang aber nicht leichtfertig Streit an,
denn aus Kleinigkeiten entstehen oft große Dinge.

Bezeuge deinen Freunden Ehre und erweise ihnen Zuneigung,
und brich ihnen keinesfalls aus irgendeinem Grund die Treue.
Denn Freundschaft allein ist in der Lage, eine Stadt
und ein ganzes Gemeinwesen zu erhalten.
Wo Freundschaft nicht in Treue bestehen kann,

da müssen Land und Leute untergehen.
Das Pflänzchen »treue Freundschaft« ist ein merkwürdiges
Kraut.
Wer in diesen Zeiten Freundschaft pflegt,
der hat zweifellos eine sichere Position
und großes Glück.
Daher, Frankfurt, lebe jederzeit
in bedingungsloser Freundschaft.

Zur rechten Zeit sollst Du auf ehrliche Weise
Vorräte anlegen an Feldfrüchten, Wein sowie Silber und Gold,
und auch viele Fässer Pulver sollst Du im Vorrat haben,
damit du, wenn eine Teuerung kommt oder Feinde angreifen,
mit bewaffneter Hand
deinen Feinden Widerstand leisten kannst.
Denn zweifellos kann ohne diese Art von Reichtum
keine Stadt so, wie sie ist, bestehen.
Daher sollst du auf ehrliche Weise
Silber und Gold ansammeln wie oben beschrieben.
Aber Stolz, Hoffahrt und Übermut musst du vermeiden,
dann wird es dir auch weiterhin in Ehre und Reichtum gut gehen.

Deine Hoffnung setze allein auf Gott,
denn er hat noch nie jemanden im Stich gelassen,
der auf ihn vertraut hat.
Glaube mir, er wird dich niemals enttäuschen.
In diesem Sinne, Frankfurt, möge Gott dich behüten
und dir in aller Not beistehen.
Lass mir als Lohn meinen Gewinn,
und wenn ich einmal nicht mehr lebe,
sprich für meine arme Seele:
Gott sei dir gnädig, Johann von Soest.

Achim von Arnim

Von der Belagerung der Stadt Frankfurt, ein Lied im Ton: Frisch auf in Gottes Namen, 1552

Fliegendes Blatt, gedruckt in Frankfurt.

Die Sonn mit klarem Scheine
Erglastet überall,
Die kühlen Brünnlein reine
Erlusten Berg und Thal,
Viel süßer Lüftlein Güte
Von Auf- und Niedergang,
Aus freyer Stimm, Gemüthe,
Der hell Waldvöglein Blüthe
Frau Nachtigall erklang.

Des Walds, der Blümlein Ziere
Gab Wonn und Freudigkeit,
In deutschem Landreviere
War stille Sicherheit.
Der gütig Herr und Gotte
Sohn, Vater, heilger Geist
Erlöst aus aller Nothe,
Aus Teufels Macht und Tode
Sein göttlich Gnad uns reißt.

Stadt Frankfurt an dem Mayne!
Dein Lob ist weit und breit,
Treu, Ehr und Glauben reine,
Mannliche Redlichkeit

Hast du mit deinem Blute
erhalten ritterlich.
Vertrau dem Herrn, du Gute,
Er hilft unschuldgem Blute,
Des sollst du freuen dich.

Ich ritt an einem Morgen
Mit Lust in grünem Wald,
Nach Wildes Spur ohn Sorgen,
Da sah ich mannichfalt
Von fernen einherbrechen
Viel Reuter und Landsknecht gut,
Mit Schießen, Rennen, Stechen,
Daß mancher zahlt die Zechen
Gar theuer mit seinem Blut.

Die Stadt sie thäten beschießen,
Des achten wir gar klein,
Man ließ sie's wieder genießen,
Schenkt ihnen tapfer ein.
Aus Stücken, neuen und firnen
Hieß sie Gott willkomm seyn;
Es gab Köpf, Bein und Hirnen,
Ich mag nicht solcher Birnen,
Gott helf ihnen all aus Pein!

Der *Rehbock* * sein Gehürne
Männlichen richtet auf,
Zerstieß manch harte Stirne
So fern in schnellem Lauf.

* Die *kursivierten* Worte sind Namen von Schanzen und Geschütz.

Der *Kauz* in grüner Auen
Auf seinem Zweiglein schön,
Thät manchen Vogel krauen,
Daß er sich mußte rauen,
Die Federn lassen gehn.

Ein *Landsknecht* schrie von ferne
Jetzt wehr dich unser *Hahn*,
O Bruder und Schwester gerne
Ist Beystand euch gethan,
Es fliehen *Stephans* Pfeile
Viel scharfer Nadeln geschwind,
Die alte *Schlang* mit Weilen
Thut's *Oechslein* übereilen:
Her, her ihr bösen Kind!

Der *Singerin* Stimm so reine,
Ihres Liedleins Anefang
Hört man am *Affensteine*,
Am *Mühlenberg* entlang.
Mit ihren Gespielen allen
Hält sie den Abendtanz,
Thät mancher übel fallen
Von Bollwerken und Wallen,
Erwart't nit dieser Schanz.

Es währt manch Nacht und Tagen,
Ist unsrer Sünden Schuld,
Dem Herren wollen wirs klagen
Und warten mit Geduld.
Frankfurt mit den Genossen
Warst du so gar verlorn,

Mit Feuer und Kugel beschossen,
Allein du trägst entschlossen
Die kayserliche Kron.

Hans Sachs

Schwank: Von dem frommen adel

Als zu Frankfurt vor manchem jar
am Mein, der hauptstatte, da war
eins tags gehalten halsgericht
über gar ein jungen böswicht,
gar ein hurtigen reutersmon;
der war ein wolgestalt person,
von leibe schön, gerad und lang,
und het gar ein höflichen gang,
in der kleidung geschmuckt und sauber,
der war gewesen ein straßrauber,
über welchen Augspurg die stat
tausent gulden verbürget hat.
disem solt man den kopf abhauen,
ob welchem aber man und frauen
gar ser großes mitleiden het.
als man den verurteilen tet
und zu dem gericht füret aus,
bracht in für ein großes wirtshaus,
darin vil fremdes adels lag,
solten da machen ein vertrag
mit der frenkischen ritterschaft.
nun dise waren auch behaft
in mitleiden und mit erbarmen,
als sie sahen ausfürn den armen,

so guter höflicher gestalt
und doch kaum zweinzigjerig alt;
da dauret sie das junge blut,
wurden zu rat und wolgemut
giengen hin für den öbern rat,
und da auf demütigest hat
der adel angelegt ein bit
und vermeint, dem jungen darmit
beim öbern rat hult zu erwerben,
das er nit müß so ellent sterben,
sonder würt von dem schwert erret.
der öber rat da fragen tet:
ir lieben getreuen, sagt an,
wist ir, was der jung hat getan,
darumb er sol werden gericht?
der adel sprach: das wiß wir nicht,
allein reut uns die jung person,
umb den doch warlich iedermon
ein sonderlich mitleiden hat.
darauf antwort der öber rat:
ir lieben getreuen, so wist,
das der jung ein straßrauber ist,
welcher den kaufleutn aus vertrauen
etlich wegen hat aufgehauen,
sie gfangen und geschetzet hart
mit seiner rot auf dem Spessart,
und hat auch sonst vil Schadens ton;
darumb wolt wir in richten lon.
weil ir aber so große bit
anlegt, wöll wir in richten nit,
sonder zu eren euch gemein
sol im das leben gschenket sein.
ganz quitledig all seiner bant,

iedoch sol er raumen das lant
und nimmermer kommen darein,
zu straf diser verhandlung sein.
als nun der adel an dem ort
vom öbern rat hört dise wort,
da sprachens gleich mit entsatzung:
wie? hat geraubet diser jung
die kaufleut schon auf dem Spessart,
und er ist doch nicht edler art?
das hab wir nicht gewust vorhin,
derhalb nur eilents mit im hin
und laßt im nur sein kopf abschlagen!
wolt der baurenknecht in den tagen
sich mit raub auf dem Spessart nern,
welches doch nur zustet mit ern
dem frommen adel aller masen,
den kaufleuten in busen blasen,
das im die gülden heraus stieben?
den die reisdienst gar hoch tunt lieben,
die bei in bleiben hin biß her
nur tapfer gute reutersmer.
damit der from adel abschid
und war des urteils wol zu frid.

Der beschluß

Fro sollen des all kaufleut sein,
das alle straßen werden rein
in Franken, Beiern, Sachsen, Schwaben,
da selbst ist große achtung haben
der adel, das auf keiner straß
kein rauber mer auffragen laß,

er sei denn von adelsgeschlecht,
das zu der tat hab fug und recht;
derhalb ist iezt gut sicher wandlen
gen Frankfurt und Leipzig zu handlen,
dergleich durch all gebirg und tal,
das vor unsicher war zu mal.
wer iezunt durch den Spessart züg
und golt auf seinem haupte trüg,
man nem im nicht ein birenstil.
darauf so laß sich, wer da wil;
doch hüt er sich vor ungemachs
auf allen straßen, ret Hans Sachs.

Anno salutis 1562. am 3. tag Julij.

Johann Rudolf Karst

Lorbeer-Crantz der weltberuffenen Stadt Franckfurt

1662

Franckfurt! Franckfurt! das du bist neunmalhundert Jahr
berühmet/
Dein beliebtes Ehren-Lob ist mit Worten nicht verblümet/
Du bezeugest von dir selbst/du beweisest in der That/
Daß ein edler Frankken-Fürst deinen Grund gezieret hat.
Ich bedarf hier keiner Schminkk/deinen Namen zu beschönen/
Frembden Schein begehr ich nicht vor mein Franckfurt zu
entlehnen/
Deiner hohen Zierden Glantz strahlet hell und offenbar/
Fama sampt dem Augenschein machen alles wahr und klar.
Eine Liecht- und Fakkel-Statt hat die Vorwelt dich genennet/
Große Kaiser haben dich offtermals so hoch erkennet/
Daß sie dich in ihre Gunst fest und Wurtzel-tieff gesenkkt/
Und dem schönen Regiment Freyheit/Ehr und Recht
geschenkkt.
Königs-Hoff und Königs-Ort haißet man dich bey den Alten/
Weil die König' ihren Hoff und Versammlung da gehalten/
Hatte nicht der große Karl/wie von Alters her bewust/
An dem schönen Frankkenfurt ein große Liebeslust?
Hat er nicht zum offternmal in dem Hertzogs Hoff gewohnt/
Da jetzt Lönhards Tempel ist? Hat er dich nicht hoch belohnt?
Ja/das Bartholomaeus-Stifft wäre nicht so schön und groß
Hätt er seine Gaben ihm nicht geschüttet in den Schoß.
Franckfurt hochgeehrte Statt/wann ich solte hier erzehlen/

Wie die Fürsten mit der Chur einen Keyser in dir wehlen/
Und wie mancher dapffrer Fürst in dir seine Keyser-Wahl/
Hat empfangen/würd es seyn eine Ruhm- und Ehren-Zahl.
Dein gezierter Römer-Saal hat sich offt sehr hoch ergetzet/
Wann der Teutschen Fürsten-Pracht sich in ihm zu Tisch gesetzet/
Ja es hat das Braunenfelß dieses auch vergessen nicht/
Daß der Maximilian da gesessen zu gericht.
Auch der Große Leopold (welcher noch für kurtzen Jahren
Mit der stoltzen Fürsten-Zahl bey dir auß und eingefahren)
Hat die güldne Keyser-Cron bey dir auff sein Haupt gesetzt/
Dich und auch das gantze Reich hoch-erfrewet und ergetzt.
Lieblich stund es dazumahl/herrlich war es anzusehen/
Deiner Schöffen edle Rey an dem blancken Himmel gehen/
Der bejahrten Richter Zier/Herrn Stallburgern oben an/
Und Herrn Bendern andrer Seiths/welcher ist der Musen-Mann.
Herr Steinmeyer gieng hierauff mit herrn Seyffart dem Gelehrten.
Herr Uffsteiner folgte nach mit Herrn Steffan dem Geehrten.
Drauff Herr Lerßner und Herr Mohr diesen schönen Himmel-Pracht/
Leopoldens Sonnen-Schirm in der Ordnung zugemacht.
Was für Ehre/was für Schmuck/ist da vor- und nach gegangen/
Da war eytel Wonn' unnd Freud/da war lauter Friedens-Prangen/
Überall war man wolauff/weil der Adler sich erschwang/
Und das süße Luft-Gethön hoch in Lüfften widerklang.
Alles stund in Frölichkeit/als die schöne Glocken klungen/
Und das Teutsche Fürsten-Haupt mit Willkomm/Willkomm besungen/
Bartholomaeus stimmet an: Herre Gott dich loben wir/
Vivat! Vivat Leopold, brach heraus in großer Zier.
Der Carthaunen grobe Stimm mußte da den Baß mitsingen/

Deine frohe Bürgerschafft sahe man die Fahnen schwingen/
Die Trompet war munter auff/und die Pauck gab ihren Hall/
Ja/die Erde tantzte fast ob dem süßen Wunder-Schall.
Der geschmückte Röhren-Brunn/der die schöne Jungfrau schawet/
Die ihr das verglänztzte Schwerdt mit der Waag zu eygen trawet/
Füllte sich auß derer Brust/so voll roth- und weißen Wein/
Daß er dem er zu ihm kam/kondt ein freyer Weinschenk seyn.
Keller/Koch und Küchen-Jung/war mit froher Müh beladen/
Einen Ochsen sahe man/gantz und unzerstücket braten/
Viermal tausend Elen Tuch/dessen Farb schwartz/gelb/und weiß/
Wurde nach des Keysers Tritt von der Brücken allen Preiß.
Wein und Haber wurd erlaubt und den Leuten preiß gemessen/
Wem geliebte/mochte frey von dem ganzen Ochsen essen/
Gold und Silber wurde da vor dem Römer außgestreut/
Manche hat der Wein ergetzt/andre hat das Geld erfreut.
Franckfurt edle Kauffmanns-Statt! Deine weltberuffne Messen/
Liebet Köllen/Straßburg/Ulm/Augspurg/Frankken mit dem Hessen/
Wann die große Glokk erbrumt und die Kauffleut lädet ein/
Reget sich das gantze Land und wird fro der weiße Mayn.
Hanau/Maintz und andre mehr/deinen schönen Ruhm vermehren/
Bamberg/Worms und Nüremberg Jährlich dich mit Pfeiffen ehren/
Deine Brükk erfreuet sich/ihre Türme sehens gern/
Wann da kommet das Geleit der berühmten Handels Herrn.
Franckfurt schöne Wasser-Statt! Da die Schiffe mit den Waren/
Auff dem klaren Silberflug täglich ab- und auffwerts fahren/
Da der Bauer auff dem Land bringet Frucht und holet Wein/
Was man nur begehren mag/trägt man bey dir auß und ein/
Alle Nachbarn umb dich her sind von Hertzen dir gewogen/

Ja/du hast der Fürsten Gunst mit belieben angezogen/
O du Außzug von der Welt und der Musen Auffenthalt!
Deines Namens Ehren-Blüt müsse werden nimmer alt!

Johann Albrecht Jormann

Das Gewimmel und Getümmel der Franckfurter Meß

1694

Ich gieng mit einem Freund zu Franckfurth durch die Stadt/
Und sah mich um und um/was Gott derselben hat
Aus sonderbahrer Güt verliehen und gegeben/
Wie mancher wunderlich die Nahrung sucht/zu leben.
Wir giengen durch die Meß/die weit und breit bekannt/
Die hochberühmet ist in manchem fernen Land.
Im Rathhauß fanden wir Gold/Silber und Jubelen/
Ausländischer Waaren viel/auch manche schöne Seelen/
Der Damen groß und klein/auch Fürsten/Grafen/Herrn/
Wir stuhrten selbe an/und sahen solche gern.
Domherren/Edelleut/Canonici und Pfaffen/
Münch/Nonnen/Bürgersleut/wir drinnen auch antraffen.
Der eine kauffte diß/der andre kauffte das/
Der dritte kauffte nichts/sah über seine Naß/
Als wie ein alter Brack/der vierdte discuriret
Von neuen Zeitungen/der fünfte caressiret/
Sucht sein Ergötzlichkeit/der sechst verwundert sich/
Der siebend lachte nur/der acht schwur greuliglich/
Und lobte seine Waar/der neundt des Käuffers spotte/
Der zehend lieff hinweg/weil man zu theuer botte/
Der eilffte accordirt/der zwölffte abbezahlt/
Ein jeder hie und da mit Geld und Müntze prahlt.
Wir giengen weiters fort/die Börß voll Kauffleut funden/
Bey denen allerhand der Nationen stunden.

Die Mackler hin und her umlieffen sehr geschwind/
Zu schließen Wechsel nur/die man dann leichtlich find.
Wir schlupfften durch die Leut/da war ein ruffen/schreyen!
Macht Platz! nur auff die Seit/viel dorfften sich nicht freuen
Der groben Stöß vom Karn/es wimmelt grümmelt voll/
Wir sahen uns wohl vor/daß uns kein grober Knoll/
Auch übern hauffen warf/dann da ist nicht zu sehen
Respect noch Höfflichkeit/und weme das geschehen/
Der wisch das Maul geschwind/mach ja nicht vieler Wort/
Schleich stillgens nur hinweg/und gehe weiters fort/
Dem folgten wir auch nach/und bey uns nur bedachten/
Wir wollten alles wohl auffs allerbest betrachten.
Viel hundertley der Kräm wir sahen/gafften an
Von groß und kleiner Waar/wie mancher frembde Mann
Kaufft ein und zahlte aus/ließ seine Waar einpacken/
Der eine auff den Karg/der andere auff den Nacken
Ließ seine Waaren bald fortbringen hie und da/
Ein andern seine Waar man auch abladen sah.
Das Landvolck kauffte ein/Soldaten/Officirer/
Beambte/Bauersleut/viel arme Stieffelschmierer
Sah man wol in der Meß/Quacksalber mancherley/
Der Schampotasche sich auch närrisch stellt dabey.
Die Storger schnitten auff/der Zahnartzt konte sprechen
Sehr hoch von seiner Kunst/und thät viel Zähn ausbrechen.
Dort war ein Oculist/der stache einen Staar/
Ein andrer schnitt und stach sich neue Wunden gar/
Schmeltzt Schwefel und das Pech mit Zinn und Bley verwundert
Auf seine Händ und Arm/und fluchte auch bey hundert/
Seins gleichen wäre nicht. Bald man ein andern sah/
Der hat viel tausend Würm/die kont er zeigen da/
Die er bey manchem Mensch mit Wunder ausgetrieben/
So daß der Patient wär bey dem Leben blieben.
Dort kam ein Kräuter-Artzt geritten auff dem Pferd/

Der lobte sein Magnet von sehr kostbahrem Werth/
Hans Tampff schrie überlaut/saß neben auff dem Schimmel/
Und rieff die Leut herzu mit seiner Schweitzer-Trommel/
Sprach: wie er im Gebürg gegraben manches Kraut.
Dort stund der Qualster-Hans/der rieffe überlaut:
Hier ist die Gnaden-Salb/hier sind die Olitäten/
Hier ist der rechte Mann/der helffen kan aus Nöthen:
Ein andrer distilirt Rossolis roth und hell/
Das Catharinen-Oel auch rühmt vor Leuten schnell.
Wir sahen Brüch und Stein an vielen Tafeln hencken/
Mit Instrumenten auch/dort stunden auff den Bänken/
Die Lieder-Sänger fein/die nach Hans Saxen Art
Gesungen wurden recht/von solchen Sängern zart.
Das Murmelthier-Schmaltz ein andrer hochpriese/
Ein solches Thier geschwind uns lebendig vorwiese/
Er ließ es pfeifen hell/Ein Hechle ein Maußfall/
Einer rufft laut: Haderlump/man hörte überall/
Din dinderlin din dint/Pomerantz/Citron/Limonen/
Von alterle Gefürtz/Cubeben/Cartemonen/
Ein andrer Brillen/Brill/aus seinen Kräfften schrie/
Der Glückes-Haffner winckt/man kan gewinnen hie/
Der Scheerschleiff rollt und rieff/Scheerschleip und Messerschleipen:
Ick schleipe um dat Geld ock gute Schusterkneipen.
Pastet- und Hippen-Bubn sich hatten wohl vertheilt
Verschieden in der Stadt. Der Taschen-Spieler eilt
Von eim ins andre Haus/die Raßler/Gauckler/Springer/
Ihr Nahrung suchten auch/da bracht man frembde Dinger/
Von Pavianen zahm/Meerkatzen/Affen/Hund/
Gelehrte Bären/Pferd sich machten tapffer kund.
Commödianten stoltz/der Pickelhäring prangte/
Dort aber in der Lufft/Hans Supp an Seilen hangte:
Die Gängler ohne Zahl/die lieffen durch die Stadt/

Ein andrer lobte auch sein Biessem hoch und satt/
Im Wirtshauß hörte man die Pfeiffer und Schallmayer/
Die Garküch war besetzt/man hört die Bauern-Leyer/
Da stunde einer da/und spielte auff der Flöth/
Ein anderer schrye dort: hier schöne Rarität!
Man thönte wunderlich/man sang/man spielt und lacht/
Es war da ein Geräusch biß in die schwartze Nacht.
Der ein durchs Poppenspiel sucht Leut an sich zu bringen/
Ein andrer brachte vor/viel Narrenpossen Dingen/
Da wir die Thorheit all in acht genommen recht/
Kehrten wir wiederum/und dachten/wie so schlecht
Sich mancher um das Brod muß säuerlich bewerben/
Wenn er vor Faulheit nicht will elend Hungers sterben.
Wir funden kleine Tisch/daran man stach Pitschier/
Buchführer vielerley sah man auch kommen für/
Notar und Procureurs und große Advocaten
Viel Pfarrherrn/Schreibers Leut und kleine Potentaten/
Schulmeisters vieler Art/Studenten mancherley/
Juristen/Medicos/Barbirer/Bader frey/
Philosophos und Würm/Sternseher und Propheten
Calendermacher auch/und grillischen Poeten/
Magistros ohne Zahl/bald ein Licentiat/
Ein Käpgen unterm Huth/bald einen von dem staat/
Gelährt und Ungelährt/auch gute Musicanten
Bereuters hochberühmt/und allerley Bachanten.
Aus Braband Mahlers auch/und Knaben aus der Schul/
Auch manche Krämers-Frau/in ihrem Laden-Stuhl.
Wir sahen einander an/und lachten in Gedancken/
Und giengen an den Mayn/da sahen wir viel Francken/
Der ein hat in der Hand ein Pomp- und Römer klein/
Aus dem er proben ließ den edlen Francken-Wein.
Wir sahen ferner auch Bootsknecht/Weinschröter/Schiffer/
Maynhinckel/loß Gesind/viel Müssiggänger/Pfiffer/

Viel Bettel-Klapperleut/ja manche lose Huhr/
Der Bettelvogt sie trieb an einer Drecken-Fuhr.
Karnschieber/Packer und viel Zäncker/Rauff- und Schläger/
Holtzmesser/Hayntzler/auch die Räff- und Säcketräger/
Roßkämp/Stall-Knechts-Gesind von allerhand Geschmack/
Canari-Vögels-Leut/und Krämer mit Toback/
Die Kartenmacher selbst/die Würffler und die Trumpler/
Viel tausend Lumpenleut/und so viel schlimme Humpler/
Auch Kutscher und Laqueyn man hin und wieder sah/
Carossen großer Herrn und Frauenzimmer da.
Dantzmeisters ließen sich in Häussern zierlich sehen/
Vor der Gebackens-Hüt die kleinen Kinder stehen.
Zuletzt Marx Lucas Feind/die Fechter sahen wir
Im Wein-Haug wundersam sich klopffen für und für.
Es ist zu zehlen nicht/was wir für Leut gesehen/
Ein Christ und Jude auch gar mit einander gehen/
Die Beutelschneider selbst die blieben auch nicht aus/
Die Dieb und Schelmen sich selbst machten aus dem Hauß/
Theils waren franck und frey/die konten sich ergetzen/
Theils sah man führen hin betrübt in Thurn zu setzen.
Die Kuppler durch die Meß auch liessen mit Begier/
Den Fremden zu der Lust etwas zu tragen für.
Man sah von aller Art der groß und kleinen Leuten/
Von Ehr und Gegen-Ehr/vor niemand sie sich scheuten.
Verschmitzte kluge Leut/und dann viel Narren auch/
Ein ganz Ollopotric, wie solcher Märckte Brauch.
Theils sahen sauer aus/theils freundlich sich erzeigten/
Theils rufften überlaut/theils gantz bescheiden schweigten.
Als wir noch weiter uns ein Motion gemacht/
Und schier die meisten Leut in dieser Meß betracht/
So kamen wir bestürtzt in abgebrannte Gassen/
Und wusten nicht dabey/wie wir uns solten fassen;
Wir sahen aber bald/daß Feuer dieß gethan/

Und solch groß Ungelück/wie sonst gerichtet an/
Wir dachten alsobald an abgebrannte Armen/
Und wünschten/daß der Höchst sich ihrer möcht erbarmen.
Wir giengen dann darauff nach unserm Quartier zu/
Flugs schrie uns einer nach: kaufft Schwartze for die Schuh.
Wir schauten uns dann um/ihn wolten sehen schnell/
Da brachte man dorther ein Türckisches Cameel:
Das wär von großer Witz/wie man uns sagte fein/
Zu reden Steyrsch. Tyrol Frantz. Schwäbisch und Latein.
Wir lachten bey uns selbst/da wir diß all betracht/
Einander wünschten drauff ein freundlich gute Nacht.

Johann Wolfgang von Goethe

Aus meinem Leben

Mit jenem großen staatsrechtlichen Gegenstande, der Wahl und Krönung eines Römischen Königs, wollte es nun immer mehr Ernst werden. Der anfänglich auf Augsburg im Oktober 1763 ausgeschriebene kurfürstliche Kollegialtag ward nun nach Frankfurt verlegt, und sowohl zu Ende dieses Jahrs als zu Anfang des folgenden regten sich die Vorbereitungen, welche dieses wichtige Geschäft einleiten sollten. Den Anfang machte ein von uns noch nie gesehener Aufzug. Eine unserer Kanzleipersonen zu Pferde, von vier gleichfalls berittenen Trompetern begleitet und von einer Fußwache umgeben, verlas mit lauter und vernehmlicher Stimme an allen Ecken der Stadt ein weitläufiges Edikt, das uns von dem Bevorstehenden benachrichtigte und den Bürgern ein geziemendes und den Umständen angemessenes Betragen einschärfte. Bei Rat wurden große Überlegungen gepflogen, und es dauerte nicht lange, so zeigte sich der Reichsquartiermeister, vom Erbmarschall abgesendet, um die Wohnungen der Gesandten und ihres Gefolges nach altem Herkommen anzuordnen und zu bezeichnen. Unser Haus lag im kurpfälzischen Sprengel, und wir hatten uns einer neuen, obgleich erfreulichern Einquartierung zu versehen. Der mittlere Stock, welchen ehmals Graf Thoranc innegehabt, wurde einem kurpfälzischen Kavalier eingeräumt, und da Baron von Königsthal, nürnbergischer Geschäftsträger, den obern Stock eingenommen hatte, so waren wir noch mehr als zur Zeit der Franzosen zusammengedrängt. […]

Mancher Verdruß entspringt auch daher, daß sich die Stadt nach und nach mit nötigen und unnötigen Personen anfüllt. Vergebens werden die Höfe von seiten der Stadt an die Vorschriften der freilich veralteten Goldnen Bulle erinnert. Nicht allein die zum Geschäft Verordneten und ihre Begleiter, sondern manche Standes- und andere Personen, die aus Neugier oder zu Privatzwecken herankommen, stehen unter Protektion, und die Frage: wer eigentlich einquartiert wird und wer selbst sich eine Wohnung mieten soll? ist nicht immer sogleich entschieden. Das Getümmel wächst, und selbst diejenigen, die nichts dabei zu leisten oder zu verantworten haben, fangen an, sich unbehaglich zu fühlen.

Selbst wir jungen Leute, die wir das alles wohl mit ansehen konnten, fanden doch immer nicht genug Befriedigung für unsere Augen, für unsere Einbildungskraft. Die spanischen Mantelkleider, die großen Federhüte der Gesandten und hie und da noch einiges andere, gaben wohl ein echt altertümliches Ansehen; manches dagegen war wieder so halb neu oder ganz modern, daß überall nur ein buntes, unbefriedigendes, öfter sogar geschmackloses Wesen hervortrat. Sehr glücklich machte es uns daher zu vernehmen, daß wegen der Herreise des Kaisers und des künftigen Königs große Anstalten gemacht wurden, daß die kurfürstlichen Kollegialhandlungen, bei welchen die letzte Wahlkapitulation zum Grunde lag, eifrig vorwärts gingen, und daß der Wahltag auf den 27. März festgesetzt sei. Nun ward an die Herbeischaffung der Reichsinsignien von Nürnberg und Aachen gedacht, und man erwartete zunächst den Einzug des Kurfürsten von Mainz, während mit seiner Gesandtschaft die Irrungen wegen der Quartiere immer fortdauerten. [...]

Sehr vielen und beschwerlichen Geschäften mußte sich indessen das Reichsmarschallamt unterziehen: die Masse der Fremden wuchs, es wurde immer schwieriger, sie unterzubringen. Über die Grenzen der verschiedenen kurfürstlichen Bezirke war man nicht einig. Der Magistrat wollte von den Bürgern die Lasten abhalten, zu denen sie nicht verpflichtet schienen, und so gab es bei Tag und bei Nacht stündlich Beschwerden, Rekurse, Streit und Mißhelligkeiten.

Der Einzug des Kurfürsten von Mainz erfolgte den 21. März. Hier fing nun das Kanonieren an, mit dem wir auf lange Zeit mehrmals betäubt werden sollten. Wichtig in der Reihe der Zeremonien war diese Festlichkeit; denn alle die Männer, die wir bisher auftreten sahen, waren, so hoch sie auch standen, doch immer nur Untergeordnete; hier aber erschien ein Souverän, ein selbständiger Fürst, der Erste nach dem Kaiser, von einem großen, seiner würdigen Gefolge eingeführt und begleitet. [...]

Gleich den nächsten Tag war große Bewegung in der Stadt wegen der Visiten und Gegenvisiten, welche nunmehr mit dem größten Zeremoniell abgestattet wurden. Was mich aber als einen Frankfurter Bürger besonders interessierte und zu vielen Betrachtungen veranlaßte, war die Ablegung des Sicherheitseides, den der Rat, das Militär, die Bürgerschaft, nicht etwa durch Repräsentanten, sondern persönlich und in Masse, leisteten: erst auf dem großen Römersaale der Magistrat und die Stabsoffiziere, dann auf dem großen Platze, dem Römerberg, die sämtliche Bürgerschaft nach ihren verschiedenen Graden, Abstufungen und Quartieren, und zuletzt das übrige Militär. Hier konnte man das ganze Gemeinwesen mit einem Blick überschauen, versammelt zu dem ehrenvollen Zweck, dem Haupt und den Gliedern des Reichs Sicherheit und bei dem bevorstehenden großen Werke unverbrüchliche Ruhe anzugeloben. Nun waren auch Kurtrier und Kurköln in Person angekommen. Am Vorabend des Wahltags werden alle Fremden aus der Stadt gewiesen, die Tore sind geschlossen, die Juden in ihrer Gasse eingesperrt, und der Frankfurter Bürger dünkt sich nicht wenig, daß er allein Zeuge einer so großen Feierlichkeit bleiben darf.

Bisher war alles noch ziemlich modern hergegangen: die höchsten und hohen Personen bewegten sich nur in Kutschen hin und wider; nun aber sollten wir sie, nach uralter Weise, zu Pferde sehen. Der Zulauf und das Gedränge war außerordentlich. Ich wußte mich in dem Römer, den ich, wie eine Maus den heimischen Kornboden, genau kannte, so lange herumzuschmiegen, bis ich an den Haupteingang gelangte, vor welchem die Kurfürsten und Gesandten, die zuerst in Prachtkutschen herangefahren und sich oben versammelt hatten, nunmehr zu Pferde steigen sollten. Die stattlichsten, wohlzugerittenen Rosse waren mit reichgestickten Schabracken überhangen und auf alle Weise geschmückt. Kurfürst Emmerich Joseph, ein schöner, behaglicher Mann, nahm sich zu Pferde gut aus. Der beiden andern erinnere ich mich weniger, als nur überhaupt daß uns diese roten, mit Hermelin ausgeschlagenen Fürstenmäntel, die wir sonst nur auf Gemälden zu sehen gewohnt waren, unter freiem Himmel sehr romantisch vorkamen. Auch die Botschafter der abwesenden weltlichen Kurfürsten in ihren goldstoffnen, mit Gold überstickten, mit goldnen Spitzentressen reich besetzten spanischen Kleidern taten unsern Augen wohl; besonders wehten die großen Federn von den altertümlich aufgekrempten Hüten aufs prächtigste. Was mir aber gar nicht dabei gefallen wollte, waren die kurzen, modernen Beinkleider, die weißseidenen Strümpfe und modischen Schuhe. Wir hätten Halbstiefelchen, so golden als man gewollt, Sandalen oder dergleichen gewünscht, um nur ein etwas konsequenteres Kostüm zu erblikken.

Im Betragen unterschied sich auch hier der Gesandte von Plotho wieder vor allen andern. Er zeigte sich lebhaft und munter und schien vor der ganzen Zeremonie nicht sonderlichen Respekt zu haben. Denn als sein Vordermann, ein ältlicher Herr, sich nicht sogleich aufs Pferd schwingen konnte, und er deshalb eine Weile an dem großen Eingang warten mußte, enthielt er sich des Lachens nicht, bis sein Pferd auch vorgeführt wurde, auf welches er sich denn sehr behend hinaufschwang und von uns abermals als ein würdiger Abgesandter Friedrichs des Zweiten bewundert wurde.

Nun war für uns der Vorhang wieder gefallen. Ich hatte mich zwar in die Kirche zu drängen gesucht, allein es fand sich auch dort mehr Unbequemlichkeit als Lust. Die Wählenden hatten sich ins Allerheiligste zurückgezogen, in welchem weitläufige Zeremonien die Stelle einer bedächtigen Wahlüberlegung vertraten. Nach langem Harren, Drängen und Wogen vernahm denn zuletzt das Volk den Namen Josephs des Zweiten, der zum Römischen König ausgerufen wurde.

Der Zudrang der Fremden in die Stadt ward nun immer stärker. Alles fuhr und ging in Galakleidern, so daß man zuletzt nur die ganz goldenen Anzüge bemerkenswert fand. Kaiser und König waren schon in Heusenstamm, einem gräflich Schönbornischen Schlosse, angelangt und wurden dort herkömmlich begrüßt und willkommen geheißen; die Stadt aber feierte diese wichtige Epoche durch geistliche Feste sämtlicher Religionen, durch Hochämter und Predigten, und von weltlicher Seite, zu Begleitung des Tedeum, durch unablässiges Kanonieren.

Hätte man alle diese öffentlichen Feierlichkeiten von Anfang bis hierher als ein überlegtes Kunstwerk angesehen, so würde man nicht viel daran auszusetzen gefunden haben. Alles war gut vorbereitet; sachte fingen die öffentlichen Auftritte an und wurden immer bedeutender; die Menschen wuchsen an Zahl, die Personen an Würde, ihre Umgebungen wie sie selbst an Pracht, und so stieg es mit jedem Tage, so daß zuletzt auch ein vorbereitetes, gefaßtes Auge in Verwirrung geriet.

Der Einzug des Kurfürsten von Mainz, welchen ausführlicher zu beschreiben wir abgelehnt, war prächtig und imposant genug, um in der Einbildungskraft eines vorzüglichen Mannes die Ankunft eines großen geweissagten Weltherrschers zu bedeuten. Auch wir waren dadurch nicht wenig geblendet worden. Nun aber spannte sich unsere Erwartung aufs höchste, als es hieß, der Kaiser und der künftige König näherten sich der Stadt. In einiger Entfernung von Sachsenhausen war ein Zelt errichtet, in welchem der ganze Magistrat sich aufhielt, um dem Oberhaupte des Reichs die gehörige Verehrung zu bezeigen und die Stadtschlüssel anzubieten. Weiter hinaus auf einer schönen geräumigen Ebene stand ein andres, ein Prachtgezelt, wohin sich die sämtlichen Kurfürsten und Wahlbotschafter zum Empfang der Majestäten verfügten, indessen ihr Gefolge sich den ganzen Weg entlang erstreckte, um nach und nach, wie die Reihe an sie käme, sich wieder gegen die Stadt in Bewegung zu setzen und gehörig in den Zug einzutreten. Nunmehr fuhr der Kaiser bei dem Zelt an, betrat solches, und nach ehrfurchtsvollem Empfange beurlaubten sich die Kurfürsten und Gesandten, um ordnungsgemäß dem höchsten Herrscher den Weg zu bahnen.

Wir andern, die wir in der Stadt geblieben, um diese Pracht innerhalb der Mauern und Straßen noch mehr zu bewundern, als es auf freiem Felde hätte geschehen können, wir waren durch das von der Bürgerschaft in den Gassen aufgestellte Spalier, durch den Zudrang des Volks, durch mancherlei dabei vorkommende Späße und Unschicklichkeiten einstweilen gar wohl unterhalten, bis uns das Geläute der Glocken und der Kanonendonner die unmittelbare Nähe des Herrschers ankündigten. Was einem Frankfurter besonders wohltun mußte, war, daß bei dieser Gelegenheit, bei der Gegenwart so vieler Souveräne und ihrer Repräsentanten, die Reichsstadt Frankfurt auch als ein kleiner Souverän erschien; denn ihr Stallmeister eröffnete den Zug, Reitpferde mit Wappendecken, worauf der weiße Adler im roten Felde sich gar gut ausnahm, folgten ihm, Bediente und Offizianten, Pauker und Trompeter, Deputierte des Rats, von Ratsbedienten in der Stadtlivree zu Fuße begleitet. Hieran schlossen sich die drei Kompanien der Bürgerkavallerie, sehr wohl beritten, dieselbigen, die wir von Jugend auf bei Einholung des Geleites und andern öffentlichen Gelegenheiten gekannt hatten. Wir erfreuten uns an dem Mitgefühl dieser Ehre und an dem Hunderttausendteilchen einer Souveränität, welche gegenwärtig in ihrem vollen Glanz erschien. Die verschiedenen Gefolge des Reichserbmarschalls und der von den sechs weltlichen Kurfürsten abgeordneten Wahlgesandten zogen sodann schrittweise daher. Keins derselben bestand aus weniger denn zwanzig Bedienten und zwei Staatswagen, bei einigen aus einer noch größern Anzahl. Das Gefolge der geistlichen Kurfürsten war nun immer im Steigen, die Bedienten und Hausoffizianten schienen unzählig, Kurköln und Kurtrier hatten über zwanzig Staatswagen, Kurmainz allein ebensoviel. Die Dienerschaft zu Pferde und zu Fuß war durchaus aufs prächtigste gekleidet, die Herren in den Equipagen, geistliche und weltliche, hatten es auch nicht fehlen lassen, reich und ehrwürdig angetan und geschmückt mit allen Ordenszeichen zu erscheinen. Das Gefolg der kaiserlichen Majestät übertraf nunmehr, wie billig, die übrigen. Die Bereiter, die Handpferde, die Reitzeuge, Schabracken und Decken zogen aller Augen auf sich, und sechzehn sechsspännige Galawagen der kaiserlichen Kammerherren, Geheimenräte, des Oberkämmerers, Oberhofmeisters, Oberstallmeisters beschlossen mit großem Prunk diese Abteilung des Zugs, welche ungeachtet ihrer Pracht und Ausdehnung doch nur der Vortrab sein sollte.

Nun aber konzentrierte sich die Reihe, indem sich Würde und Pracht steigerten, immer mehr. Denn unter einer ausgewählten Begleitung eigener Hausdienerschaft, die meisten zu Fuß, wenige zu Pferde, erschienen die Wahlbotschafter sowie die Kurfürsten in Person nach aufsteigender Ordnung, jeder in einem prächtigen Staatswagen. Unmittelbar hinter Kurmainz kündigten zehn kaiserliche Laufer, einundvierzig Lakaien und acht Heiducken die Majestäten selbst an. Der prächtigste

Staatswagen, auch im Rücken mit einem ganzen Spiegelglas versehen, mit Malerei, Lackierung, Schnitzwerk und Vergoldung ausgeziert, mit rotem, gesticktem Samt obenher und inwendig bezogen, ließ uns ganz bequem Kaiser und König, die längst erwünschten Häupter, in aller ihrer Herrlichkeit betrachten. Man hatte den Zug einen weiten Umweg geführt, teils aus Notwendigkeit, damit er sich nur entfalten könne, teils um ihn der großen Menge Menschen sichtbar zu machen. Er war durch Sachsenhausen, über die Brücke, die Fahrgasse, sodann die Zeil hinuntergegangen und wendete sich nach der innern Stadt durch die Katharinenpforte, ein ehmaliges Tor und seit Erweiterung der Stadt ein offner Durchgang. Hier hatte man glücklich bedacht, daß die äußere Herrlichkeit der Welt seit einer Reihe von Jahren sich immer mehr in die Höhe und Breite ausgedehnt. Man hatte gemessen und gefunden, daß durch diesen Torweg, durch welchen so mancher Fürst und Kaiser aus- und eingezogen, der jetzige kaiserliche Staatswagen, ohne mit seinem Schnitzwerk und andern Äußerlichkeiten anzustoßen, nicht hindurchkommen könne. Man beratschlagte, und zu Vermeidung eines unbequemen Umwegs entschloß man sich, das Pflaster aufzuheben und eine sanfte Ab- und Auffahrt zu veranstalten. In eben dem Sinne hatte man auch alle Wetterdächer der Läden und Buden in den Straßen ausgehoben, damit weder die Krone, noch der Adler, noch die Genien Anstoß und Schaden nehmen möchten.

So sehr wir auch, als dieses kostbare Gefäß mit so kostbarem Inhalt sich uns näherte, auf die hohen Personen unsere Augen gerichtet hatten, so konnten wir doch nicht umhin, unsern Blick auf die herrlichen Pferde, das Geschirr und dessen Posamentschmuck zu wenden; besonders aber fielen uns die wunderlichen, beide auf den Pferden sitzenden Kutscher und Vorreiter auf. Sie sahen wie aus einer andern Nation, ja wie aus einer andern Welt, in langen schwarz- und gelbsamtnen Röcken und

Kappen mit großen Federbüschen, nach kaiserlicher Hofsitte. Nun drängte sich so viel zusammen, daß man wenig mehr unterscheiden konnte. Die Schweizergarde zu beiden Seiten des Wagens, der Erbmarschall, das sächsische Schwert aufwärts in der rechten Hand haltend, die Feldmarschälle als Anführer der kaiserlichen Garden hinter dem Wagen reitend, die kaiserlichen Edelknaben in Masse und endlich die Hatschiergarde selbst in schwarzsamtnen Flügelröcken, alle Nähte reich mit Gold galoniert, darunter rote Leibröcke und lederfarbne Kamisole, gleichfalls reich mit Gold besetzt. Man kam vor lauter Sehen, Deuten und Hinweisen gar nicht zu sich selbst, so daß die nicht minder prächtig gekleideten Leibgarden der Kurfürsten kaum beachtet wurden; ja wir hätten uns vielleicht von den Fenstern zurückgezogen, wenn wir nicht noch unsern Magistrat, der in fünfzehn zweispännigen Kutschen den Zug beschloß, und besonders in der letzten den Ratsschreiber mit den Stadtschlüsseln auf rotsamtenem Kissen hätten in Augenschein nehmen wollen. Daß unsere Stadtgrenadier-Kompanie das Ende deckte, deuchte uns auch ehrenvoll genug, und wir fühlten uns als Deutsche und als Frankfurter von diesem Ehrentag doppelt und höchlich erbaut. [...]

Von dem Augenblick an war die Stadt in ununterbrochener Bewegung: denn bis alle und jede, denen es zukommt und von denen es gefordert wird, den höchsten Häuptern ihre Aufwartung gemacht und sich einzeln denselben dargestellt hatten, war des Hin- und Widerziehens kein Ende, und man konnte den Hofstaat eines jeden der hohen Gegenwärtigen ganz bequem im einzelnen wiederholen.

Nun kamen auch die Reichsinsignien heran. Damit es aber auch hier nicht an hergebrachten Händeln fehlen möge, so mußten sie auf freiem Felde den halben Tag bis in die späte Nacht zubringen wegen einer Territorial- und Geleitsstreitigkeit zwischen Kurmainz und der Stadt. Die letzte gab nach, die

Mainzischen geleiteten die Insignien bis an den Schlagbaum, und somit war die Sache für diesmal abgetan. [...]

Der Krönungstag brach endlich an, den 3. April 1764; das Wetter war günstig und alle Menschen in Bewegung. Man hatte mir nebst mehrern Verwandten und Freunden in dem Römer selbst, in einer der obern Etagen, einen guten Platz angewiesen, wo wir das Ganze vollkommen übersehen konnten. Mit dem frühesten begaben wir uns an Ort und Stelle und beschauten nunmehr von oben, wie in der Vogelperspektive, die Anstalten, die wir tags vorher in nähern Augenschein genommen hatten. Da war der neuerrichtete Springbrunnen mit zwei großen Kufen rechts und links, in welche der Doppeladler auf dem Ständer weißen Wein hüben und roten Wein drüben aus seinen zwei Schnäbeln ausgießen sollte. Aufgeschüttet zu einem Haufen lag dort der Hafer, hier stand die große Bretterhütte, in der man schon einige Tage den ganzen fetten Ochsen an einem ungeheuren Spieße bei Kohlenfeuer braten und schmoren sah. Alle Zugänge, die vom Römer aus dahin und von andern Straßen nach dem Römer führen, waren zu beiden Seiten durch Schranken und Wachen gesichert. Der große Platz füllte sich nach und nach, und das Wogen und Drängen ward immer stärker und bewegter, weil die Menge wo möglich immer nach der Gegend hinstrebte, wo ein neuer Auftritt erschien und etwas Besonderes angekündigt wurde.

Bei alledem herrschte eine ziemliche Stille, und als die Sturmglocke geläutet wurde, schien das ganze Volk von Schauer und Erstaunen ergriffen. Was nun zuerst die Aufmerksamkeit aller, die von oben herab den Platz übersehen konnten, erregte, war der Zug, in welchem die Herren von Aachen und Nürnberg die Reichskleinodien nach dem Dome brachten. Diese hatten als Schutzheiligtümer den ersten Platz im Wagen eingenommen, und die Deputierten saßen vor ihnen in anständiger Verehrung auf dem Rücksitz. Nunmehr begeben sich die drei Kurfürsten in den Dom. Nach Überreichung der Insignien an Kurmainz werden Krone und Schwert sogleich nach dem kaiserlichen Quartier gebracht. Die weiteren Anstalten und mancherlei Zeremoniell beschäftigen mittlerweile die Hauptpersonen sowie die Zuschauer in der Kirche, wie wir andern Unterrichteten uns wohl denken konnten.

Vor unsern Augen fuhren indessen die Gesandten auf den Römer, aus welchem der Baldachin von Unteroffizieren in das kaiserliche Quartier getragen wird. Sogleich besteigt der Erbmarschall Graf von Pappenheim sein Pferd, ein sehr schöner, schlankgebildeter Herr, den die spanische Tracht, das reiche Wams, der goldne Mantel, der hohe Federhut und die gestrählten fliegenden Haare sehr wohl kleideten. Er setzt sich in Bewegung, und unter dem Geläute aller Glocken folgen ihm zu Pferde die Gesandten nach dem kaiserlichen Quartier in noch größerer Pracht als am Wahltage. Dort hätte man auch sein mögen, wie man sich an diesem Tage durchaus zu vervielfältigen wünschte. Wir erzählten einander indessen, was dort vorgehe. »Nun zieht der Kaiser seinen Hausornat an«, sagten wir, »eine neue Bekleidung nach dem Muster der alten Karolingischen verfertigt. Die Erbämter erhalten die Reichsinsignien und setzen sich damit zu Pferde. Der Kaiser im Ornat, der Römische König im spanischen Habit besteigen gleichfalls ihre Rosse, und indem dieses geschieht, hat sie uns der vorausgeschrittene unendliche Zug bereits angemeldet.«

Das Auge war schon ermüdet durch die Menge der reich gekleideten Dienerschaft und der übrigen Behörden, durch den stattlich einherwandelnden Adel; und als nunmehr die Wahlbotschafter, die Erbämter und zuletzt unter dem reich gestickten, von zwölf Schöffen und Ratsherrn getragenen Baldachin der Kaiser in romantischer Kleidung, zur Linken etwas hinter ihm, sein Sohn in spanischer Tracht langsam auf prächtig geschmückten Pferden einherschwebten, war das Auge nicht mehr sich selbst genug. Man hätte gewünscht, durch eine Zauberformel die Erscheinung nur einen Augenblick zu fesseln; aber die Herrlichkeit zog unaufhaltsam vorbei, und den kaum verlassenen Raum erfüllte sogleich wieder das hereinwogende Volk.

Nun aber entstand ein neues Gedränge; denn es mußte ein anderer Zugang, von dem Markte her, nach der Römertür eröffnet und ein Bretterweg aufgebrückt werden, welchen der aus dem Dom zurückkehrende Zug beschreiten sollte.

Was in dem Dome vorgegangen, die unendlichen Zeremonien, welche die Salbung, die Krönung, den Ritterschlag vorbereiten und begleiten, alles dieses ließen wir uns in der Folge gar gern von denen erzählen, die manches andere aufgeopfert hatten, um in der Kirche gegenwärtig zu sein.

Wir andern verzehrten mittlerweile auf unsern Plätzen eine frugale Mahlzeit: denn wir mußten an dem festlichsten Tage, den wir erlebten, mit kalter Küche vorlieb nehmen. Dagegen aber war der beste und älteste Wein aus allen Familienkellern herangebracht worden, so daß wir von dieser Seite wenigstens dies altertümliche Fest altertümlich feierten.

Auf dem Platze war jetzt das Sehenswürdigste die fertig gewordene und mit rot, gelb und weißem Tuch überlegte Brücke, und wir sollten den Kaiser, den wir zuerst im Wagen, dann zu Pferde sitzend angestaunt, nun auch zu Fuße wandelnd bewundern; und sonderbar genug, auf das letzte freuten wir uns am meisten; denn uns deuchte diese Weise, sich darzustellen, so wie die natürlichste, so auch die würdigste.

Ältere Personen, welche der Krönung Franz' des Ersten beigewohnt, erzählten: Maria Theresia, über die Maßen schön, habe jener Feierlichkeit an einem Balkonfenster des Hauses Frauenstein, gleich neben dem Römer, zugesehen. Als nun ihr Gemahl in der seltsamen Verkleidung aus dem Dome zurückgekommen und sich ihr sozusagen als ein Gespenst Karls des Großen dargestellt, habe er wie zum Scherz beide Hände erhoben und ihr den Reichsapfel, den Zepter und die wundersamen Handschuh hingewiesen, worüber sie in ein unendliches Lachen ausgebrochen; welches dem ganzen zuschauenden Volke zur größten Freude und Erbauung gedient, indem es darin das gute und natürliche Ehgattenverhältnis des allerhöchsten Paares der Christenheit mit Augen zu sehen gewürdiget worden. Als aber die Kaiserin, ihren Gemahl zu begrüßen, das Schnupftuch geschwungen und ihm selbst ein lautes Vivat zugerufen, sei der Enthusiasmus und der Jubel des Volks aufs höchste gestiegen, so daß das Freudengeschrei gar kein Ende hat finden können.

Nun verkündigte der Glockenschall und nun die Vordersten des langen Zuges, welche über die bunte Brücke ganz sachte einherschritten, daß alles getan sei. Die Aufmerksamkeit war größer denn je, der Zug deutlicher als vorher, besonders für uns, da er jetzt gerade nach uns zu ging. Wir sahen ihn sowie den ganzen volkserfüllten Platz beinah im Grundriß. Nur zu sehr drängte sich am Ende die Pracht: denn die Gesandten, die Erbämter, Kaiser und König unter dem Baldachin, die drei geistlichen Kurfürsten, die sich anschlossen, die schwarz gekleideten Schöffen und Ratsherren, der goldgestickte Himmel, alles schien nur eine Masse zu sein, die nur von *einem* Willen bewegt, prächtig harmonisch und soeben unter dem Geläute der Glocken aus dem Tempel tretend, als ein Heiliges uns entgegenstrahlte.

Eine politisch-religiöse Feierlichkeit hat einen unendlichen Reiz. Wir sehen die irdische Majestät vor Augen, umgeben von allen Symbolen ihrer Macht; aber indem sie sich vor der himmlischen beugt, bringt sie uns die Gemeinschaft beider vor die Sinne. Denn auch der einzelne vermag seine Verwandtschaft mit der Gottheit nur dadurch zu betätigen, daß er sich unterwirft und anbetet.

Der von dem Markt her ertönende Jubel verbreitete sich nun

auch über den großen Platz, und ein ungestümes Vivat erscholl aus tausend und aber tausend Kehlen, und gewiß auch aus den Herzen. Denn dieses große Fest sollte ja das Pfand eines dauerhaften Friedens werden, der auch wirklich lange Jahre hindurch Deutschland beglückte.

Mehrere Tage vorher war durch öffentlichen Ausruf bekannt gemacht, daß weder die Brücke noch der Adler über dem Brunnen preisgegeben und also nicht vom Volke wie sonst angetastet werden solle. Es geschah dies, um manches bei solchem Anstürmen unvermeidliche Unglück zu verhüten. Allein um doch einigermaßen dem Genius des Pöbels zu opfern, gingen eigens bestellte Personen hinter dem Zuge her, lösten das Tuch von der Brücke, wickelten es bahnenweise zusammen und warfen es in die Luft. Hiedurch entstand nun zwar kein Unglück, aber ein lächerliches Unheil: denn das Tuch entrollte sich in der Luft und bedeckte, wie es niederfiel, eine größere oder geringere Anzahl Menschen. Diejenigen nun, welche die Enden faßten und solche an sich zogen, rissen alle die Mittleren zu Boden, umhüllten und ängstigten sie so lange, bis sie sich durchgerissen oder durchgeschnitten und jeder nach seiner Weise einen Zipfel dieses durch die Fußtritte der Majestäten geheiligten Gewebes davongetragen hatte.

Dieser wilden Belustigung sah ich nicht lange zu, sondern eilte von meinem hohen Standorte durch allerlei Treppchen und Gänge hinunter an die große Römerstiege, wo die aus der Ferne angestaunte, so vornehme als herrliche Masse heraufwallen sollte. Das Gedräng war nicht groß, weil die Zugänge des Rathauses wohl besetzt waren, und ich kam glücklich unmittelbar oben an das eiserne Geländer. Nun stiegen die Hauptpersonen an mir vorüber, indem das Gefolge in den untern Gewölbgängen zurückblieb, und ich konnte sie auf der dreimal gebrochnen Treppe von allen Seiten und zuletzt ganz in der Nähe betrachten.

Endlich kamen auch die beiden Majestäten herauf. Vater und Sohn waren wie Menächmen überein gekleidet. Des Kaisers Hausornat von purpurfarbner Seide, mit Perlen und Steinen reich geziert, sowie Krone, Zepter und Reichsapfel fielen wohl in die Augen: denn alles war neu daran, und die Nachahmung des Altertums geschmackvoll. So bewegte er sich auch in seinem Anzuge ganz bequem, und sein treuherzig würdiges Gesicht gab zugleich den Kaiser und den Vater zu erkennen. Der junge König hingegen schleppte sich in den ungeheuren Gewandstücken mit den Kleinodien Karls des Großen wie in einer Verkleidung einher, so daß er selbst, von Zeit zu Zeit seinen Vater ansehend, sich des Lächelns nicht enthalten konnte. Die Krone, welche man sehr hatte füttern müssen, stand wie ein übergreifendes Dach vom Kopf ab. Die Dalmatika, die Stola, so gut sie auch angepaßt und eingenäht worden, gewährte doch keineswegs ein vorteilhaftes Aussehen. Zepter und Reichsapfel setzten in Verwunderung; aber man konnte sich nicht leugnen, daß man lieber eine mächtige, dem Anzuge gewachsene Gestalt, um der günstigern Wirkung willen, damit bekleidet und ausgeschmückt gesehen hätte.

Kaum waren die Pforten des großen Saales hinter diesen Gestalten wieder geschlossen, so eilte ich auf meinen vorigen Platz, der, von andern bereits eingenommen, nur mit einiger Not mir wieder zuteil wurde.

Es war eben die rechte Zeit, daß ich von meinem Fenster wieder Besitz nahm: denn das Merkwürdigste, was öffentlich zu erblicken war, sollte eben vorgehen. Alles Volk hatte sich gegen den Römer zu gewendet, und ein abermaliges Vivatschreien gab uns zu erkennen, daß Kaiser und König an dem Balkonfenster des großen Saales in ihrem Ornate sich dem Volke zeigten. Aber sie sollten nicht allein zum Schauspiel dienen, sondern vor ihren Augen sollte ein seltsames Schauspiel vorgehen. Vor allen schwang sich nun der schöne, schlanke Erbmarschall auf sein

Roß; er hatte das Schwert abgelegt, in seiner Rechten hielt er ein silbernes gehenkeltes Gefäß und ein Streichblech in der Linken. So ritt er in den Schranken auf den großen Haferhaufen zu, sprengte hinein, schöpfte das Gefäß übervoll, strich es ab und trug es mit großem Anstande wieder zurück. Der kaiserliche Marstall war nunmehr versorgt. Der Erbkämmerer ritt sodann gleichfalls auf jene Gegend zu und brachte ein Handbecken nebst Gießfaß und Handquehle zurück. Unterhaltender aber für die Zuschauer war der Erbtruchseß, der ein Stück von dem gebratenen Ochsen zu holen kam. Auch er ritt mit einer silbernen Schüssel durch die Schranken bis zu der großen Bretterküche und kam bald mit verdecktem Gericht wieder hervor, um seinen Weg nach dem Römer zu nehmen. Die Reihe traf nun den Erbschenken, der zu dem Springbrunnen ritt und Wein holte. So war nun auch die kaiserliche Tafel bestellt, und aller Augen warteten auf den Erbschatzmeister, der das Geld auswerfen sollte. Auch er bestieg ein schönes Roß, dem zu beiden Seiten des Sattels anstatt der Pistolenhalftern ein paar prächtige, mit dem kurpfälzischen Wappen gestickte Beutel befestigt hingen. Kaum hatte er sich in Bewegung gesetzt, als er in diese Taschen griff und rechts und links Gold- und Silbermünzen freigebig ausstreute, welche jedesmal in der Luft als ein metallner Regen gar lustig glänzten. Tausend Hände zappelten augenblicklich in der Höhe, um die Gaben aufzufangen; kaum aber waren die Münzen niedergefallen, so wühlte die Masse in sich selbst gegen den Boden und rang gewaltig um die Stücke, welche zur Erde mochten gekommen sein. Da nun diese Bewegung von beiden Seiten sich immer wiederholte, wie der Geber vorwärts ritt, so war es für die Zuschauer ein sehr belustigender Anblick. Zum Schlusse ging es am allerlebhaftesten her, als er die Beutel selbst auswarf und ein jeder noch diesen höchsten Preis zu erhaschen trachtete.

Die Majestäten hatten sich vom Balkon zurückgezogen, und

nun sollte dem Pöbel abermals ein Opfer gebracht werden, der in solchen Fällen lieber die Gaben rauben als sie gelassen und dankbar empfangen will. In rohern und derberen Zeiten herrschte der Gebrauch, den Hafer, gleich nachdem der Erbmarschall das Teil weggenommen, den Springbrunnen, nachdem der Erbschenk, die Küche, nachdem der Erbtruchseß sein Amt verrichtet, auf der Stelle preiszugeben. Diesmal aber hielt man, um alles Unglück zu verhüten, soviel es sich tun ließ, Ordnung und Maß. Doch fielen die alten schadenfrohen Späße wieder vor, daß, wenn einer einen Sack Hafer aufgepackt hatte, der andere ihm ein Loch hineinschnitt, und was dergleichen Artigkeiten mehr waren. Um den gebratnen Ochsen aber wurde diesmal wie sonst ein ernsterer Kampf geführt. Man konnte sich denselben nur in Masse streitig machen. Zwei Innungen, die Metzger und Weinschröter, hatten sich hergebrachtermaßen wieder so postiert, daß einer von beiden dieser ungeheure Braten zuteil werden mußte. Die Metzger glaubten das größte Recht an einen Ochsen zu haben, den sie unzerstückt in die Küche geliefert; die Weinschröter dagegen machten Anspruch, weil die Küche in der Nähe ihres zunftmäßigen Aufenthalts erbaut war, und weil sie das letztemal obgesiegt hatten; wie denn aus dem vergitterten Giebelfenster ihres Zunft- und Versammlungshauses die Hörner jenes erbeuteten Stiers als Siegeszeichen hervorstarrend zu sehen waren. Beide zahlreichen Innungen hatten sehr kräftige und tüchtige Mitglieder; wer aber diesmal den Sieg davongetragen, ist mir nicht mehr erinnerlich.

Wie nun aber eine Feierlichkeit dieser Art mit etwas Gefährlichem und Schreckhaften schließen soll, so war es wirklich ein fürchterlicher Augenblick, als die bretterne Küche selbst preisgemacht wurde. Das Dach derselben wimmelte sogleich von Menschen, ohne daß man wußte, wie sie hinaufgekommen; die Bretter wurden losgerissen und heruntergestürzt, so daß man, besonders in der Ferne, denken mußte, ein jedes werde ein paar der Zudringenden totschlagen. In einem Nu war die Hütte abgedeckt, und einzelne Menschen hingen an Sparren und Balken, um auch diese aus den Fugen zu reißen; ja, manche schwebten noch oben herum, als schon unten die Pfosten abgesägt waren, das Gerippe hin und wider schwankte und jähen Einsturz drohte. Zarte Personen wandten die Augen hinweg, und jedermann erwartete sich ein großes Unglück; allein man hörte nicht einmal von irgend einer Beschädigung, und alles war, obgleich heftig und gewaltsam, doch glücklich vorübergegangen.

Jedermann wußte nun, daß Kaiser und König aus dem Kabinett, wohin sie vom Balkon abgetreten, sich wieder hervorbegeben und in dem großen Römersaale speisen würden. Man hatte die Anstalten dazu Tages vorher bewundern können, und mein sehnlichster Wunsch war, heute womöglich nur einen Blick hinein zu tun. Ich begab mich daher auf gewohnten Pfaden wieder an die große Treppe, welcher die Tür des Saals gerade gegenüber steht. Hier staunte ich nun die vornehmen Personen an, welche sich heute als Diener des Reichsoberhauptes bekannten. Vierundvierzig Grafen, die Speisen aus der Küche herantragend, zogen an mir vorbei, alle prächtig gekleidet, so daß der Kontrast ihres Anstandes mit der Handlung für einen Knaben wohl sinnverwirrend sein konnte. Das Gedränge war nicht groß, doch wegen des kleinen Raums merklich genug. Die Saaltür war bewacht, indes gingen die Befugten häufig aus und ein. Ich erblickte einen pfälzischen Hausoffizianten, den ich anredete, ob er mich nicht mit hineinbringen könne. Er besann sich nicht lange, gab mir eins der silbernen Gefäße, die er eben trug, welches er um so eher konnte, als ich sauber gekleidet war; und so gelangte ich denn in das Heiligtum. Das pfälzische Büfett stand links, unmittelbar an der Tür, und mit einigen Schritten befand ich mich auf der Erhöhung desselben hinter den Schranken.

Am andern Ende des Saals, unmittelbar an den Fenstern, saßen auf Thronstufen erhöht unter Baldachinen Kaiser und König in ihren Ornaten; Krone und Zepter aber lagen auf goldnen Kissen rückwärts in einiger Entfernung. Die drei geistlichen Kurfürsten hatten, ihre Büfette hinter sich, auf einzelnen Estraden Platz genommen: Kurmainz den Majestäten gegenüber, Kurtrier zur Rechten und Kurköln zur Linken. Dieser obere Teil des Saals war würdig und erfreulich anzusehen und erregte die Bemerkung, daß die Geistlichkeit sich so lange als möglich mit dem Herrscher halten mag. Dagegen ließen die zwar prächtig aufgeputzten, aber herrenleeren Büfette und Tische der sämtlichen weltlichen Kurfürsten an das Mißverhältnis denken, welches zwischen ihnen und dem Reichsoberhaupt durch Jahrhunderte allmählich entstanden war. Die Gesandten derselben hatten sich schon entfernt, um in einem Seitenzimmer zu speisen; und wenn dadurch der größte Teil des Saales ein gespensterhaftes Ansehn bekam, daß so viele unsichtbare Gäste auf das prächtigste bedient wurden, so war eine große unbesetzte Tafel in der Mitte noch betrübter anzusehen: denn hier standen auch so viele Couverte leer, weil alle die, welche allenfalls ein Recht hatten, sich daran zu setzen, anstandshalber, um an dem größten Ehrentage ihrer Ehre nichts zu vergeben, ausblieben, wenn sie sich auch dermalen in der Stadt befanden.

Catharina Elisabeth Goethe

Frau Rat Goethe schildert ihrem Sohn die Stadtbeschießung 1796

den ersten August 1796

Lieber Sohn!

Du verlangst die näheren Umstände des Unglücks unserer Stadt zu wissen. Dazu gehört eine ordentliche Rangordnung, um klar in der Sache sehen zu können. Im engsten Vertrauen sage dir also, daß die Kaiserlichen die erste Ursach gewesen sind – da sie nicht imstande waren, die Franzosen zurückzuhalten, da diese vor unseren Toren stunden. Da Frankfurt keine Festung ist, so war es Unsinn, die Stadt, ohne daß sie den minsten Vorteil davon haben konnten, ins Unglück zu bringen – mit alledem wäre aller Wahrscheinlichkeit nach kein Haus ganz abgebrannt! Wenn der fatale Gedanke, den sich niemand ausreden ließe, die Franzosen würden plündern, nicht die Oberhand behalten hätte, – das war das Unglück von der Judengasse – denn da war alles ausgeräumt – beinahe kein lebendiges Wesen drinnen – der Unsinn ging so weit, daß sie vor die leeren Häuser große Schlösser legten. Da es nun anfing zu brennen, so konnte erstlich niemand als mit Gewalt in die zugeschlossenen Häuser – zweitens waren keine Juden zum Löschen da – drittens waren ganz natürlich in den Häusern nicht die mindeste Anstalt – wenn es die Christen ebenso horndumm angefangen hätten, so wäre die halbe Stadt abgebrannt – in allen Häusern – waren die größten Bütten mit

Wasser oben auf die Böden der Häuser gebracht – sowie eine Kugel zündete, waren nasse Tücher – Mist u. d. g. bei der Hand – so wurde Gott sei Dank – die ganze Zeil – die große und kleine Eschenheimer Gasse – der Roßmarkt – die Tönges und die Fahrgasse gerettet – daß nicht ein Haus ganz niedergebrannt ist – ja besser zu sagen gar nichts das der Mühe wert wäre zu sehen. – Der andre Teil der Stadt, der Römerberg, Mainzergasse undsoweiter kam ohnehin wenig hin – und tat gar nichts. Auf der Frieburger Gasse ist unser ehemaliges Haus abgebrannt – auch der gelbe Hirsch hintenhinaus. Von unsern Bekannten und Freunden hat niemand etwas gelitten – nur ein Bekannter von mir, Kaufmann Graff, der in unserm Sonntagskränzchen bei Stocks ist – hat durch die Einbildung, es würde geplündert, einen großen Verlust gehabt. – Er glaubte nämlich, wenn er sein ganzes Warenlager bei jemand, der in preußischen Diensten wäre und wo der preußische Adler über dem Eingang angebracht wäre; so sei alles gerettet – In unserm alten Haus auf der Frieburger Gasse wohnte nun ein preußischer Leutnant – also brachte der gute Mann sein Hab und Fahrt in dieses Haus in hölzerne Remisen – nun ist ihm alles verbrannt – und die vielen Ölfässer – der ungeheure Vorrat von Zucker, er ist ein Spezerei-Händler, machte zumahl das Öl das Feuer noch schrecklicher – noch andre Leute folgten dem unglücklichen Beispiel – trugen aus ihren sicheren Wohnungen alle ihre Sachen – Geld – Silber – Betten – Geräte – Möbel – in dieses unglückselige Haus – und verloren alles. Überhaupt hat der Gedanke der Plünderung der Stadt mehr Geld entzogen – als selbst die Brandschatzung – denn es sind Häuser, die das Packen – Fortschicken 600 – 1000 und noch mehr gekostet hat – daß der gute Hetzler und Schlosser als Geisel sind mitgenommen worden, wirst du aus den Zeitungen wissen. Unsere jetzige Lage ist in allem Betracht fatal und bedenklich – doch vor der Zeit sich grämen oder gar verzagen, war nie meine Sache – auf Gott vertrauen – den gegenwärtigen Augenblick nutzen –

den Kopf nicht verlieren – sein eignes wertes Selbst vor Krankheit: denn so was wäre jetzt sehr zur Unzeit: zu bewahren – da dieses alles mir von jeher wohlbekommen ist, so will ich dabei bleiben. Da die meisten meiner Freunde emigriert sind – kein Komödienspiel ist – kein Mensch in den Gärten wohnt; so bin ich meist zu Hause – da spiele ich Klavier, ziehe alle Register, pauke drauflos, daß man es auf der Hauptwache hören kann – lese alles untereinander: Musenkalender, die Weltgeschichte von Voltaire – vergnüge mich an meiner schönen Aussicht – und so geht der gute und mindergute Tag doch vorbei. So wie weiter was Wichtiges vorgeht – das sonderlich Bezug auf mich hat, sollst du es erfahren. Küsse deinen lieben August in meinem Namen – grüße deine Liebste – von

deiner treuen Mutter
Goethe

Adolph Freiherr von Knigge

Der Roman meines Lebens, in Briefen herausgegeben

Einundzwanzigster Brief.

An den Freyherrn von Leidthal in Urfstadt
Frankfurt am Mayn den 9ten October 1771

[...] Wir kamen den 6ten Abends hier in Frankfurt an, und fanden den Herrn von Weckel im römischen Kaiser. Diese drey Tage haben wir angewendet des Morgens und Nachmittags die wenigen Merkwürdigkeiten, die Gartenhäuser, die Gegend u. d. gl. zu sehn, des Abends aber verschiedene Privathäuser zu besuchen, um doch eine Idee von der hier herrschenden Lebensart zu bekommen.

Wir waren zuerst in einer Gesellschaft des hiesigen Adels – Man setzte sich an den Spieltisch, und gieng um neun Uhr auseinander. Es soll fast täglich eine dergleichen Gesellschaft in irgend einem Hause seyn.

Gestern waren wir Mittags zu Gaste, sodann in noch ein Paar Häusern von Handelsleuten, und den Abend in einer großen Gesellschaft von calvinischen Kaufleuten, in welcher der feinste, sittlichste Ton herrschte. Es waren sehr wackre cultivirte, bescheidene, durch Reisen und Umgang mit aller Gattung von Menschen sehr gebildete Leute darunter, und ich hörte einige Gespräche, die weder gemein noch langweilig waren.

In einzelnen Stücken gefällt uns Frankfurt, sowohl nach dem was wir davon gesehen, als auch von Andern erfahren haben, gut genug, wenngleich, im Ganzen genommen, an der Art das

Leben zu geniessen manches auszusetzen wäre. Die Absonderung der verschiedenen, sich im Grunde ziemlich gleichen verwandten Stände, und die Entfernung, in welcher die Religionssecten eine von der andern leben, geben schon den allgemeinen Belustigungen einen Zwang, den man, in diesem Zeitalter, beynahe in den größten Residenzen nicht mehr kennt. Schauspiele und andre öffentliche Vergnügungen sind, vielleicht aus dieser Ursache, ausser den Meßzeiten nicht. Daher darf man sich denn auch nicht wundern, wenn es, bey dem ohnehin noch nicht sehr geläuterten litterarischen Geschmacke dieser Gegenden, mit einer gewissen Art von Aufklärung, und mit dem feinern Gefühle für die schönen Künste, die so großen Einfluß auf die zartere Seelenbildung haben, nicht gänzlich so aussieht, als man es wünschen mögte, wenn man oft französische Leichtfertigkeit an der Stelle gründlicher Einsicht, statt philosophischen Sinnes schielenden Blick wahrnimt, und endlich merkt, daß die klügern empfänglichern Menschen, deren es hier gewiß viel giebt, sich entweder gänzlich vom Umgange absondern, oder wenn sie große Gesellschaften besuchen, den flachen Ton mit annehmen, und darüber zuletzt selbst zu Grunde gehn, indem, bey dem gänzlichen Mangel an Anstalten für die Bildung des Geistes, Verfeinerung des Geschmacks, und Austauschung origineller Ideen, aller Muth, alle Lebhaftigkeit des Gefühls, alle Gelegenheit weiter zu kommen, wegfällt.

Es sind viel große Häuser hier, wo sehr oft prächtige Gastereyen gehalten werden;

Allein wenige, wo ein guter Freund ohnerwartet auf einem freundschaftlichen geselligen Fuße ein Paar häusliche Schüsseln mitzuessen willkommen wäre – Ja! man würde mit einer solchen Mahlzeit, wo Mäßigkeit und geringer Aufwand herrscht, sehr schlechte Ehre einlegen.

Zu Ausfüllung der leeren Stunden ist hier das Spiel beynahe die einzige Belustigung, welche denn auch in vollem Maaß genossen, indem in Frankfurt entsetzlich hoch und viel gespielt wird.

Zur Ehre des schönen Geschlechts, welches in dieser Stadt sehr reizend ist, muß man es sagen, daß keine Zügellosigkeit der Sitten hier hervorleuchtet, und daß die französische Lebensart doch die Sittsamkeit nicht verdrängt hat. Es versteht sich, daß ich nicht von einzelnen Ausnahmen rede.

Ein edler Zug in dem Charakter der hiesigen Kaufleute ist die Wohlthätigkeit. In ihren Zusammenkünften, auch beym Spiel, vergessen sie der Unglücklichen nicht. In keiner Stadt von Deutschland wird vielleicht nach Verhältniß so viel an Arme ausgetheilt, und zu Collecten für Auswärtige, die durch Brand oder andre Calamitäten ins Elend gerathen, giebt oft ein einziger Mann hundert bis zweyhundert Gulden her.

So viel über die Sitten und Lebensart dieser Reichsstadt, welche wir morgen verlassen werden – Verzeyhen Sie, bester Herr! wenn mein Brief zu lang gerathen ist; ich will jetzt schliessen, indem sich Ihrer Gnade und väterlichen Güte fernerhin empfiehlt

Ihr gehorsamster Diener Wallitz.

Johann Kaspar Riesbeck

Brief eines reisenden Franzosen über Deutschland an seinen Bruder in Paris

Zwey und sechzigster Brief

Frankfurt ist eine schöne und große Stadt. Prächtigere und bessere Gasthäuser als die hiesigen findet man in Deutschland nicht. Nebst Hamburg ist diese Stadt die einzige Reichsstadt, die sich in ihrem alten Glanz erhält. Im Gegenteil: während die ehemals so mächtigen Städte Nürnberg, Augsburg und andere immer mehr zerfallen, nimmt Frankfurt immer mehr zu. Es verschönert sich auch äußerlich ungemein. Es wird sehr lebhaft gebaut, und die vielen neuen Häuser zeugen, daß die Einwohner ihren Reichtum mit Geschmack verwenden wollen. Überall sieht man Spuren eines hohen Wohlstandes. Die Möblierung der Häuser, die Gärten, die Equipagen, die Kleidungen, der Schmuck der Frauen, kurz alles übersteigt das Bürgerliche und grenzt nahe an die verschwenderischste Pracht.

Die Lage sichert dieser Stadt einen ewigen Genuß der Vorteile, wodurch sie so reich geworden. Sie liegt mitten in dem besten Teil von Deutschland, dessen natürlicher Reichtum den Luxus begünstigt und der in so unendlich kleine Herrschaften zerstückelt ist, daß sie von Verboten fremder Waren und Prachtgesetzen nichts zu befürchten hat. Sie hat keinen so mächtigen und über seinen und seiner Untertanen Nutzen so aufgeklärten Nachbarn wie Danzig, welches die nämliche Art von Gewerbe trieb, nun aber zum Vorteil von Preußen und Polen zugrunde geht.

Diese Stadt zählt ungefähr 30000 Seelen, die Fremden, außer den Messen, ungerechnet. Man schätzt die Zahl der Fremden, welche die Messen gewöhnlicherweise hierherziehen, auf einige Tausend. Unter diesen waren in der Herbstmesse vorigen Jahres gegen fünfzig fürstliche Personen. Die fremden Standespersonen, welche die Bäder und Gesundbrunnen Deutschlands besuchen, nehmen gemeiniglich den Weg über Frankfurt, weil diese Stadt die gangbarsten Hauptstraßen Deutschlands beherrscht, sie gute Gesellschaft finden und das Getümmel der Messen in einer so schön gelegenen Stadt, verbunden mit einer ganz uneingeschränkten Freiheit der Lebensart, ein reizendes Schauspiel ist. Der deutsche Adel wird durch zu machende Zahlungen und Käufe, durch die Nachbarschaft vieler fürstlicher Höfe und viele andere Reize hierhergelockt.

Die Regierung der Stadt, die ehedem sehr finster war, hat nun eine gefälligere Miene angenommen und sucht den Fremden während der Messe ihren Aufenthalt so angenehm als möglich zu machen. Man hat Schauspiele, Konzerte, einen Vauxhall, die schönsten Spazierplätze, öffentliche Tanzböden und Freudenmädchen im Oberfluß. Die letzteren sind hier zudringlicher als in irgendeiner anderen Stadt Deutschlands. Kein Mannsbild kann hier in der Dämmerung auf einer öffentlichen Promenade spazieren, ohne von ihnen angefallen zu werden. Es sind auch verschiedene, zwar unprivilegierte, öffentliche Venustempel hier, und in einigen benachbarten Dörfern wimmelt es von Kreaturen dieser Art, wie denn das der Stadt gehörige Dorf Bornheim sich durch diesen Kommerz in ganz Deutschland berühmt gemacht hat.

Der immer steigende Luxus von Deutschland, besonders aber der benachbarten Gegenden, die Gewohnheit eines Teils des deutschen Adels, sich gegenseitig hier zu produzieren, welche immer allgemeiner wird, das nun immer zunehmende Bestreben des Magistrats, den Fremden alle Arten von Vergnügungen zu verschaffen, die vortrefflichen Straßen, welche die Stadt mit ganz Deutschland verbinden, die unvergleichlichen Gasthäuser und so weiter sind die Ursachen, daß die hiesige Messe seit mehreren Jahren wieder zunimmt, da sie doch zuvor durch eine lange Periode immer abgenommen hatte. Sie wird jetzt sogar von Parisern und Londonern besucht, welche hier die ersten Artikel des Luxus absetzen. Täglich gehen von hier Posten nach Holland und Österreich ab, und täglich kommen sie auch von da an.

Georg Forster

Ansichten vom Niederrhein

Das finstre, traurige Kölln haben wir recht gern verlassen. Wie wenig stimmt das Innere dieser weitläuftigen, aber halb entvölkerten Stadt mit dem vielversprechenden Anblick von der Flußseite überein! Unter allen Städten am Rhein liegt keine so üppig hingegossen, so mit unzähligen Thürmen prangend da. Man nennt sowohl dieser Thürme, als überhaupt der Gotteshäuser und Altäre, eine so ungeheure Zahl, daß sie meinen Glauben übersteigt. Gleichwohl ist neben so vielen kein Plätzchen übrig, wo die Christen, die den Pabst nicht anerkennen, ihre Andacht frei verrichten dürften. Der Magistrat, der den Protestanten bereits die freie Religionsübung innerhalb der Ringmauern bewilligt hatte, mußte seine Erlaubniß kürzlich wieder zurücknehmen, weil der Aberglaube des Pöbels mit Aufruhr, Mord und Brand drohte. Dieser Pöbel, der beinahe die Hälfte der Einwohner, also einen Haufen von zwanzigtausend Menschen ausmacht, hat eine Energie, die nur einer bessern Lenkung bedürfte, um Kölln wieder in einiges Ansehen zu bringen. Traurig ist es freilich, wenn man auf einer Strecke von beinahe dreißig deutschen Meilen so manche zum Handel ungleich vortheilhafter als Frankfurt gelegene Stadt erblickt, und es sich nun nicht länger verbergen kann, daß mehr oder weniger eben dieselben Ursachen überall dem allgemeinen Wohlstande kräftigst entgegen gewirkt haben, der sich nur in Frankfurt entwickeln konnte.

In Kölln sollen viele reiche Familien wohnen; allein das befriedigt mich nicht, so lange ich auf allen Straßen nur Schaaren von zerlumpten Bettlern herumschleichen sehe. So oft ich hingegen nach Frankfurt komme, weide ich mich mit herzlichem Genuß am Anblick des gemeinen Mannes, der fast durchgehends geschäftig, reinlich, und anständig gekleidet ist. Der Fleißige, der seine Kräfte rechtschaffen anstrengt, um hernach seines Erwerbes froh zu werden, ihn mit den Seinigen zu theilen, regelmäßig mit ihnen einfache, gute Kost zu genießen, und mit ganzem Rock zu erscheinen – dieser Arbeitsame ist unstreitig sittlicher, gesunder und glücklicher, als der Müßiggänger; er ist ein Mensch, wo dieser nur ein Thier, und zwar mit menschlichen Anlagen ein desto gefährlicheres Thier ist.

Johann Gottfried Seume

Spaziergang nach Syrakus im Jahre 1802

[...] In der Postkutsche von Mainz hierher war ein Gewimmel von Menschen, und einige segneten sich wirklich ganz laut, daß sie aus der vermaledeiten Freiheit einmal heraus wären, in der man sie blutig so sklavisch behandle. Dies waren ihre eigenen Ausdrücke. Und doch waren sie mit ihrem ganzen Vermögen noch jenseits des Rheins in der Freiheit. Vor Hochheim wandelte ich in Gesellschaft eines Spaziergängers der Gegend, wie es schien, den Berg herauf. Der Mann nahm mit vielem Murrsinn von der ersten muntern, hübschen Erntearbeiterin im Felde Gelegenheit, eine furchtbare Rhapsodie über die Weiber zu halten, hatte aber ganz das Ansehen, als ob er der Misogyn nicht immer gewesen wäre und nicht immer bleiben würde; denn alles Übertriebene hält nicht lange. Er nahm seine Beispiele nicht bloß von den Linden weg und aus dem Egalitätspalaste und mußte tiefer in die Verdorbenheit der Welt mit dem Geschlecht verflochten sein. Er machte mit lebhaftem Kolorit ein Gemälde, gegen welches Juvenals *lassata viris* noch eine Vestalin war; und ich war froh, als mich der Wagen auf der Ebene wieder einholt, und ich wieder einsteigen konnte. Du weißt, ich habe eben nicht Ursache, geflissentlich den Enkomiasten der Damen zu machen; indessen muß man ihnen doch die Gerechtigkeit widerfahren lassen, daß sie – nicht schlimmer sind als die Männer; und die meisten ihrer Sünden leiden vielleicht noch etwas mehr Apologie als die Sottisen unseres Geschlechts.

Frankfurt muß, dem Anscheine nach, durch den Krieg weit mehr gewonnen als verloren haben. Der Verlust war öffentlich und momentan, der Gewinn ging fast durch alle Klassen und war dauernd. Es ist überall Wohlstand und Vorrat; man baut und bessert und erweitert von allen Seiten, und die ganze Gegend rund umher ist wie ein Paris, besonders nach Offenbach hinüber. Man glaubt in Oberitalien zu sein. Unser Leipzig kann sich nicht wohl mit ihm messen, ob es gleich vielleicht im Ganzen netter ist.

Von hier kann Dir jeder Kaufmann Nachrichten genug von der Messe mitbringen. Ich besuchte nur einige alte Bekannte und machte einige neue. Wenn ich ein Kerl mit der Börse *à mon aise* wäre, würde ich vermutlich Frankfurt zu meinem Aufenthalt wählen. Es ist eine Mittelstadt, die gerade genug Genuß des Lebens gibt für Leib und Seele, um nicht zu fasten und sich nicht zu übersättigen. Im Fall eines Krieges mit den Franzosen liegt es freilich schlimm; die Herren können alle Nächte eine Promenade von Mainz herüber machen, den Morgen hier zum Frühstück und zum Abendbrote wieder zu Hause sein.

Bei der Frau von Laroche in Offenbach traf ich den alten Grafen Metternich, wenn ich nicht irre, den Vater des kaiserlichen Gesandten in Dresden. Er war ehemals Minister in den Niederlanden; und nie habe ich einen Mann von öffentlichem Charakter gesehen, zu dem ich in so kurzer Zeit ein so großes, reines Zutrauen gefaßt hätte, so sehr trägt sein Gesicht und sein Benehmen den Abdruck der festen Redlichkeit mit der feinsten Humanität!

Jacob und Wilhelm Grimm

Die Sachsenhäuser Brücke zu Frankfurt

In der Mitte der Sachsenhäuser Brücke sind zwei Bogen oben zum Teil nur mit Holz zugelegt, damit dies in Kriegszeiten weggenommen und die Verbindung leicht, ohne etwas zu sprengen, gehemmt werden kann. Davon gibt es folgende Sage:

Der Baumeister hatte sich verbindlich gemacht, die Brücke bis zu einer bestimmten Zeit zu vollenden. Als diese herannahte, sah er, daß es unmöglich war, und wie nur noch zwei Tage übrig waren, rief er in der Angst den Teufel an und bat um seinen Beistand. Der Teufel erschien und erbot sich, die Brücke in der letzten Nacht fertig zu bauen, wenn ihm der Baumeister dafür das erste lebendige Wesen, das darüber ging, überliefern wollte. Der Vertrag wurde geschlossen, und der Teufel baute in der letzten Nacht, ohne daß ein Menschenauge in der Finsternis sehen konnte, wie es zuging, die Brücke ganz richtig fertig. Als nun der erste Morgen anbrach, kam der Baumeister und trieb einen Hahn über die Brücke vor sich her und überlieferte ihn dem Teufel. Dieser aber hatte eine menschliche Seele gewollt, und wie er sich also betrogen sah, packte er zornig den Hahn, zerriß ihn und warf ihn durch die Brücke, wovon die zwei Löcher entstanden sind, die bis auf den heutigen Tag nicht können zugemauert werden, weil alles in der Nacht wieder zusammenfällt, was tags daran gearbeitet ist. Ein goldner Hahn auf einer Eisenstange steht aber noch jetzt zum Wahrzeichen auf der Brücke.

Karl Malß

Der alte Bürger-Capitain

Vorrede

Frankfurt im Februar 1820

Es werd in der Weld viel Spas jetzt gemacht,
Drum war ich, Ihr Leut, uf aach ähn bedacht,
Er kimmt net von Minche, net von Berlin,
Aach net von Leipzig, net emol von Wien;
Bei uns in Frankfort, do is er geheckt,
Drum glab ich, Ihr Borjer, daß er Eich schmeckt.
Spas versteht er, des wähs ich recht gut;
Lacht iwer mein, er mecht kän behs Blut.
Es sagt schond e Remer vor Dausend Jahr,
– *ridendo castigat mores*
Des häßt uf Deitsch ganz sonneklar:
Lacht net blos, denkt ach iwer den Zores.
Drum hoff ich net, daß äner iwel nimmt,
Wann im Komedi zum Vorschein er kimmt:
Offezier, Ferschte, Kaiser un Judde,
Derke, Heide, Kabbezinerkutte –
Korzum des ganze menschliche Lewe,
Muß Stoff un Nahrung dem Lustspiel ja gewe.
Seegt äner er hätt sein Sach net doher,
Se sagt em, daß er e Lijener wehr;
Des Wahre scheppt jeder aus der Natur,
Er gibt em dann noch e anner Muntur,

Seegt er dann er hets selbersch erdacht,
Glabts net, er hot wos weiß Eich gemacht,
Kän Dichter dicht so aus dem Kopp eraus,
Wann was Lewendiges er will schaffe,
Unner die Mensche muß er enaus,
Dann schafft er aach Mensche – kän Affe.
Derft mer net mehr die Mensche kopire,
Was blieb dann noch iwrig uffzefihre?
Langweilig mißts ums Theater stehn; –
Mer mißt dann ins Hundskomedi gehn.
Des is mein Ansicht von dere Sach,
Es gibt noch e feiner, des wähs ich aach.
Es werd aach e mancher Dummkopp sage,
Der het kenne was Gescheidersch mache.
E Gescheider werd's halte vor Bosse,
Die Fräd will ich em herzlich gerne losse.
Mir thut er den greßte Gefalle dermit,
Duht er aach lache, so lach ich noch mit.
Ein annern werd die Sproch net gefalle,
Des kennt awer nor e Auswärtiger sein;
Dann ze Frankfort redde So mer alle;
Gros, klän – ähner wie der anner so fein.
's Hochdeitsch is net de Frankforter ihr Sach,
Es reddes manche, es is aach dernach,
Un selbst im Kasino kimmt die Woor net vor,
Liewer Franzeesch – net wohr?
Fregt dann e Mann, der uff Weld sich versteht,
Wie hot er, odder was hot er geredd?
Es redd jo e jeder nach seinem Schnawwel,
Der Preiß seegt die Jabel – mir die Gawwel,
Der Franzos seegt *Serviett* – un mir Salvet.
Es redd jo käner wie's geschriwe steht.
Wann ich mein Lustspiel het hochdeitsch gemacht,

Gewiß, es het Niemand driwer gelacht.
Hot dann des Hochdeitsch e Privilegium,
Dumm Gezeug ze mache un ze schreiwe?
Beinah selt mer mehne es wehr so drum,
Von Spas wehr nix Guts mehr uffzetreiwe.
For Bosse un Speß baßt unser Sproch aach,
So gut wie e anner, des is kän Frag.
E Prebge dervon wehr uffzeweise;
Net genug kann ichs lowe un preise, –
Es is der Prorekter grad wie er war;
Des Ding bleibt noch scheen in hunnert Jahr.
Der Bub, dersch gemacht hot, was gilt die Wett,
Des war, Ihr kennts glawe, kän Dummkopp net,
In unsern Buwe stickt e brechtig Blut,
Zieht ersche besser, se wern se aach gut.
Drum Vätter un Mitter, baßt allezeit
Uff, uff der Kinner Spiel un Lustbarkeit,
Dann wer die Sach vor änerlä helt,
Kennt net die Mensche, noch die Weld.
In de Spiele der Kinner do blinkt ihr Schenie,
Se sein ihr prophetisch Bijegraphie;
Es hot gewiß meistens der Bunebart
In friher Jugend Saldatges gespielt,
Un sein Kamerade in ihrer Art,
Hawenen als Derann recht gefihlt.
Der Mozart hot als Kind von neun Johr,
Mer sellt beinah mehne, es wer net wohr,
Konzerte kombenirt, aus ägenem Plesir,
Se sein besser, als manche Alte ihr.
Der Schiller war aach noch so halbwechsig,
Wie die Räuwer er hot zum Vorschein gebracht;
Es is manches drinn iwwerrechsig,
Doch wie gros wie erhawe is es gedacht!

Noch en Dichter nenn' ich Eich gern:
Es is der Geethé mit Orde und Stern.
Der zehlt wähs Gott for mehr als for Sechs,
Un is doch aach nor e hiesig Gewechs.
Uffm Herschgrawe sieht mer noch des Haus,
Wo er gebohrn is, – es sieht wie e annersch aus.
Es geht im Dag e mancher verbei,
Guckt enuff – und denkt nix derbei;
Dem war als Bub des Boppespiel sein Spas.
Er hots selbst gespielt. – Wer wisse will, was?
Der lese die Lehrjahrn un sein Lewe,
Die kenne am Beste Auskunft gewe.
Doch wie als Dichter der schond war gekreent,
Wer hette vor Zeite des wohl gemeent,
Mecht er aus dem Faust, dem Boppespiel,
E Dragedie voller Krafft un Gefihl.
Es duht aach in dem scheene Gedicht,
Manch scheen und trefflich Bildge vorkomme,
Dem mer ganz klar und deitlich ansicht,
Er hot's aus'm Frankforter Lewe genomme.
Es wärn noch der Jahre viele vergehn,
Eh e Frankforter widder so wos mecht.
Ach! die Verscht – wos sein die so scheen!
O Weh! wos sein Mein dergegen so schlecht.
Verscht wärn bei uns ziemlich viel jetzt gemacht
Un mit Reime sich Dag und Nacht geplagt,
Es deht awwer Noth mer steckt an die Lichter,
Ze suche in dene Verscht die Dichter.
Ich muß mich jetzt gehorschamst empfehle,
Kann mich mit Verscht net länger mehr quele.
Es is emohl so e Brebge geweßt,
Drum hoff ich, daß er mit Nachsicht se leßt;
Ich bin jo kän Dichter von Profession,

Im Verschtmache hatte ich nie Lection;
Es is nor so e Newegescheff,
Dervon mer sich wenig odder gar nix keft.
Mein Name brauch ich Eich net ze nenne,
Ich wähs, es duht mich doch e jeder kenne,
Doch soviel sag ich Eich noch ganz geschwind
Daß ich bin und bleib e Frankforter Kind.

E. T. A. Hoffmann

Das Schneiderlein von Sachsenhausen

Es begab sich, daß ein zartes frommes Schneiderlein zu Sachsenhausen, an einem Sonntage gar schön geputzt mit seiner Frau Liebsten aus der Kirche kam. Die Luft war rauh, das Schneiderlein hatte zu Nacht nichts genossen, als ein halbes weichgesottenes Ei und eine Pfeffergurke, morgens aber ein kleines Schälchen Kaffee. Wollte ihm daher flau und erbärmlich zu Mute werden, weil er überdem in der Kirche gar heftig gesungen, und ihm nach einem Magenschnäpschen gelüsten. War die Woche über fleißig gewesen und auch artig gegen die Frau Liebste, der er von den Stücken Zeug, die beim Zuschneiden unter die Bank gefallen, einen propren Unterrock gefertigt. Frau Liebste bewilligte also freundlich, daß das Schneiderlein in die Apotheke treten und ein erwärmendes Schnäpschen genießen möge. Trat auch wirklich in die Apotheke und forderte dergleichen. Der ungeschickte Lehrbursche, der allein in der Apotheke zurückgeblieben, da der Rezeptarius, das Subjekt, kurz alle übrigen klügeren Leute fortgegangen, vergriff sich und holte eine verschlossene Flasche vom Repositorio herab, in der kein Magenelixir befindlich, wohl aber brennbare Luft, womit die Luftbälle gefüllt werden. Davon schenkte der Lehrbursche ein Gläschen voll; das setzte das Schneiderlein stracks an den Mund und schlürfte die Luft begierig hinunter, als ein angenehmes Labsal. Wurde ihm aber alsbald gar possierlich zu Mute, war ihm als hätte er ein Paar Flügel an den Achseln oder als spiele jemand mit ihm Fangball. Denn ellenhoch und immer höher, mußte er in der Apotheke aufsteigen und niedersinken. »Ei Jemine, Jemine, rief er, wie bin ich doch solch ein flinker Tänzer geworden!« – Aber dem Lehrburschen stand das Maul offen vor lauter Verwunderung. Geschah nun, daß jemand die Thüre rasch aufriß, so daß das Fenster gegenüber aufsprang. Strömte alsbald ein starker Luftzug durch die Apotheke, erfaßte das Schneiderlein und schnell wie der Wind war es fort durch das offene Fenster in die Lüfte; niemand hat es wieder gesehen. Begab sich nach mehrerer Zeit, daß die Sachsenhäuser zur Abendzeit hoch in den Lüften eine Feuerkugel erblickten, die mit blendendem Glanz die ganze Gegend erleuchtete und dann verlöschend zur Erde hinabfiel. Wollten alle wissen, was zur Erde gefallen, liefen hin an den Ort, fanden aber nichts als ein kleines Klümpchen Asche; dabei aber den Dorn einer Schuhschnalle, ein Stückchen eiergelben Atlas mit bunten Blumen und ein schwarzes Ding, das beinahe anzusehen war, wie ein Stockknopf von schwarzem Horn. Haben alle darüber nachgedacht, wie solche Sachen in einer Feuerkugel aus dem Himmel fallen mögen. Da ist aber die Frau Liebste des entfahrenen Schneiderleins dazu gekommen und als diese die gefundenen Sachen erblickt, hat sie die Hände gerungen, gar erbärmlich gethan und geschrien: Ach Jammer, das ist meines Liebsten Schnallendorn, ach Jammer, das ist meines Liebsten Sonntagsweste, ach Jammer, das ist meines Liebsten Stockknopf! Hat aber ein großer Gelehrter erklärt, der Stockknopf sei kein Stockknopf, sondern ein Meteorstein oder ein mißratener Weltkörper. Ist nun aber auf diese Weise den Sachsenhäusern und aller Welt kund worden, daß das arme Schneiderlein, dem der Apothekerbursche brennbare Luft gegeben statt Magenschnaps, in den hohen Lüften verbrannt und heruntergesunken ist zur Erde als Meteorstein oder mißratener Weltkörper.

Karl Julius Weber

Das Stadtgebiet ist ein großer Garten

Jemehr sich der Reisende der Stadt nähert, desto mehr fesselt ihn die üppige wahrhaft italienische Gegend, und das heitere geschäftige Leben auf der Heerstraße am Main hin, und auf dem Strome; so oft ich auch von der Sachsenhäuser Warte herab gekommen bin, so bin ich doch des Anblicks nie satt geworden. Ein alter Frankfurter würde auf der belle Vue sein Vaterland nicht mehr kennen. Das Stadtgebiet mit acht Dörfern ist ein großer Garten, den Frankfurter Wald von 15 000 Morgen abgerechnet, der aber gut rentirt; was allein unbebauet da lag war der Deutschorden gehörige Sand- und Riedhof, den aber Bethmann besser zu benutzen wußte. In diesem sanftem Clima, den rauhen Hessenwind abgerechnet, der aber der Stadt noch weit mehr Unheil drohte, als bloße Brustbeschwerden – gedeihet alles. Paris und Harlem versehen die schönen Gärten mit edlen Obstarten und seltenen Blumenzwiebeln, und Obstbäume, die im Norden nur mühsam am Spalier emporkriechen, stehen hier als Hochstämme mit der goldenen Last ihrer Früchte. Aus den Gartenhäusern, etwa 300, (nur Hamburg zählt noch mehrere) ließe sich ein recht hübsches Städtchen zusammen setzen, schöner als die Residenz manches kleinen Souverains. Der höchste Wunsch vieler Frankfurter ist eine eigene schöne Sommerwohnung – am höchsten steht aber der, der vor seinem Hause – eine Schildwache stehen hat.

Frankfurt in Kentuky mag schöner und regelmäßiger sein, als

sein Original, zählt aber nur 2000 Seelen. Frankfurt am Main aber 42 000, die Juden zu 50 000 angenommen, und das Bundestags-Personal zu 600. Die Bevölkerung ist aber gewiß stärker? man wird immer 50 000 Seelen annehmen dürfen, Dr. Hastel nimmt gar 74 000 Seelen an, was ein anderes Extrem ist – aber in einem so kleinen Staate sollte man doch wohl genauere Listen haben, oder in einem Freistaate nicht verheimlichen. – Die acht Dörfer mögen eine Bevölkerung von 8000 Seelen haben, das berüchtigte Bornheim, vulgo Bernem, wimmelt allein von 1800 Menschen, dann kommen Bonames, Dortelweil, Hausen, Niedererlenbach, Niederrad, Oberrad und Niederursel zur Hälfte, lauter vielbesuchte Dörfer.

[...] Die Sachsenhauser [...] sind die fleißigsten Gärtner, Fischer, Schiffer, Tagelöhner und Handlanger. Oft habe ich ihre Kraft bewundert – mir nichts dir nichts hebt der Krämer seinen beladenen Karren mit den Schultern aus tiefem Geleise, unter einer Ledermasse keuchend, die ein Pferd erforderte, drängt sich der Lastträger durch das Meß-Gewühl, und klimmt in der größten Hitze die steilsten Weinbergspfade hinauf mit einer schweren Dünger-Butte auf dem Rücken – wie ein Vieh arbeitet er im Felde, und wer wollte ihm nicht verzeihen, wenn er beim Aeppelwein – mehr als Vieh thut? Auf der Sachsenhäuser Markung kann man sich am besten vom Vorteil der vertheilten Güterstücke unter vielen überzeugen, und der Gartenbau der feineren Gemüßarten des Obstes rentirt hier besser als Getreidebau. Schlachtvieh wird eingeführt, wie Luxuspferde – aber Kühe sieht man häufig auf der Gemarkung, denn die Milch wird gut bezahlt, und so auch viel Schweine, denn die Frankfurter lieben die Spanferkel, und ich habe mehr Lobreden, auf die ihre gut und rösch gebratene Keule gehört, als auf Deutschland und den Bundestag!

Vormals war das Weichbild der Stadt mit einer Landwehr umgeben, die man aber besser für die Kultur zu benutzen wußte, denn um ganz Frankfurt ist fast kein Fleckchen unbebaut. Nach den ansehnlichen Höfen, die den Geschlechtern und Stiftern gehören, und den vielen Gärten kommen obengenannte Dörfer, die alle öffentliche Vergnügungsorte, und in solchem Wohlstande sind, daß den Mangel eigentlicher Taglöhner die armen Fulder ersetzen, die dann mit ihrem Erwerb im Winter wieder heimkehren und spinnen. Nächst der Stadt liegt der Sandhof ganz nahe am Main, und der nicht weit entfernte Riedhof (Louisa), die beide Bethmann gehören; hier lebte und starb 1812 alt 33 Jahr ein berühmter Araber, das Pferd Eclipse, das zu London 500 Pfund gekostet hatte. Er wurde, gehüllt in schwarzes Tuch, begraben mit allen Ehren seines Ranges, eine Grabrede gehalten, und ein Denkmal verewigt Eclipse. Das Forsthaus mitten im Walde, ist mehr von Equipagen, als Fußgängern besucht, daher man auch trefflich speißt, und von da nach Niederrad und dem Wäldchen gelangt, das man an Pfingsten sehen muß. Wenn die Frankfurter nur zweimal im Jahr närrisch thäten, zu Pfingsten und bei der Weinlese, ließe sich gar nichts sagen – solche Volksfeste stärken Leib und Seele für ein ganzes halbes Jahr, andere treiben es ja alle Tage, und wir wissen längst, daß der Pfingstgeist ein ganz eigener Geist ist! Das schönste Fest wäre das Allerdeutschenfest, in der Bundesstadt ganz an Ort und Stelle, wenn es nur mehr wäre als ein Fest der Frankfurter! selbst das Freudenfeuer an der Friedbergerwarte ist – verlöscht!

Oberrad wird auch stark besucht und man kommt an der Deutschherrnmühle vorbei, von wo die Aussicht allerliebst, aber freilich! die Gesellschaft nicht die beste ist; man vergißt sich, wenn die Abendsonne hinter dem Taunus hinabsinkt. Von Oberrad geht man nach Offenbach; und auch Rödelheim wird besucht mit dem schönen Park des Grafen Solms, schöne Bibliothek, Casino und der Handelsschule Hoffmanns; das gesellige Leben ist da so angenehm, als zu Offenbach. Am angenehmsten und ländlichsten ist wohl Hausen an der Nidda, wohin man über Bockenheim gelangt, dem Kurhessen den Titel einer Stadt gegeben hat, zum Beweise daß Titel nicht die Sache selbst sind, und ein geschossener Bock allenfalls ein Bockenheim, aber keine Bockstadt hervorbringt. Hausen ist der Tempel des Aepfelweins, der mit Zucker und Eiergelb genossen ein ächt lasciver Hoppelpoppel ist; ich glaube in und um Frankfurt wird mehr Aepfel- oder Aeppelwein getrunken, als im ganzen übrigen Deutschland. Die Gegend von Ober-Ursel zwischen Homburg und Kronberg gehört zu den lachendsten, die es gibt, aber auch schon zu den entferntesten Parthien, wie die Tour in die Vorberge des Taunus nach Königstein, Eppstein, Falkenstein, Soden etc., die allerentfernteste ist die Wasserreise nach Mainz und Rückkehr zu Lande über Wiesbaden. Jene Taunusgegend nennt man auch die Frankfurter Schweiz, denn wir müssen einmal überall in Deutschland die Schweiz haben!

Gewiß haben schon manche meiner Leser an Bornheim gedacht? aber das Beste kommt zuletzt. Bornem ist berüchtigt und mit Recht, aber man kann auch recht honnêtement dahin gehen, es gibt durchaus unsträfliche Gasthäuser und Gärten, ich selbst habe manchen vergnügten Abend in Gesellschaft verlebt keusch wie Joseph – aber das Ort hat einmal einen bösen Namen! Ein Weib, das ich in vollem Ernste um den Fußpfad dahin befragte, hunzte mich, wahrscheinlich in der Meinung, daß ich sie bloß necken wolle, ärger aus, als jene Mainzer Bäckerin Kaiser Rudolphs Majestät. Leichtsinnige haben jetzt auf der Bornheimer Heide die schönste Gelegenheit in sich zu kehren, denn hier modern Tausende von Deutschen, Franzosen, Italienern, Russen etc. die in Frankfurts Lazaretten starben, ihr Jammer ist vorüber, und der Jammer, den sie andern machten, verschmerzt; daß Vieh, das hier weidet, würde ihnen für das fette Gras laut danken, wenn es reden könnte!

Nie war ich an einem Schabbes zu Frankfurt, ohne dem thé

dansant des Volkes Israel beizuwohnen, der Garten des goldenen Löwen in Bornheim verwandelt sich in Kanaan, wo Zucker und Mineralwasser den Aepfelwein veredlen, und für Honig und Milch gelten können; die Musik wird der von Jerusalem schwerlich nachstehen, besser tanzen sie gewiß, als ihre Voreltern. [...]

Wilhelm Hauff

Mein Besuch in Frankfurt

1. Wen der Satan an der Table d'hôte im Weißen Schwanen sah

Kommt man um die Zeit des Pfingstfestes nach Frankfurt, so sollte man meinen, es gebe keine heiligere Stadt in der Christenheit; denn sie feiern daselbst nicht wie z. B. in Bayern 1 ½, oder, wie im Kalender vorgeschrieben, 2 Festtage, sondern sie rechnen vier Feiertage; die Juden haben deren sogar fünf, denn sie fangen in Bornheim ihre heiligen Übungen schon am Samstag an, und der Bundestag hat sogar acht bis zehen.

Diese Festtage gelten aber in dieser Stadt weniger den wunderbaren Sprachkünsten der Apostel, als mir. Was die berühmtesten Mystiker am Pfingstfeste morgens den guten Leutchen ans Herz gelegt, was die immensesten Rationalisten mit moralischer Salbung verkündet hatten, das war so gut als in den Wind gesprochen. Die Fragen: ob man am Montag oder am Dienstag, am zweiten oder dritten Feiertag ins *Wäldchen* gehen, ob es nicht anständiger wäre, ins Wilhelmsbad zu fahren, ob man am vierten Feiertag nach Bornheim oder ins Vauxhall gehen solle, oder beides, diese Fragen schienen bei weitem wichtiger, als jene, die doch für andächtige Feiertagsleute viel näherlag, ob die Apostel damals auch Englisch und Plattdeutsch verstanden haben?

Muß ein so aufgeweckter Sinn den Teufel nicht erfreuen, der an solchen Tagen mehr Seelen für sich gewinnt, als das ganze

Judenquartier in einer guten Börsestunde Gulden? Auch diesmal wieder kam ich zu Pfingsten nach Frankfurt. Leuten, die von einem berühmten Belletristen verwöhnt, alles bis aufs kleinste Detail wissen wollen, diene zur Nachricht, daß ich im Weißen Schwanen auf Nr. 45 recht gut wohnte, an der großen Table d'hôte in angenehmer Gesellschaft trefflich speiste, den Küchenzettel mögen sie sich übrigens von dem Oberkellner ausbitten. Schon in der ersten Stunde bemerkte ich ein Seufzen und Stöhnen, das aus dem Zimmer nebenan zu dringen schien. Ich trat näher, ich hörte deutlich, wie man auf gut deutsch fluchte und tobte, dann Rechnungen und Bilanzen, die sich in viele Tausende beliefen, nachzählte, und dann wieder wimmerte und weinte, wie ein Kind, das seiner Aufgabe für die Schule nicht mächtig ist.

Teilnehmend, wie ich bin, schellte ich nach dem Kellner und fragte ihn, wer der Herr sei, der nebenan so überaus kläglich sich gebärde?

»Nun«, antwortete er, »das ist der stille Herr.«

»Der stille Herr? lieber Freund, das gibt mir noch wenig Aufschluß, wer ist er denn?«

»Wir nennen ihn hier im Schwanen den stillen Herrn, oder auch den Seufzer, er ist ein Kaufmann aus Dessau, nennt sich sonst Zwerner, und wohnt schon seit vierzehn Tagen hier.«

»Was tut er denn hier? ist ihm ein Unglück zugestoßen, daß er so gar kläglich winselt?«

»Ja! das weiß ich nicht«, erwiderte er, »aber seit dem zweiten Tag, daß er hier ist, ist sein einziges Geschäft, daß er zwischen zwölf und ein Uhr in der neuen Judenstraße auf und ab geht, und dann kommt er zu Tisch, sprich nichts, ißt nichts, und den ganzen Tag über jammert er ganz stille und trinkt Kapwein.«

»Nun, das ist keine schlimme Eigenschaft«, sagte ich, »setzen Sie mich doch heute mittag in seine Nähe.« [...]

Ich versuchte, während ich ihm allerlei treffliche Speisen anbot, einige Male mit ihm ins Gespräch zu kommen, aber immer vergeblich; er antwortete nur durch eine Verbeugung, begleitet von einem halbunterdrückten Seufzer. In solchen Augenblicken schlug er dann wohl die Augen auf, doch nicht, um auf mich zu blicken; er warf nur einen scheuen, finstern Blick geradeaus, und sah dann wieder seufzend auf seinen Teller. [...]

Ich folgte einem dieser Blicke, und glaubte zu bemerken, daß sie einem Herrn gelten mußten, der uns gegenüber saß und schon zuvor meine Aufmerksamkeit auf sich gezogen hatte.

Er war gerade das Gegenteil von meinem Nachbar rechts. Seine schon etwas kahle, gefurchte Stirne, sein bräunlichtes, eingeschnurrtes Gesicht, seine schmalen Wangen, seine spitze, weit hervortretende Nase deuteten darauf hin, daß er die fünfundvierzig Jährchen, die er haben mochte, etwas *schnell* verlebt habe. [...] Dieser Herr hatte, wenn er mit der abgestorbenen, knöchernen Hand einen Spargel zum Munde führte und süßlich dazu lächelte, die größte Ähnlichkeit mit einem rasierten Kaninchen, während mein Nachbar rechts wie ein melancholischer Frosch anzusehen war.

Warum übrigens der Seufzer das Kaninchen mit so finsteren Augen maß, konnte ich nicht erraten. Endlich, als die Blicke meines Nachbars düsterer und länger als gewöhnlich auf jenem ruhten, fing das Kaninchen an, die Schultern und Arme graziös hin und her zu drehen, den Rücken auf künstliche Art auszudehnen, und das spitzige Köpfchen nach uns herüber zu drehen; mit süßem Lächeln fragte er: »Noch immer so düster, mein lieber Monsieur Zwerner? etwa gar eifersüchtig auf meine Wenigkeit!«

[...] mein Nachbar antwortete: »Eifersüchtig, Herr Graf? auf *Sie* in keinem Fall.«

Graf Rebs, so hörte ich ihn später nennen – faltete sein Mäulchen zu einem feinen Lächeln, drückte die Augen halb zu, bog die Spitznase auf komische Weise seitwärts, strich mit der Hand über sein langes knöchernes Kinn, und kicherte. »Das ist schön von Ihnen, lieber Monsieur Zwerner; also gar nicht eifersüchtig? und doch habe ich die schöne Rebekka erst gestern abend noch in ihrer Loge gesprochen. Ha, ha! [...]«

Mein Nachbar wurde wieder finster, seine roten Wangen röteten sich noch mehr, und die ansehnliche Breite seines Gesichtes erweiterte sich noch durch wilden Trotz, der in ihm wütete. Er zog den Kopf tief in die Schultern, und blitzte das Kaninchen hin und wieder mit einem grimmigen Blick an. Er hatte nie so große Ähnlichkeit mit einem angenehmen Froschjüngling, der an einem warmen Juniabend trauernd auf dem Teichel sitzt, als in diesem Augenblicke.

Graf Rebs bemerkte dies. Mit angenehmer Herablassung, wobei er das r noch mehr schnurren ließ, als zuvor, sprach er: »Werter Monsieur Zwerner. [...] Nun, wir sind hier unter uns, ich kann Sie versichern, es ist auffallend aber wahr, ich sollte es nicht sagen, es beschämt mich, aber auf Ehre, Sie können sich drauf verlassen, obgleich es ein ganz komischer Fall ist, übrigens hoffe ich mich auf Ihre Diskretion verlassen zu können; nein, es ist wirklich auffallend, in drei Tagen ...«

»Nun so bitte ich Sie doch um Gottes willen, Herr Graf, was wollen Sie denn sagen?«

Es war ein eigener Genuß, das Kaninchen in diesem Augenblick anzusehen. [...] Noch einmal mußte der Seufzer ihn ermuntern, sein Geheimnis preiszugeben, bis er endlich hervorbrachte: »Sie ist in mich verliebt. Sie staunen; ich kann es Ihnen nicht übelnehmen, auch mir wollte es anfangs sonderbar bedünken, in so kurzer Zeit; aber ich habe meine sicheren Kennzeichen, und auch andere haben es bemerkt.«

»Sie Glücklicher!« rief der Seufzer nicht ohne Ironie, »wo Sie nur hintippen, schlagen Ihnen Herzen entgegen [...]«

»Merke schon, merke schon«, entgegnete Rebs mit schlauem

Lächeln, »es ist Ihnen um Rebekka, Sie wollen, ich solle dort gänzlich aus dem Felde ziehen. Solide Partie! [...] ich glaube nicht, daß sie mich ernstlich geliebt hat.«

»Ich glaube auch nicht«, entgegnete der Seufzer mit einem Ton, in welchen sich bittere Ironie mit Grimm mischte. Die Gesellschaft stand auf, wir folgten. Graf Rebs tänzelte lächelnd zu den Damen, welchen er während der Tafel so zärtliche Blicke zugeworfen; ich aber folgte dem unglücklichen Seufzer.

5. Der Kurier aus Wien kommt an

Ich könnte dir, geneigter Leser meiner Memoiren, vieles Ergötzliche und Interessante erzählen, was ich in der freien Stadt Frankfurt erlebt; nicht von früheren Zeiten her, wo ich oft hinter den Stühlen der Kurfürsten stand, und den Kaiser wählen half, wo ich so oft unter guten Freunden im Römer und *beim* Römer saß, wenn das neue Haupt des vielgliedrigen Leibes, Deutsches Reich genannt, mit der Krone geschmückt worden war, nein von den heutigen Tagen könnte ich dir viel erzählen, von dem tiefen, geheimnisvollen Wesen der Diplomatie, von dem herrlichen Junitag, in welchem es niemals Abend oder Nacht wird, ich meine den deutschen Bundestag, von dem herrlichen Treiben und Blühen des Mystizismus, und wie ich das Feuer anschürte zwischen seinen Anhängern und den Rationalisten, und wie es im Wirtshaus zum Goldenen Brunnen einigemal zu bedeutenden Raufereien kam zwischen beiden Partien, daß heißt – nur mit schneidenden Zungen und stechenden Blicken; ich könnte dir erzählen, wie ich in einem Institut, woselbst man junge Fräulein für die Welt zustutzt, nützlichen Unterricht gab im Gitarrespielen und anderen Kleinigkeiten, so eine junge Dame kennen muß, wenn sie in die Welt tritt. Ich könnte dir erzählen von jener Straße, Million genannt, wo meine speziellsten Freunde wohnen, deren der Geringste über Millionen gebietet.

Doch ich schweige von diesem allem, weil ich mir vorgenommen, dir einen kleinen Abriß zu geben von der Art, wie ich den ehrlichen seufzenden Sohn Merkurs aus Dessau zu einem Teufelskind machte. Der erste Schritt vom ehrlichen Mann zum schlechten oder Betrüger ist an sich klein, und dennoch bedeutend, weil man leicht, sozusagen, in Schuß kömmt und unaufhaltsam bergab, bergab geht, anfangs im Trott, nachher im Galopp. Mein guter Seufzer hatte sein bedeutendes Vermögen mit einem ehrlichen Gemüt geerbt. Er ging in seinen Geschäften den geraden, ehrlichen Weg, nicht weil er ihm angenehmer war, sondern weil er es unbequem finden mochte, Winkelzüge und Umwege zu machen.

Es ist dies die Ehrbarkeit, die Tugend, die nie auf der Probe war und daher ein negativer Begriff, ein Nichts, auf jeden Fall keine Tugend ist.

Nicht der Geldgewinn, er ist ziemlich zufrieden mit seinem Los, sondern die Liebe zu der schönen Kalle des alten Simon macht ihn straucheln, oder vielmehr, wie Gelegenheit Diebe macht, die süße Art, wie ich es ihm eingab; jetzt ist er, um das Kind beim rechten Namen zu nennen, aus dem ehrlichen Mann ein Betrüger geworden; er wird, weil es ihm diesmal leicht wird, zu betrügen, das nächste Mal Ähnliches versuchen; das Gewissen, die Ehrlichkeit, die Ruhe, die Selbstzufriedenheit ist ja doch schon zum Teufel, warum soll er sich also genieren? Der große Gewinn für mich liegt aber darin, daß die ersten Versuche des ehrlichen Mannes, ein Betrüger zu werden, gewöhnlich gut ausfallen, und zur Wiederholung locken [...]

Doch wo gerate ich hin? habe ich mich von dem dicken Pfarrer anstecken lassen, zu moralisieren? Ist es denn mein Zweck, mit psychologischen Abhandlungen meinen Leser zu ermüden, oder sogar abzuschrecken? oder wie, ließ ich mich etwa von den Winken einiger gelehrten Leute verführen, die behaupteten, es liege zu wenig psychologische Teufelei oder teuflische Psychologie in meinen Memoiren? ich sei für einen deutschen Schriftsteller, als welchen ich mich im Leipziger Messekatalogus einregistrieren lassen, nicht gründlich genug?

Der Teufel soll es holen! möchte ich mir selbst zurufen; sobald man vom Wege abgeht, gerät man immer mehr auf Abwege, so auch im Niederschreiben von Memoiren. Ich werde kurz sein.

Ich hatte durch meine dienenden Kleinen erfahren, welche Gedanken der Reis-Effendi in einer Privatunterredung mit Herrn von Minciaky über das russische Ultimatum geäußert; ja, um redlich zu sein, ich hatte selbst großen Anteil an jener Wendung der Dinge, weil mir dadurch das sogenannte Gleichgewicht etwas auf die Spitze gerückt zu werden schien, und mehr Leben in das schlummernde Europa kommen konnte, das von Revolutionen und anderen lustigen Artikeln nur *träumt*, und im Schlafe *spricht*. Ich hatte diese Nachricht früher vernommen als sie selbst nur nach Petersburg kommen konnte, und in meiner Hand lag es, die Papiere steigen oder fallen zu machen. Der Vater der schönen Rebekka hatte in den letzten Tagen auf meinen Rat und seine eigene Einsicht hin seine Papiere so umgesetzt, daß er beim geringsten Steigen der – – auf großen Gewinn zählen konnte. Große Spannung herrschte in dem Hause des Herrn Simon in der neuen Judenstraße. Der Alte versicherte, seine Gebeine erzittern, sooft er ansetze, einen wichtigen Brief zu schreiben; die Tante, das neidische Gewölk, mochte ahnen, was vorging, und schlich trübe und ächzend im Haus umher; die Kalle war die mutigste von allen. Zwar war auch sie in einiger Bewegung, denn sie las nicht mehr, weder in Clauren noch in verschiedenen Almanachs, sogar das Modejournal wollte sie nicht ansehen, sie spielte auch nicht mehr auf der Harfe, aber doch trug sie das Köpfchen noch so hoch wie zuvor, und ermutigte durch manche Rede die zagenden Bundestruppen.

Der Seufzer war gänzlich vom Verstand gekommen. Bald war er tiefsinnig und zweifelte an seinem Glück, besonders in der Nähe der schönen Jüdin, wenn er sich die Höhe seiner Seligkeit, den Besitz der lieblichen Kalle dachte; dann war er wieder ausgelassen fröhlich, und sprach allerlei verwirrtes Zeug, wie er ein Millionär zu werden gedenke, wie und wo er sich ein Haus bauen wolle, und was dergleichen überschwengliche Gedanken mehr waren, der Kalle aber flüsterte er ins Ohr, daß er sich wolle adeln lassen, und sie zur gnädigen Frau Baronesse von Zwerner zu Zwernersheim machen, welcher Ort noch auf der Landkarte auszumitteln wäre.

Endlich, es war am dritten Frankfurter Pfingstfeiertag, und die Mädchen und Frauen spazierten schon scharenweise hinaus an den Main, um sich übersetzen zu lassen nach dem Wäldchen, und die Männer riefen ihnen nach, nur einstweilen alles zuzurüsten daselbst, weil sie nur noch auf die Börse gingen und bald nachkämen, indem heute nichts Bedeutendes vorkomme, und auch die alte Baubo, die schnöde Hexe, zog hinaus, doch diesmal nicht auf dem Mutterschwein, sondern in einem eleganten Wagen; sie hatte ihre schönen Stieftöchter bei sich und nickte mir freundlich zu, als wollte sie sagen, »Dich kenne ich wohl, Satan, obgleich du jetzt in schwarzem Frack und seidenen Strümpfen einherzuwandeln beliebst [...]« Da fuhr sie hin, die gute Alte, eine der ersten Palastdamen meiner Großmutter, und sehr angesehen in Frankfurt und auf dem Brocken in Walpurgisnacht, da fuhr sie hin und viele tausend und wieder tausend fromme Frankfurter Seelen ihr nach, die alle das Gebot in feinem Herzen trugen: »Du sollst den Feiertag heiligen, und an Pfingsten auch den dritten und vierten.«

Jetzt war es Zeit zu operieren. Den Tag zuvor hatte man sich allgemein mit dem Gerücht getragen, daß die Pforte das Ultimatum nicht annehmen werde, und man erwartete von heute nichts Besonders. Da jagte um elf Uhr ein Kurier durch das Tor, ganz mit Schweiß und Staub bedeckt, er sprengte, gräulich auf dem Posthorn blasend, durch die Straße, Million genannt, und in einem Umweg durchs neue Judenquartier, die Leute rissen die Fenster auf und fuhren mit den Köpfen heraus, um zu schauen nach dem schrecklichen Trompeten- und Straßenlärm; »Wo kümmt Er här? Wo will Er hün?« riefen sie. »In Weißen Schwanen«, schrie er, »ich habe den Weg verfehlt, wo geht's in Weißen Schwanen?« »Der Herr is wohl Korrier?« »Freilich, nur schnell«, rief er, und zog einen Brief mit großem Sigill aus der Tasche, »das kommt von Wien, und ist an den Herrn Zwerner aus Dessau im Weißen Schwanen.« »Da an der Ecke geht's rechts, dann die Straße links, dann kömmt Er auf die Zeile, da reitet Er bis an die Hauptwache, und von dort ist's nimmer weit.« So riefen sie, schauten ihm nach, wie er mit der Peitsche knallend davonjagte und besprachen sich dann über die Straße hinüber, was wohl die Depesche aus Wien enthalten möchte. Der Kurier war aber niemand anders als einer meiner dienstbaren Geister in die Uniform eines hessischen Postillons gekleidet.

6. Der Reis-Effendi und der Teufel in der Börsenhalle

Im Briefe stand mit dürren Worten, daß der Reis-Effendi dem Herrn von Minciaky die vertrauliche, jedoch halb offizielle Mitteilung gemacht habe, »daß die Pforte das Ultimatum, soweit es Rußland betreffe, annehmen werde«.

Der Seufzer bekam nun die nötige Instruktion, was er zu tun hatte; er fuhr mit dem Brief sogleich zu Papa Simon und mit diesem zu Herrn von R........., dem Papst der Börse, dem sichtbaren Oberhaupt der unsichtbaren papierenen Kirche.

Dieser prüfte die Depesche genau; er selbst hatte schon zu oft ähnliche Mittel angewendet, Pariser Kuriere aus Mainz, und Wiener aus Aschaffenburg kommen lassen, als daß er so leicht konnte hintergangen werden. Er ließ daher ein Licht bringen und prüfte zuerst Geruch und Flüssigkeit des Siegellacks. »Gotts Wunder!« sprach er bedächtlich riechend. »Gotts Wunder! das ist echtes Kaisersiegellack, wie es nur in Wien selbst zubereitet wird, und was Eingeweihte zu solchen Depeschen zu verwenden pflegen.« Dann betrachtete er genau das Couvert des Briefes und fand darauf die gedruckten Zeichen jeder Poststation von Wien bis Frankfurt, und keines fehlte. Er verglich sodann diese Zeichen mit der Liste der Postzeichen, die er zur Hand hatte, und – sie waren richtig.

Hatte er zuvor den Herrn Zwerner, Handelsmann aus Dessau, als ein kleines Paarmalhunderttausend-Gulden-Männchen so obenhin behandelt, wie der Löwe das Hündchen; so wuchs jetzt seine Achtung mit unglaublicher Schnelle. Er hätte zwar am liebsten selbst den Kurier bekommen, samt der inhaltschweren Depesche, doch, da dies nicht mehr zu ändern war, machte er gute Miene zum bösen Spiel, dankte, daß man ihn sogleich von der wichtigen Nachricht avertiert habe und berechnete dabei, welche Summen dem Dessauer diese Nachricht gekostet haben könnte, indem er annahm, dieser Kaufmann müsse die Preise, die er in Wien für solche Winke bezahlte, überboten haben. Es war Börsenzeit, er selbst fuhr mit auf die Börsenhalle.

Börsenhalle! unter diesem Namen stellt sich wohl der Fremde, der diese Einrichtung noch nie gesehen, ein weitläufiges Gebäude vor, wie es der Stadt Frankfurt würdig wäre, mit weiten Sälen, Seitengängen, schönen Portalen und dergleichen. Wie wundert er sich aber und lächelt, wenn er in *diese* Börsenhalle tritt! Man stelle sich einen ziemlich kleinen, gepflasterten Hof, von unansehnlichen Gebäuden eingeschlossen, vor, wo man mit Bequemlichkeit Pferde striegeln, Wagen reinigen, waschen, Hühner und Gänse füttern, und dergleichen solide häusliche Hantierungen verrichten könnte. Statt des ehrwürdigen Truthahns, statt der geschwätzigen Hühner und Gänse, statt des Stallknechts mit dem Besen in der Faust, statt der Küchendame, die hier ihren Salat wascht – sieht man hier zwischen zwölf und ein Uhr mittags ein buntes Gedränge; Männer mit dunkelgefärbten, markierten Gesichtern, mit schwarzen Bärten und lauernden Augen, mit kühn gebogenen Nasen und breiten Mäulern, mit schmutzigen Hemden und unsauberer Kleidung schleichen mit gebogenen, schlotternden Knien und spitzigen Ellbogen, den Hut tief in den Nacken zurückgedrückt umher, und fragen einander, »Nu, wie stehen sie heute?« Du wandelst staunend durch dieses Gewühl und fühlst einen kleinen unbehaglichen Schauer, wenn dich eine der unsauberen Gestalten im Vorübergehen anstreift. Du begreifst zwar, daß du dich unter den Kindern Israels befindest, aber zu welchem Zweck treiben sie sich hier unter freiem Himmel in einem Hühnerhof umher? Endlich wirst du eine Tafel, etwa wie ein Wirtshausschild anzusehen, gewahr; drauf steht mit goldenen Buchstaben deutlich zu lesen: – »Börsenhalle«. Also in der Börsenhalle der freien Stadt Frankfurt befindest du dich; du hörst heute ein sonderbares Gemunkel und Geflüster; die Leute gehen staunend umher, mehr mit Blicken als mit Worten fragend: »Ä Korrier es Wien? – Gotts Wunder. Wer hat'n gekriecht?« »Ä Fremder, der Zwerner von Dessau.« – »Wie? kaner von unsere Lait? Nicht der Rothschild, der grauße Baron, nicht der Bethmann? Auch nicht der Mezler? Waas.«

»Was hat'r gebracht, der Korrier! Abraham, wie stehen se?«

»Wie werden se stehen! Wer kann's wissen, solange der Zwerner aus Dessau nicht ist auf der Börsenhalle!«

»Levi! hat er's Oltemat'm angenommen, der Reis-Effendi? hat er oder hat er nicht? Wie werden se stehen?«

»Ich hab's genug, 'sis a Vertel auf eins, und noch will keiner verkaufen, aus Schrecka vor die Korrier. Wär nur der Zwerner aus Dessau da! Auch der Rothschild bleibt so lang aus und der Simon von die neue Straße. Wirst sehen, 's wird geben ä grauße Operation! Der Herr wird verstockt haben das Herz des Effendi, aß er hat nicht angenomme das Oltematum von dem Moskeviter?«

»Bethmannische Obligationen, will man nicht kaufen, sind gefallen um Vertelpurzent!«

»Wie steht's mit die Metalliques? Wie verkauft sie der Mezler? Wie stehen se, Abraham? tu mer de Gefallen und sag, die Metalliques, wie stehen se?«

»Aß ich der sag, ich weiß nicht, wo mer steht der Kopf, weiß heut keiner, wer iß Koch oder Keller? aß ich nicht kann riechen wie se stehen, die Metalliques!«

Plötzlich entsteht ein Geräusch, ein Gedränge nach der Türe zu. Ein Wagen ist vorgefahren, die Leute stehen auf die Zehen, machen lange Hälse, um die Mienen der Kommenden zu sehen. Drei Männer arbeiteten sich durch die Menge und stellen sich ernst und gravitätisch an ihrem Platz zur Seite, wie es wohllöblicherweise auf anderen Börsen der Brauch ist, wo nur die Mäckler umherlaufen und sich drängen. Es war der große Baron, der an der Seite stand, zu seiner Rechten das Gestirn des Tages, der Kaufmann Zwerner aus Dessau, jetzt nicht mehr Seufzer zu nennen, denn sein Herz schien zu jubilieren und allerlei verliebte Streiche ausführen zu wollen, während er doch die Sinne bedächtlich und gesetzt beisammen behalten mußte, um sich nicht zu verrechnen. Zur Linken stand der Jude Simon, angetan mit seinem Sabbater-Rock und einer schneeweißen Halsbinde, mit feierlicher, hochzeitlicher Miene, so daß sein Volk gleich sah, es müsse was ganz Außerordentliches sich zugetragen haben.

Jetzt nahten die Käufer und Verkäufer, und fragten nach den Preisen. Sie wurden bleich, sie sanken in die Knie und schlichen zitternd umher; sie lamentierten schrecklich mit den Armen, sie steckten die Finger in den Mund, sie fluchten ebräisch und syrisch auf den Christen, der sich einen Kurier kommen lassen, auf den Vater, der den Kurier gezeugt, auf das Pferd, welches das Pferd des Kuriers zur Welt gebracht, auf seinen Kopf, auf seine vier Füße, kurz auf alles, selbst auf Sonne, Mond und Sterne, und auf Frankfurt und die Börsenhalle. Jetzt merkte man, warum der schlaue Simon seine Papiere in den letzten Tagen umgesetzt habe; jetzt konnte man sich den Tiefsinn des Kaufmanns aus Dessau erklären –! »Das Ultimatum ist angenommen«, scholl es durch den Hof, »der Reis-Effendi hat zugesagt«, hallte es durch die Ecken; und obgleich die drei wichtigen Männer nur entfernt auf ihren Brief anspielten, nur einige nähere Umstände angaben, nichts Bestimmtes aussprachen, so stiegen doch die östreichischen, die Rothschildschen und wenige andere Papiere, von welchen durch Zwerners und des alten Simons Sorge gerade nicht sehr viele auf dem Platz waren, in Zeit von einer halben Stunde um vier und einen halben Prozent. Mehrere Häuser, die sich nicht vorgesehen hatten, fingen an zu wanken, eines lag schon halb und halb, und hatte es nur seiner nahen Seitenverwandtschaft mit dem regierenden (Börsen-)Hause zu verdanken, daß ihm noch einige Stützen untergeschoben wurden.

Als man um ein Uhr auseinanderging, lautete der Kurszettel der Frankfurter Börsenhalle:

Metalliques 87 5/8.

Bethmännische 75 1/2.

Rothschildsche Lose 132.

Preußische Staatsschuldenscheine 84.

In den übrigen war nichts geändert worden.

Karl Julius Weber

Die Frankfurter Küche steht auf der Höhe der Zeit

1826/28

[...] In keiner mir bekannten Stadt des In- und Auslandes erreichen die Gasthöfe die Vollendung der hiesigen, daher findet man hier Esser und Trinker, die es wohl mit Mithridates und Heliogabalus aufnehmen, und Frankfurt bleibt die Hochschule der Kellner, oder wie sie sich jetzt schreiben, der Kellnerei Beflissenen, so wie man in meiner Jugendzeit an Gymnasiasten, wenn man höflich seyn wollte, schrieb: »der schönen Wissenschaften Beflissenen.« Ich rathe es niemand garçon zu rufen, er darf lange warten, und wenn er seiner Seits mit 4–6 Sous aufwarten wollte? Jener Franzose rief lange garçon! garçon! ohne daß sich jemand sehen und hören ließ, schlug endlich sein Taschenwörterbuch auf und schrie Agestolz! Agestolz! (Hagestolz!) das half etwas. [...]

Frankfurts Küche steht neben der Wiener und Hamburger, ja überflügelt sie noch durch französische Feinheiten, und deutsche Schwartenmagen, Spanferkel und Gaisscheeren, obgleich der Herr verboten hat, das Böcklein zu kochen, wenns noch an seiner Muttermilch ist – Grandgousier hatte sicher keinen größern Vorrath von Westphälischen Schinken, Braunschweiger und Göttinger Würsten, geräucherten Zungen und anderm Gesalzenen, worauf ein Trunk schmeckt, ich habe hier Trüffelpasteten aus Perigord gegessen und mit Trüffeln gefüllte Calcuttische Hühner, die wohl auf 4–5 Louis zu stehen kommen mogten! Die Mainkarpfen sind auch nicht zu verachten, so wenig als die Krebse, haben aber schon manche, die in entfernten Gegenden einen Krebsbach oder Forellenbach für 5 fl. in Pacht hatten, in große Verwunderung gesetzt, wenn er sich solche hier in einem Gasthause hatte schmecken lassen!

Die Leser werden längst weghaben, daß ich kein Kost-Verächter bin, Speise und Trank geht die Menschheit sehr nahe an, folglich auch die Kochkunst, wodurch der Gebildete sich vom Barbaren unterscheidet, der alles frißt, was ihm vorkommt, wie das Schwein. Ich empfehle Königs (oder eigentlich von Rumohrs) Geist der Kochkunst, Stuttgart 1822. Die Frankfurter Küche steht auf der Höhe der Zeit – sie hält die weise Mitte zwischen französischer Ueberfeinerung und britisch nordischer Derbheit, eine weise Mitte zwischen den Fleischtöpfen Aegyptens, piquanten Saucen und Ragouts, und schwerfälligen deutschen Mehlspeisen – zwischen Gesalzenem und Frischen, Süßen und Sauren, Gemüß, Backwerken und Früchten.

Die Gasthöfe Frankfurts bleiben die ersten Deutschlands, und wenn die Englischen sie noch an Comforts, an Aufmerksamkeit, vorzüglich an Reinlichkeit herunterstechen, so sind sie auch weit theurer, was indessen in England, mit Deutschland verglichen, doch am Ende auf Eins herauskommen dürfte. Es versteht sich, daß man sich mit dem Kellner abfindet, im Englischen aber erscheinen auch beim Abschied the Waitler, Hoitler und Boots, und zuletzt erschallt noch – Don't forget the Chamber maid! Das rothe Haus war sonst der erste Gasthof, der eingegangen ist, dann kommt der Kaiser, der englische Hof, Schwan, Weidenhof, Weidenbusch, Paris ze., lauter berühmte Namen. Sonderbar, daß die Kaffeehäuser ihnen so wenig nacheifern, das goldene Roß ist das einzige etwas elegante Kaffeehaus, und ein Pariser Kaffeetier müßte hier fortune machen, so wie ein guter Gasthof an den schönen Ufern des Mains auf den beiden Quais. Die Stadt Paris war sonst der schwarze Bock, wo Friedrich Voltaire arretiren ließ und Voltaire vergaß nie – diesen

Bock. So lange ich extra fahren konnte, gab ich stets dem Kaiser, was des Kaisers ist, alles ging auf den alten Kaiser los – und im Grunde sind noch immer die zwei weltberühmtesten Häuser Frankfurts der römische Kaiser, und der goldenen Apfel!

In neuern Zeiten befand ich mich besser im goldenen Löwen in der Fahrgasse, den ich gewissenhaft empfehlen kann jedem, der nicht gerade Gasthäuser prima Sorte, und zahlreiche Gesellschaft sucht. In kleinen guten Gasthöfen ist man oft weit beser bedient, als in großen, und kleine Gasthöfe (die nicht immer zu den schlechten gehören, wo man auch für diejenigen zahlen muß, die da hätten einkehren können), spielen oft Rollen in der Stille, wie subalterne Männer – ich kenne mehrere Gasthöfe in der Hauptstadt der Provinzen oder des Oberamtsbezirks, die Leiter der öffentlichen Meinung des ganzen Landes sind, und mehr Lügen verbreiten, als alle Zeitungen. In großen Hotels ist es natürlich, daß die garçons, die viel mit der höhern Welt umgehen, auch etwas von dem Ton und den Sitten derselben annehmen, was nicht jeder vertragen kann. Indessen muß man sie entschuldigen, der Teufel bleibe beim Andringen und Rufen so vieler Gäste aus allen Ecken bei guter Laune.

Ludwig Börne

Aus meinem Tagebuche

Soden, den 16. Mai

Im September 1819, an einem trüben deutschen Bundestage, erwachte ich zu Frankfurt a. M. mit dem Katzenjammer. Ich hatte mich mit guten Kameraden in schlechter Hoffnung berauscht, hatte zuviel getrunken von der verdammt geschwefelten Freiheit und mußte das alles wieder von mir geben. Wer den Katzenjammer nicht kennt, der kennt die Macht der strafenden Götter nicht; es ist die *Reue des Magens*. Mir war jämmerlich zu Mute. Da beschloß ich, diese Jammerstätte zu verlassen und nach Frankreich zu gehen, wo klügere und mutigere Bürger ihre Rechte besser kennen und verteidigen als wir und wo schelmische Wirte ihnen den blutroten Wein nicht unbemerkt, nicht ungestraft verderben können.

Zu jener Zeit gab ich ein Journal heraus. Es wurde in Offenbach gedruckt, wo die herrlichen Pfeffernüsse gemacht werden. Das Blatt war gut, solange es frei war, und es mundete den Lesern. Da setzte man es unter Zensur, und ich gab es auf. Wenn Regierungen Furcht bekommen, sind sie furchtbar; sie werden übermütig aus Mangel an Mut.

In einem der letzten Blätter meines Journals stand ein Aufsatz, der mir aus dem nördlichen Deutschland zugeschickt worden. Ich erinnere mich nicht genau mehr seines Inhalts und besitze das Blatt nicht mehr; ich erinnere mich nur noch, daß er mit Geist geschrieben war und von den Mitteln sprach, die man anwenden könne und solle, den Fürsten trotz den sie umlagernden Höflingen und Ministern die Wahrheit und die Not und die Wünsche des Volkes zuzuführen. Mein Verleger erzählte mir, ein Bundestaggesandter habe sich von dem bezeichneten Aufsatze mehrere Exemplare holen lassen. Das kümmerte mich wenig; ich rief bloß, als hätte ich den Herren niesen hören: zur Gesundheit!

Als ich auf die Polizei kam und einen Paß nach Paris verlangte, bestellte man mich auf den andern Tag. Als ich den andern Tag wiederkam, bestellte man mich auf morgen. Das dritte Mal wurde ich unter irgendeinem Vorwande wieder abgewiesen. Ich setzte das mit dem Blatte in Verbindung, welches diplomatische Wißbegierde unter ihr Mikroskop gelegt hatte, und ich ward besorgt. Ich bedachte, daß unsere gute Frankfurter Polizei sich nicht eher um Politik bekümmert, als bis es ihr ein Minister oder Ministerchen befiehlt; daß sie dann aber nicht den Eulenspiegel nachahmt, der als ein guter Christ nicht mehr tut, als ihm befohlen ist, sondern daß sie aus Furcht, zu wenig zu tun, mehr tut, als ihr befohlen worden. Auf die neununddreißig Köpfe des deutschen Zerberus blickt sie mit unbeschreiblichem Grauen. Von der heilsamen Angst, welche eine gute Polizei den Spitzbuben einflößen soll, von dieser Spitzbubenangst hat die Frankfurter Polizei, als ihrem Kriegsmaterial, einen großen Vorrat. Ja, von der Furcht für Österreich allein besitzt sie ein ganzes Zeughaus voll. Sobald dieses befiehlt, vergeht ihr alles Hören und Sehen; sie wirft sich auf den Bauch, ruft Allah! Allah! gelobt sei Gott und Mahomet, sein Prophet! – und gehorcht.

Ich beschloß daher, ohne Paß und so leise als möglich mich aus meiner guten freien Vaterstadt zu schleichen, und ich tat es. Der Paß wurde mir später nachgeschickt; doch habe ich nie erfahren können, aus welchem Grunde er mir einige Tage lang vorenthalten worden. Ich glaube zwar nicht, daß diese Zögerung ein diplomatisches Belieben zur Ursache hatte; doch ist meine damalige Ängstlichkeit noch heute in meinen Augen gerechtfertigt, und ich würde im gleichen Falle auf gleiche Weise handeln. Vor der Revolution sagte ein kluger Franzose: »Wenn man mich beschuldigte, die große Glocke von Notre Dame gestohlen und sie an meine Uhrkette gehängt zu haben, ich würde vorläufig die Flucht ergreifen.« So schlecht war damals die Kriminaljustiz in Frankreich. Nun, mit dem Stehlen, Rauben und Morden ist es in Deutschland so gefährlich nicht, und ich würde, wenn man mich eines solchen Verbrechens beschuldigte, ruhig die Untersuchung abwarten. Nicht aber so bei politischen Vergehen. Käme morgen beim Frühstücke ein Freund zu mir und warnte mich: ich wäre in Verdacht geraten, auf der Frankfurter Börse dreihundert der tapfersten Juden angeworben zu haben, um an deren Spitze am nächsten *Ultimo* nach Mannheim zu ziehen, die Rheinpfalz zu erobern, eine Republik daraus zu bilden und so den monarchischen Streitigkeiten zwischen Bayern und Baden ein Ende zu machen – ich würde mir nicht die Zeit nehmen, meine Stiefel anzuziehen, sondern in Pantoffeln davonlaufen. Ich möchte nicht sagen, daß die deutschen Justiz- und Verwaltungsbehörden minder einsichtsvoll und gerecht wären als die englischen und französischen; aber sobald es sich um sogenannten Hochverrat handelt, verlieren sie die Besinnung, sie wissen nicht, was sie sehen, was sie hören, noch was sie tun; sie haben dann ihren Gott im Auge und sind unmenschlich. Sie beherrscht eine falsche oder eine überspannte Vorstellung von der Göttlichkeit und doch zugleich wieder von der Sterblichkeit, von der Unverletzlichkeit und zugleich wieder von der Verletzbarkeit einer Regierung. Ein politisches Vergehen ist ihnen auch eine Ketzerei, und die Glaubenswut trübt dann ihre Vernunft. Ja, je ehrlicher die Richter, je mehr sie gewohnt sind, ihre Pflicht streng zu erfüllen, umso gefährlicher werden sie dem Unschuldigen wie dem Schuldigen.

Ich erinnere mich, daß ich vor mehreren Jahren mich gegen einen Diplomaten tadelnd ausgesprochen über die Art, wie die preußische Regierung in der Angelegenheit der demagogischen Umtriebe verfahren und wie mancher Unschuldige, unschuldig selbst in dem engen Sinne, wie es die Regierung nahm, durch eine hinschleppende Untersuchung und lange Gefangenschaft so geängstigt und gequält worden, daß dieses ganz einer richterlichen Strafe gleich kam. Der Diplomat antwortete mir mit bewunderungswürdiger Naivetät: Ja, das wären unglückliche Zufälle, die nicht anders anzusehen, als wenn Ziegeln vom Dache fielen und die Vorübergehenden verwundeten. Aber zum Teufel auch! Eine Regierung soll kein Dach sein, und wenn ja ein Dach, eines uns zu schirmen, nicht uns zu verderben. Und sie soll ihre Ziegeln fest machen, daß nicht jeder Windstoß einer Begebenheit, daß nicht der Sturm jeder Leidenschaft sie herabschleudere auf die unten gehenden Bürger. Es ist doch gar zu traurig, wenn man ohne Kopfweh nicht vor einer Regierung vorbeigehen kann!

An einem heitern Oktobertage ging ich über die Sachsenhäuser Brücke, um durch Straßburg nach Paris zu reisen. Der Kriegsrat Reichard gibt es in zwei Sprachen deutlich zu verstehen, einem jungen Menschen, der mit Nutzen reisen wolle, wären folgende Kenntnisse und Übungen ganz unentbehrlich. Nämlich: 1) Naturgeschichte; 2) Mathematik; 3) Mechanik; 4) Geographie; 5) Landwirtschaft; 6) Sprachen; 7) Zeichnen; 8) leserlich und schnell schreiben; 9) Schwimmen; 10) einige medizinische Kenntnisse; 11) schöne Künste, besonders Blasinstrumente, die man auseinanderlegen und sehr bequem in die Rocktasche stecken kann. Außerdem müsse ein reisender Jüngling mehrere spirituöse Dinge mit sich führen, als 1) eine Flasche Vierräuberessig; 2) eine Flasche französischen Branntwein; 3) eine Flasche Schußwasser oder peruanischen Balsam; 4) ein Fläschchen Ammoniaksalz gegen Ohnmachten; 5) ein

Fläschchen Hoffmännsche Tropfen. Von allen diesen Kenntnissen besaß ich wenig, von den medizinischen und chirurgischen Flüssigkeiten gar nichts; sondern ich führte bloß ein zweites Hemd bei mir, schon genannten Kriegsrat und eine kleine nette Ausgabe von den Dynastien des französischen Kaiserreichs: Napoleon I., Napoleon II., Napoleon III. bis Napoleon L. Als einst Napoleon I. in Danzig, nachdem er den Tag über mit den Deutschen gespielt hatte, abends mit seinen Generalen spielte, faßte er eine Hand voll Gold und fragte: *n'est-ce pas, Rapp, les Allemands aiment beaucoup ces petits Napoléons? – Oui, Sire, plus que le grand,* antwortete Rapp. Das hat der Kaiser einige Jahre später auch erfahren. Die Deutschen haben den großen Napoleon auf die Erde geworfen und haben die kleinen Napoleons, ob sie zwar der große alle geschlagen hat, behalten … Diesen Doppelgedanken hatte ich vor dem deutschen Hause.

Bis zur Sachsenhäuser Warte sah ich oft nach Frankfurt zurück; ich fürchtete immer, der Polizeiaktuar *Gravelius* und der lange *Gatzenmayer* würden mich verfolgen. In meiner Angst betrübte es mich besonders, daß ich aus der ganzen Reiseapotheke nicht wenigstens das Ammoniaksalz gegen Übelkeiten mit mir führte. Doch nichts kam hinter mir als eine kleine Kutsche, worin ein vergnügter Lotteriekollekteur saß, bei dem das große Los herausgekommen war oder der es selbst gewonnen hatte und der mit seiner Gattin eine Lustreise machte. Auf meine Bitte waren sie so artig, mich in den Wagen zu nehmen, oder eigentlich auf den Bock, weil der Wagen für drei Personen zu eng war. Als ich die Frankfurter Grenze zurückgelegt hatte, ward ich sehr heiter. Daß Deutschland, welches doch im Grunde ein ungeteiltes Ganze ausmacht, nur immer in Brüchen gezählt wird und daß man, statt zu sagen: *Österreich*, sagt: *der deutsche Bund*, nämlich 39/39 – das hat mich zwar immer nicht weniger geärgert, als es den Armenadvokat Siebenkäs verdroß, wenn seine Frau sagte: es hat vier Viertel auf vier geschlagen. Doch fiel mir in Langen bei, daß diese Verbalzerstückelung des Landes auch für kleine Spitzbuben nützlich sei; denn da eine Behörde oft schon für die zweite Meile Requisitorialien braucht, so kann, bis diese konzipiert und mundiert sind, ein Spitzbube schon einen guten Vorsprung gewinnen. Es kamen uns mehrere Boten entgegen, die im raschen Vorübergehen dem Kollekteur die in der Darmstädter Lotterie herausgekommenen Gewinste zuriefen. Fortuna auf der Chaussee kam mir wunderlich vor; aber der Kollekteur schien zufrieden. Als wir uns Darmstadt nahten, bat ich dringend, mich, bis wir die Stadt hinter uns hätten, in den Wagen zu nehmen. Dies ward mir zugestanden. Ich für meine Person bin zwar ziemlich hager; aber der dicke Passagier in meiner Rocktasche inkommodierte die schöne Kollektrice ganz ungemein. Die guten Leute dachten gewiß, ich hätte Ehrgefühl und ich schämte mich, in einer großherzoglichen Residenz mich auf einem Bocke zu zeigen. Das hatte aber einen ganz andern Grund. Ich wollte mich nämlich vor einem Gesandten verbergen, an dessen Wohnung wir vorüberfahren mußten, und der, wie mir ahndete, meine geheime Gesinnung noch einmal dechiffrieren würde. Auch ist diese Ahndung einige Monate später eingetroffen, wie ich es in der Folge meinem neugierigen Tagebuche erzählen werde. Zwar ist die Geschichte alt und mein Gedächtnis schwach; doch in unsern Tagen braucht man kein Gedächtnis, um dumme Gewalttätigkeiten nicht zu vergessen.

In Mannheim, wo ich meinen Paß fand, setzte ich mich in den Postwagen und fuhr nach Straßburg. Wie wohl war mir, als ich die französische Grenze erreicht hatte! Ich fühlte mich frei. In diesem Lande, dachte ich, wird wohl ein ehrlicher Mann auch gehudelt; ist er aber nicht dumm oder feige, hudelt er die Hudeler wieder. Hier wird man auch geprügelt; aber man wehrt sich. Hier wird man auch geschimpft, aber es *beschimpft* nicht, denn man schimpft zurück. Bei uns aber wird man gescholten und muß schweigen wie ein Bedienter; man wird geschlagen wie ein Hund und darf nicht heulen wie ein Hund! Bei Prügeleien kömmt es gar nicht darauf an, wer mehr Prügel bekommt, wir oder unsere Gegner; es kommt nicht auf die größeren oder geringeren Schmerzen, nicht auf die größern oder kleinern blauen Flecken an; sondern darauf, daß wir unsere Ehre behaupten und uns zur Wehre setzen. Auch weiß es ein bedächtiger Mann immer so einzurichten, daß er die erste Ohrfeige gibt.

Am Jahrestage der Leipziger Schlacht kam ich durch die Champagne. Der 18. Oktober wird in Deutschland nur noch von den freien Städten gefeiert. Es geschieht dies, um die Londoner Kaufleute portofrei zu benachrichtigen, daß alles noch gut für sie stehe, und um die hohen vergeßlichen Aliierten jährlich einmal an ihr Versprechen zu erinnern. Es war Weinlese, und die jungen Winzerinnen warfen Körbe mit Trauben in den vorübereilenden Postwagen, es wagend, ob man ihnen ein Stück Geld dafür zurückwerfen werde. Ich nahm und bezahlte einen großen Vorrat, und essend und vergessend kam ich an die Barrieren von Paris.

– Diesen Morgen fand ich am Saume eines waldigen Hügels unter einer Eiche eine junge Vagabundin gelagert, die auf dem Rücken in einem Bettelsacke einen goldgelockten Knaben trug. Das Kind war ihr ganzes Gepäck. Der Bube war seit seiner Geburt nicht gewaschen worden; aber durch die dunklen Wolken seines Gesichts blitzten feuerrote Wangen. Die Sonne schien so warm auf ihn herab, als wäre sie seine Mutter und er ein Königssohn. Sie hat ihn selbst gesäugt, und er wird stark werden. Gras und Bäume verneigten sich vor ihm; die Vögel des Waldes, flüsternde Höflinge, zwitscherten um ihn, und ein sanfter Wind schmeichelte seinen launischen Locken. Wie glücklich ist dieses Kind! rief ich aus. Sorgenlos von der sorgenlosen Mutter von Dorf zu Dorf, von Feld zu Feld, von Wald zu Wald getragen! Es hat nichts zu verlieren, das Leben ist ihm ein Glücksspiel ohne

Nieten, und kömmt nur seine Nummer heraus, muß es gewinnen. Vielleicht wird der Bube einmal gehenkt; aber das bringt keine Sorgen, das schafft sie weg. Wie langweilig und abgeschmackt ist es aber, ein Kind honetter Eltern zu sein und selbst ein ehrlicher Mensch zu werden und sein gutes Auskommen zu haben! Wir dummen Esel, statt frei umherzugrasen, wo sich eine Wiese findet, beladen uns mit Säcken voll Getreide, das nicht uns gehört, und schleppen es dem reichen Müller Tod zu, der es für den genädigen Herrn Wurm mahlt und siebt! Alles hat, wer nichts hat; wer viel, hat immer zu wenig. Hoch lebe die Lumperei! Und abermals hoch! und zum dritten Male hoch!

Ähnliche Gefühle, als mir heute die so glückliche unbeladene Vagabundin einflößte, hatte ich, als ich frei und ohne Gepäck, wie sie, in Paris ankam. Hineingeworfen in dieses von ewigen Winden bewegte, tosende Meer, schwamm ich keck darin herum, als wäre ich in dem Elemente geboren; denn ich wußte gewiß, daß ich spezifisch leichter sei. An den drei französischen Mautgrenzen, die mich mit Stolz erfüllten, weil sie mich an den viel zolligeren Mautfuß meines geliebten Vaterlandes erinnerten, wurden alle Koffer, Säcke und Bündel der begüterten Passagiere bei Regenwetter von dem Postwagen herab auf die Erde geworfen, geöffnet und untersucht, und die armen reichen Leute mußten verdrüßlich alles selbst wieder in Ordnung bringen und waren unendlich besorgt, es möchte etwas herausfallen und verloren gehen, und waren geplagt wie die armen Teufel und jammerten, daß es ein Mitleid war. Ich aber sah dieses alles aus dem Fenster des Wirtshauses schadenfroh mit an, rieb mir vor Vergnügen die Hände, und als absoluter Monarch meiner Zeit benutzte ich sie, teils nützlich, indem ich mich unter den Postillionen im Französischen übte, teils angenehm, indem ich die Weine des Landes versuchte, teils beides zugleich, indem ich meine Schlafbegierde stillte.

Robert Schumann

Brief an die Mutter

25. Mai 1829

Es war der 13. Mai, nachmittags um ein halb drei Uhr, als ich in Frankfurt einzog, freilich etwas ärmlicher wie die deutschen Kaiser zur Krönung, aber im Herzen ebenso reich wie alle. Das erste, was ich natürlich tat, war, wie ein Phönix aus dem Staube des Postwagens aufzutauchen, das andere, ein solides Beefsteak zu verzehren. Mit Willibald Alexis stieg ich dann durch die interessante Stadt und an den Ufern des Mains hin und her. Der Himmel war ganz klar und blau, die Anlagen und Promenaden um Frankfurt suchen ihresgleichen, und die Leipziger stehen ziemlich leer dagegen da; in der Ferne zog sich durch das Goldblau des sinkenden Abends die schwärzlichblaue Riesenkette des Taunusgebirges in scharf geschnittenen Rändern fort; der Main flatterte wie ein Silberband durch den Blütengarten des Frühlings; Tausende von Mädchen zogen paarweise durch die Alleen, die Kinder spielten jubelnd ... Es wurde stiller und stiller; das Mondauge glänzte durch die weißen Blüten; die Nachtigallen schlugen alle entzückt, und der flatternde Flieder und die wogenden Akazien dufteten stark; ich ging ziellos umher von Nord nach Süd, von Ost nach West, mir war es so, als müßt ich in einem schönen Traum hier schon einmal gewesen sein; in den Gartenhäusern verlöschte das letzte Licht, nur einen Menschen, es muß ein Mädchen gewesen sein, hört ich noch bis tief in die Nacht Klavier spielen; wie sie geschlossen hatte, stand ich aus meiner Akazienlaube auf und ging stumm und recht gedankenlos fort und weiter. »Vier Kreuzer Einlaß«, brüllte mir der Torwärter am Tor entgegen – ich gab sie ihm, lachte und war wieder auf der sumpfigen Erde. Dann schlief ich sanft ein, und mir träumte von Zwickau.

Meine Zigarre war eben während dieses letzten Freudenhimmels meines Reiselebens ausgegangen; jetzt geht es aber wieder frisch; beiläufig, so bemerk ich zu meiner großen Freude, daß ich heute gar schön und deutlich schreibe.

Wenn ich am gestrigen Tage eine poetische Wanderung machte, so macht ich am 14. eine historische, antiquarische oder Kunstreise; gleich am Morgen überfiel mich eine außerordentliche Sehnsucht, Klavier zu spielen; ich ging getrost zum ersten besten Instrumentenhändler, gab mich für den Hofmeister eines jungen englischen Lords aus, der sich einen Flügel kaufen wollte, und spielte so, begafft und beklatscht, drei ganze Stunden lang; ich sagte, ich würde in zwei Tagen Antwort sagen, ob der Lord ihn kaufen würde; da war ich aber schon längst in Rüdesheim und trank Rüdesheimer. Es macht mir nichts mehr Vergnügen auf Reisen, als in fremden, alten Städten ziellos und ohne alle Führung durch alle Schlupfwinkel und Winkelzüge der Stadt herumzuziehen; Willibald Alexis hatte denselben Wunsch, und so pilgerten wir vier Stunden lang in den ältesten Teilen der Stadt herum. Wieviel mannigfaltiger, interessanter und poetischer ist ein solcher Bau, wo man mit jeder Minute auf eine andere Gegend der Stadt stößt, als so eine schnurgerade, gleichförmige, symmetrische, zwei Stunden lange und langweilige Straße in unserem Bausystem! Nachmittags waren wir zum Legationsrat Georg Düring gebeten, wo wir nur dessen (höchst interessante) Frau und die Frau des Ferdinand Ries, eine bild-bildschöne Engländerin, trafen. Wenn sie englisch sprach, so klang es wie Engelsgelispel. Die Unterhaltung war meist französisch, was ich besser als Willibald Alexis sprach und dem alten Bodmer im stillen zum ersten Mal herzlich Dank wußte. Mit Düring gingen wir sodann ins Städelsche Museum, in Goethes Geburtshaus und in den Bethmannschen Garten.

Johann Ludwig Deinhardstein

Vergnügungen zur Messezeit um 1830

Da es eben Zeit der Messe war, so wimmelte alles von Wagen und Pferden. In der Stadt war noch eine größere Lebendigkeit als sonst wahrzunehmen, besonders auf dem großen Platze. Allenthalben waren Zelte und Buden errichtet, Schaugegenstände jeder Art enthaltend, die Käufer anzulocken. Sogar auf die liebe Jugend war es abgesehen. Affen und Hunde zogen durch die Stadt; unter erleuchteten Zelten waren Ringelrennen zu sehen. Überall hörte man Drehorgeln, zuweilen vom Gesange begleitet; ein munteres, regsames Leben wogte durch alle Straßen.

Da das Theater in Frankfurt um 6 Uhr Abends beginnt, durfte ich mich nicht zu lange in die Betrachtung der Stadt einlassen, denn es war schon nahe an 5 Uhr, als ich angekommen war. Man gab zwei kleine Stücke, beide zum ersten Mal. »Der Dichter im Versammlungszimmer«, Lustspiel in einem Akt von Holtey, und »die Mitschuldigen«. Beide Stücke wurden ziemlich gut dargestellt, doch schienen die Schauspieler zu dem ersten keine sonderliche Lust zu haben. Es schien mir dieses, dem Inhalte nach, zu Goethe's letztem Geburtsfeste bestimmt gewesen zu seyn, und konnte, darauf berechnet, da die Zeit vorüber war, keine Wirkung mehr haben. In den Mitschuldigen zeigte sich Herr Mayer als wackerer Künstler. Die Vorzüglichkeit der Dem. Lindner ist hinlänglich bekannt, nur nahm sie, meiner Ansicht nach, die Rolle der Wirthstochter etwas zu sentimental. Was die Aufnahme dieses Stückes von Seite des Publikums betrifft, so war das Mißfallen, welches dasselbe hierüber äußerte, in mehr als einer Beziehung merkwürdig. Viele, welche mehr als ein Vierteljahrhundert großes Vergnügen an Kotzebue'schen Miseren und Obscönitäten genommen, wollten hier auf einmal, ein Paar Stellen aus dem Zusammenhange reißend, die Sittenrichter spielen, und vergaßen dabei, daß das Stück seit undenklicher Zeit auf allen deutschen Theatern eingebürgert war, dafür haltend, es sey vielleicht vor ein Paar Tagen aus Goethe's Feder geflossen. Doch muß ich Dir mit Vergnügen bemerken, daß diese, das Werk des Meisters so harten, und durch die Verhältnisse, unter welchen es dargestellt erschien, so empfindlich verletzenden Äußerungen des Mißfallens an demselben, nur das Werk Einiger waren, die Mehrzahl aber, und darunter die Gebildeten, wie ich noch an demselben Abende erfuhr, die vollste Indignation über jenes unwürdige Benehmen äußerte. Nur Gemeinheit oder Unverstand können bei der Mißhandlung eines der Kunst redlich und erfolgreich zugewendeten Mannes Vergnügen empfinden; jeder, dem die Kunst am Herzen liegt, wendet sich mit Ekel und Verachtung weg, wenn die Gemeinheit einen Triumph feiert.

Das Theater ist ziemlich groß, hat ein Parterre und drei nach Art der Weimarer Bühne verzierte Gallerien. Zu jeder Seite der Bühne befinden sich drei eng vergitterte Logen für das Schauspieler-Personale. Über dem Vorhange ist eine beleuchtete Uhr angebracht. In der Mitte des Theaters hängt ein sehr geschmackvoller Luster. Im Parterre sind keine Sperrsitze, sondern nur lange, mit Leder überzogene Bänke ohne Lehnen. Nach den Stücken stellten die Herren Manché und Darras gymnastische Kunststücke dar. Sie sind die besten dieser Art, die mir je vorgekommen, musterhaft in ihren Stellungen, fast das Unglaubliche an Kraft und Geschicklichkeit wirkend. Der eine dieser Leute hing sich fast an der Decke des Bühnenraumes mit einem Fuße in den an einer Säule angebrachten Ring, den Kopf zur Erde gesenkt, dann nahm er in dieser Stellung den Andern bei der Hand, der nun gleichfalls schwebend hing, und nun wurde die Maschine, an welcher der Erstere befestiget war, in Gang gesetzt, worauf sich dieser, den Zweiten immer an der Hand haltend, durch volle acht Minuten mit einer solchen Schnelligkeit im Kreise herumdrehte, daß sich aller Zuschauer ein Schauder bemächtigte. Das Ding brachte denn begreiflicher Weise eine bessere Wirkung als die Mitschuldigen hervor.

Mein erster Gang am andern Tage war, den Markt genauer zu besehen. Es ist wirklich viel Eigenthümliches daran. In allen Straßen und Plätzen waren Buden aufgeschlagen. In den Hallen wurden Waaren aller Art feil geboten. Aus den Fenstern hiengen Musterstoffe von Tapeten und farbigen Zeugen. Allenthalben liefen Tafeln aus den Häusern, Namen und Aufenthaltsort der Verkäufer bezeichnend, darunter viele aus Böhmen, besonders die der Glaswaaren betreffend. Ein starker Handel wird hier mit Glasperlen betrieben, womit ich mehrere Buden angefüllt sah, sämmtlich in Böhmen erzeugt. Auch aus Wien waren mehrere Handelsleute da, die meisten darunter mit Shawls. Sogar der Main ist mit Schiffen bedeckt, auf welchen Waaren, besonders Steingut, zierlich geordnet zum Kaufe geboten werden. Alles lebt und regt sich auf eine Weise, die freudig zu nennen, die der Drehorgeln ausgenommen, welche am Tage und bei der Nacht nicht ruhen, und mit ihrem eintönigen Gequicke, meistens Raimund's Aschenlied ableiernd, unausstehlich quälen. Aller dieser Belebtheit ungeachtet, soll der dießjährige Markt mit dem anderer Jahre den Vergleich nicht aushalten, da viele Verkäufer, besonders die Niederländer, auf die Nachricht der ausgebrochenen Unruhen Frankfurt verließen. Aus Paris dagegen fand ich noch viele Handelsleute da.

Eduard Beurmann

Die Main-Lust

Ganz Frankfurt ist eigentlich die Main-Lust. So weit der Main fließt, mag er keinen frühlingsartigeren Anblick bieten, als da, wo er Frankfurt bespült. Wenn man auf der Sachsenhäuser Brücke, neben dem goldglänzenden Hahn steht, so funkelt Einem die Stadt so buntfarben entgegen, daß man, auch wenn man kein Frankfurter ist, nothwendigerweise ausrufen muß: »Frankfurt, du schöne Stadt, du Königin unter den Städten des südlichen Deutschlands, du lebenglühend' Herz Deutschlands!« Aber die »Main-Lust« in der Main-Lust gehört Herrn Ried, und wer in Frankfurt gewesen, und sie nicht gesehen, dem mag man schon zurufen: »In Rom gewesen und den Pabst nicht gesehen.«

Sie ist der freundlichste Pabst in der Christenheit. Ihr grüner Fuß badet sich im Main; ihr blüth- und baumgekröntes Haupt strebt zum Azur des Himmels empor: sie ist ein St. Peter, der den Schlüssel zum Himmelreich der Freude in Händen hält.

Am Unter-Main-Thor liegt die Main-Lust. Durch ein Gitterthor betritt der Besuchende den Garten, und ein schattiger Baumgang führt zu dem Tummelplatz des Vergnügens. Anmuthige Pavillons erheben sich hier mit stattlichen Sälen; ein Musik-Chor läßt die Freude erschallen; ein reicher Frauen-Flor entfaltet sich unter den Baumgruppen, lebendige Blumen neben den schweigsamen auf dem grünen Teppich.

Der lebensfrohe, heitere Geist des Südens spricht Einen hier allenthalben an. Man fühlt es, man ist dem Weinlande nahe. Das Blut fließt hier leichter, als im Norden, die Unterhaltung ist hier nicht so geheimnißvoll und abgeschlossen, wie im Kaffe-Lande; auch die Frauenzimmer trinken Wein aus Biergläsern, mit Selters-Wasser, und die Freude perlt aus dem golden blinkenden Rebensafte, wenn im Norden nur die Klatschsucht aus dem Kaffe eingeschlürft wird.

Man ist hier gemüthlich und mainlustig, und süß und weich, wie der Kuchen des Herrn Ried; man ist hier feurig, wie Johannisberger, und anmuthig-piquant, wie Selters-Wasser. Ich glaube sogar, man könnte hier das Geld vergessen. Habe ich daselbst doch schon die Sorgen vergessen und Polen und Sibirien, die Armuth und den Edelsinn von Europa, sogar die Quadrupel-Allianz, die dem Stiergefechte in Spanien zusieht.

Die Main-Lust ist im Frühling und Sommer ein ewiges Lächeln, und selbst Herr Ried, der sonst gewöhnlich ernst und feierlich aussieht, als habe er nie einen Rausch gehabt und nie ein Weib berührt, lächelt im Frühling und Sommer, wenn Alles jubelt und jauchzt, die Messer und Gabel klirren, die Gläser klingen, über die ungeheure Freude, die ihn so viel Wein kostet, und so viel Geld einbringt.

Herr Ried ist ein umsichtiger Mann, und er hat klug gethan, daß er die Main-Lust-Kolonie gegründet hat. Sie ist die schönste Kolonie in Deutschland. Ich ziehe sie sogar den neuen Kolonien in Amerika und Polen vor. Hier gilt Freiheit und Gleichheit, und wenn Hr. Ried erst ein reicher Mann geworden, und den Wein umsonst schenkt, so wird's in seinem Eldorado ein Leben, wie im Himmel seyn.

Von Frankfurt bis zur Main-Lust, aus dem Wust in die Lust, ist nur ein Schritt. Der Weg dahin ist schon eine Lust; unter Guioletts Promenaden gelangt man zu ihr.

Und wenn man nun endlich einen Platz erhalten an dem dicht besetzten Tische, wenn man endlich eines der dienstbaren Geister des Main-Lust-Oberon's habhaft geworden und mit dem Nothwendigsten versehen, die Blicke umherschweifen läßt, den Main hinauf, den Main hinunter, dem Frankenlande und Rheinlande zu, und über die Darmstädter Warte hinaus zu der Bergstraße und dem Odenwalde, wo der Spuk des wilden Jägers sein Wesen treibt; wenn man sie dann zurückleitet, und auf das ehrwürdige Antlitz Frankfurts wendet, auf das Münster der Bartholomäuskirche, auf die Gala, auf die ganze Herrlichkeit der alten Wahlstadt, da wird einem so poetisch und so historisch zu Muthe, wie es Einem nur immer bei einer Flasche Forster zu Muthe werden kann. Man kann sich weit hinwegträumen, weit hinweg im Anschauen Frankfurts verloren, weit vorwärts, weit rückwärts; aber die Träume, die Einen umgaukeln und sich gen Ingelheim verlieren, wo Karl der Große geboren wurde, oder in den grünen Rheinstrom hinabtauchen, wo die Romantik unter Weinreben blüht, oder zum Münster der Bartholomäuskirche emporschweben, oder vorwärts in Deutschlands fernste Zukunft, die keinem deutlich vorliegt, weil die Gegenwart noch gar so bunt ist, die aber eine Zukunft der Humanität und Intelligenz seyn wird, wenn anders die Welt-Geschichte das Weltgericht ist, diese Träume sind liebliche Träume, mainlustige Träume. Man kann im Römer groß und erhaben träumen; aber es mischt sich dort zu viel Bitterkeit in den Traum. In der Main-Lust träumt man süß und wonniglich, denn die Hoffnung glänzt einem von allen Seiten entgegen. »Das Leben ist doch schön«, und es läßt sich mit allem Fug eine Zeit erwarten, wo die Aufklärung mit der Natur Hand in Hand gehen wird, um allen vom Weibe Geborenen das Leben gleich schön zu machen.

Wenn in geistiger Hinsicht die Welt eine Main-Lust geworden, dann wird Einem der Forster noch einmal so gut bei Herrn Ried munden, oder vielmehr bei demjenigen, der sein Nachfolger ist; denn so schnell wird's nun nicht mit der geistigen Main-

Lust gehen. Doch die Zeit wird auch kommen. Sprach doch Huß, der Böhme: »Heute bratet ihr eine Gans; aber über hundert Jahre wird ein Schwan geflogen kommen, den werdet ihr ungebraten lassen.« Und der Schwan kam wirklich geflogen; er trug die Reformation in seinem Schnabel, und wurde ein Adler, der zu Worms Fürsten und Reich gegenübertrat. Man hat ihn wirklich ungebraten gelassen.

Die Herrlichkeit bei Herrn Ried dauert bis spät in die Nacht hinein. Abends flimmert es im Garten von unzähligen Lichtern, und über das Wasser tönt es in allen Weisen herüber, je nachdem Mozart, Beethoven, Herold, Boildieu, oder Strauß und Lanner in die Saiten greifen. – Es ist Abends gar zu abendeinladend auf der Main-Lust, selbst wenn keine Nixen aus dem Main tauchen, und keine Elfen in den Bäumen flüstern. Die Freude ist schon an und für sich so poetisch, daß sie, ohne allen Zusatz, einem dichterischen Gemüthe zusagt. Blickt man zum Himmel mit den goldenen Sternen-Blumen, zu den dunkelgrünen Bäumen und den dunkelgrünen Römern mit Rheinwein gefüllt, und endlich in den mondbeschienenen Mainstrom, der schweigsam und eilenden Schrittes zum Rheine eilt, wie kann man da nur prosaisch bleiben!

Stände die Entreprise weit weg im nördlichen Deutschland, so würde man freilich mehr in die Prosa zurückgeführt werden; aber im Süden ist zu viel Natur-Gemüth unter den Leuten, als daß es sich nicht mehr, oder weniger der Main-Lust anschmiegen sollte. Wenn auch dorthin Geld und Mode den Eingang finden, sie werden doch leichter im Weine hinuntergespült, als im Norden, wo nur »Kaffee und Kaffee, Grog und Grog!« das Motto ist.

Im Norden sieht man nur Frauenzimmer mit Strümpfen in den Händen, oder vielmehr Strümpfe mit Frauenzimmern; im Süden sieht man doch auch Frauenzimmer – und zwar die Meisten – ohne Strümpfe in den Händen. Es ist fürchterlich, wenn ein Frauenzimmer in der Natur die Langeweile in den Strickstrumpf hinein zu stricken sucht, wenn sie da sitzt, mehr ein Strumpf als ein Frauenzimmer. Man denkt unwillkürlich bei solchen Schönen: »das Leben ist ein Strumpf«, oder »ein Strumpf ist das Leben«. Die Welt und die Freuden liegen vor ihr im rosenfarbenen Gewande, und sie denkt an den Strumpf; für sie ist ein Strumpf das Höchste. Bei einem Strumpf spricht sie über die Kunst, über die Unsterblichkeit und den Haushalt, über ihre Kinder, die so viele Strümpfe und Schuhe kosten. Wenn es keine Strümpfe in der Welt gäbe, so würde eine solche Schöne die gräßlichste Langeweile haben. Sie ist nur da, um Strümpfe zu stricken. Gottlob! in der Main-Lust gibt es doch mehr Frauenzimmer, als Strümpfe.

Aber es ist daselbst auch gemüthlicher, als auf der Promenade; man erblickt dort mehr Menschen, als Mode. Man will denn doch nun einmal die Main-Lust genießen, und da muß man sich denn in einander und neben einander schicken. Man läuft hier nicht neben einander hin, sondern schließt sich aneinander an, und zwar, wenn es recht menschenvoll ist, im dichten, engen Kreise. Da wird's denn freundlicher, der Wein thaut auch hier und da die Herzen auf, und die Freude erglimmt, und schlägt oft in lichte Flammen auf. Man schüttelt den Staub des Alltagslebens ab, und wird ein Mensch unter Menschen. Oft wird's im Garten so überfroh, daß es Einem ganz weltabgeschieden vorkommt. Es dünkt Einem, als jubeln lustige Gnomen- und Elfen-Gestalten unter den hellbeleuchteten Bäumen. Nur Herr Ried, der mit ernstem, berechnenden Gesichte durch die Reihen schleicht, rechts und links seine Bücklinge macht und eine Prise Schnupftabak über die andere nimmt, führt Einen aus der Poesie in die Wirklichkeit zurück. – Ich gönne ihm von Herzen den Verdienst aus der Main-Lust, und rufe ihm gern bei jeder Prise Schnupftabak zu: »Wohl bekomm's!«

Bettina von Arnim

Goethes Briefwechsel mit einem Kinde

An Goethe

[...] Unten am Sockel hab ich, *ein Frankfurter Kind wie Du*, meiner guten Stadt Frankfurt Ehre erzeugt: an beiden Seiten des Sockels, die Du nicht siehst, sollen Deine Werke eingegraben werden, von leichtem, erhabnem Lorbeergesträuch überwachsen, der sich hinter den Pilastern hervordrängt und den Frankfurter Adler an der Vorderseite reichlich umgibt und krönt; hinten können die Namen und Wappen derjenigen eingegraben werden, die dieses Monument verfertigen lassen. Dies Monument, so wie ich's mir in einer schlaflosen Nacht erdacht habe, hat den Vorteil, daß es Dich darstellt und keinen andern, daß es in sich fertig ist, ohne Nebenwerke Deine Weihe aussprechend, daß es die Liebe der Frankfurter Bürger ausspricht und auch das, was ihnen durch Dich zuteil geworden; und dann liegt noch das Geheimnis der Verklärung, die Deine sinnliche, wie Deine geistige Natur, Dein ganzes Leben lang vor aller Gemeinheit bewahrt hat, darin. Gezeichnet mag es schlecht sein, und wie könnte es auch anders, da ich Dir nochmals versichern kann, daß ich nie gezeichnet habe, um so überzeugter wirst Du von der Wahrhaftigkeit meiner Inspiration sein, die es gewaltsam im Zornesfeuer gegen den Mangel an Beschaulichkeit in dem Künstler, der dies der Welt heilige Werk vollenden soll, hervorgebracht hat. Wenn überlegt würde, wie bedeutend die Vergangenheit die Zukunft durchstrahlen soll in einem solchen Monument, wie die Jugend einst, die Dich nicht selbst gesehen, mit feurigem Auge an diesem nachgebildeten Antlitz hängen wird, so würden die Künstler wohl den heiligen Geist auffordern, ihnen beizustehen, statt auf ihrem akademischen Eigensinn mit eitler Arroganz loszuhämmern. Ich zum wenigsten rufe den heiligen Geist an, daß er Zeugnis gebe, daß er mir hier beigestanden, und daß er Dir eingebe, es mit vorurteilslosem Blick, wo nicht von Güte gegen mich übervorteilt, zu beschauen. Ich habe eine Durchzeichnung an *Bethmann* geschickt, auf dessen Bitte ich es gewagt habe, die Erfindung, die ich bei seinem Hiersein gemacht, zu zeichnen. Ist es nicht zu viel gefordert, wenn ich Dich bitte, mir den Empfang des Bildes mit wenigen Worten anzuzeigen?

Am 11. Januar 1824

Bettine

An den Freund

[...] Es sind jetzt acht Jahre her, daß ein hiesiger Künstler die Gefälligkeit hatte, mit mir eine Skizze in Ton von diesem Monument zu machen, es steht in Frankfurt auf dem Museum, man war sehr geneigt, es in Ton ausführen zu lassen, da gab *Goethe* das Frankfurter Bürgerrecht auf, dies verminderte zu sehr das Interesse für ihn, als daß man noch mit der Energie, die dazu nötig war, die Sache betrieben hätte, und so ist's bis heute unterblieben. Ich selbst hab oft in mich hineingedacht, was meine Liebe zu ihm denn wohl bedeute, und was daraus entspringen könne, oder ob sie denn ganz umsonst gewesen sein solle, da fiel mir's in diesen letzten Tagen ein, daß ich so oft schon als Kind überlegte, wenn er gestorben wär, was ich da anfangen solle, was aus mir werden solle, und daß ich da immer mir dachte, auf seinem Grab möchte ich ein Plätzchen haben, bei seinem Denkmal möchte ich versteinert sein wie jene Steinbilder, die man zu seinem ewigen Nachruhm aufstellen werde; ja, ich sah im Geist mich in ein solches Hündchen, das gewöhnlich zu Füßen hoher Männer und Helden als Sinnbild der Treue ausgehauen liegt, darein möcht ich mich verwandeln. Heute nacht dachte ich daran, daß ich früher öfter in solche Visionen versunken war, und da war mir's so klar, daß dies der Keim sei zu seinem Monument, und daß es mir obliege, seine Entstehung zu bewirken. Seit ich diesen Gedanken erfaßt habe, bin ich ganz freudig und habe große Zuversicht, daß es mir gelingen werde. *Goethe* sagte mir einmal folgende goldne Worte: »Sei beständig, und was einmal göttlicher Beschluß in dir bedungen, daran setze alle Kräfte, daß du es zur Reife bringest. Wenn die Früchte auch nicht derart ausfallen, wie du sie erwartest, so sind es doch immer Früchte höherer Empfindung, und die allseitig erzeugende lebenernährende Natur kann und soll von der ewigen göttlichen Kraft der Liebe noch übertroffen werden.« – Dieser Worte gedenkend, die er damals auf unsre Liebe bezog, und ihnen vertrauend, daß sie noch heute meine schwache Natur zum Ziel leiten, werde ich verharren in diesem Beschluß; denn solche Früchte erzeugt die Liebe: wenn es auch die nicht sind, die ich damals erwartete, so traue ich doch seiner Verheißung, es werde mir gelingen.

Zur Geschichte des Monuments gehört noch, daß ich es selbst zu *Goethe* brachte. Nachdem er es lange angesehen hatte, brach er in lautes Lachen aus; ich fragte: »Nun! Mehr kannst du nicht als lachen?« Und Tränen erstickten meine Stimme. – »Kind! Mein liebstes Kind!« rief er mit Wehmut, »es ist die Freude, die laut aus mir aufjauchzt, daß du liebst, mich liebst; denn so was konnte nur die Liebe tun.« – Und feierlich mir die Hände auf den Kopf legend: »Wenn die Kraft meines Segens etwas vermag, so sei sie dieser Liebe zum Dank auf dich übertragen.« – Es war das einzigemal, wo er mich segnete, anno 24 am 5. September.

Schön wie ein Engel warst Du, bist Du und bleibst Du, so waren auch in Deiner frühesten Jugend aller Augen auf Dich gerichtet. Einmal stand jemand am Fenster bei Deiner Mutter, da Du eben über die Straße herkamst mit mehreren andern Knaben, sie bemerkten, daß Du sehr gravitätisch einherschrittst, und hielten Dir vor, daß Du Dich mit Deinem Gradehalten sehr sonderbar von den andern Knaben auszeichnetest. – »Mit diesem mache ich den Anfang«, sagtest Du, »später werd ich mich noch mit allerlei auszeichnen«; »und das ist auch wahr geworden«, sagte die Mutter.

Einmal zur Herbstlese, wo denn in Frankfurt am Abend in allen Gärten Feuerwerke abbrennen und von allen Seiten Raketen aufsteigen, bemerkte man in den entferntesten Feldern, wo sich die Festlichkeit nicht hin erstreckt hatte, viele Irrlichter, die hin und her hüpften, bald auseinander, bald wieder eng zusammen, endlich fingen sie gar an, figurierte Tänze aufzuführen, wenn man nun näher drauf los kam, verlosch ein Irrlicht nach dem andern, manche taten noch große Sätze und verschwanden, andere blieben mitten in der Luft und verloschen dann plötzlich, andere setzten sich auf Hecken und Bäume, weg waren sie, die Leute fanden nichts, gingen wieder zurück, gleich fing der Tanz von vorne an; ein Lichtlein nach dem andern stellte sich wieder ein und tanzte um die halbe Stadt herum. Was war's? – *Goethe*, der mit vielen Kameraden, die sich Lichter auf die Hüte gesteckt hatten, da draußen herumtanzte.

Das war Deiner Mutter eine der liebsten Anekdoten, sie konnte noch manches dazu erzählen, wie Du nach solchen Streichen immer lustig nach Hause kamst und hundert Abenteuer gehabt usw. – Deiner Mutter war gut zuhören! –

In seiner Kleidung war er nun ganz entsetzlich eigen, ich mußte ihm täglich drei Toiletten besorgen, auf einen Stuhl hing ich einen Überrock, lange Beinkleider, ordinäre Weste, stellte ein Paar Stiefel dazu, auf den zweiten einen Frack, seidne Strümpfe, die er schon angehabt hatte, Schuhe usw., auf den dritten kam alles vom Feinsten nebst Degen und Haarbeutel, das erste zog er im Hause an, das zweite, wenn er zu täglichen Bekannten ging, das dritte zum Gala; kam ich nun am andern Tag hinein, da hatte ich Ordnung zu stiften, da standen die Stiefeln auf den feinen Manschetten und Halskrausen, die Schuhe standen gegen Osten und Westen, ein Stück lag da, das andre dort; da schüttelte ich den Staub aus den Kleidern, legte frische Wäsche hin, brachte alles wieder ins Geleis; wie ich nun so eine Weste nehme und sie am offnen Fenster recht herzhaft in die Luft schwinge, fahren mir plötzlich eine Menge kleiner Steine ins Gesicht, darüber fing ich an zu fluchen, er kam hinzu, ich zanke ihn aus, die Steine hätten mir ja ein Aug aus dem Kopf schlagen können; – »nun es hat Ihr ja kein Aug ausgeschlagen, wo sind denn die Steine, ich muß sie wiederhaben, helf Sie mir sie wieder suchen«, sagte er; nun muß er sie wohl von seinem Schatz bekommen haben, denn er bekümmerte sich gar nur um die Steine, es waren ordinäre Kieselsteinchen und Sand, daß er den nicht mehr zusammenlesen konnte, war ihm ärgerlich, alles was noch da war, wickelte er sorgfältig in ein Papier und trug's fort, den Tag vorher war er in Offenbach gewesen, da war ein Wirtshaus zur Rose, die Tochter hieß das schöne *Gretchen*, er hatte sie sehr gern, das war die erste, von der ich weiß, daß er sie lieb hatte. [...]

An Bettine

Frankfurt, am 28. Juli

Gestern war Feuer am hellen Tag hier auf der Hauptwach, grad mir gegenüber, es brannte wie ein Blumenstrauß aus dem Gaubloch an der Kathrinenpfort. Da war mein best Pläsier die Gassenbuben mit ihren Reffs auf dem Buckel, die wollten alle retten helfen, der Hausbesitzer wollt nichts retten lassen, denn weil das Feuer gleich aus war, da wollten sie ein Trinkgeld haben, das hat er nicht geben, da tanzten sie und wurden von der Polizei weggejagt. – Es ist viel Gesellschaft zu mir kommen, die wollten alle fragen, wie ich mich befind auf den Schreck, und da mußt ich ihnen immer von vorne erzählen, und das ist jetzt schon drei Täg, daß mich die Leut besuchen und sehen, ob ich nicht schwarz geworden bin vom Rauch. Dein *Melinchen* war auch da und hat mir ein Brief gebracht von Dir, der ist so klein geschrieben, daß ich ihn hab müssen vorlesen lassen, rat einmal von wem? –

Die *Meline* ist aber einmal schön, ich hab gesagt, die Stadt sollt sie malen lassen und sollt sie auf dem Ratsaal hängen, da könnten die Kaiser sehen, was ihre gute Stadt für Schönheiten hat. Deine Brüder sind aber auch so schön, ich hab meiner Lebtag keine so schöne Menschen gesehen als den *George*, der sieht aus wie ein Herzog von Mailand, und alle andern Menschen müssen sich schämen mit ihren Fratzengesichtern neben ihm. – Adieu und grüß auch die Geschwister von Deiner Freundin

Goethe

Am 5. März

Hier in Frankfurt ist es naß, kalt, verrucht, abscheulich; kein guter Christ bleibt gerne hier; – wenn die Mutter nicht wär, der Winter wär unerträglich, so ganz ohne Hältnis, – nur ewig schmelzender Schnee! – Ich habe jetzt einen Nebenbuhler bei ihr, ein Eichhörnchen, was ein schöner französischer Soldat als Einquartierung hier ließ, von dem läßt sie sich alles gefallen, sie nennt es Hänschen, und Hänschen darf Tische und Stühle zernagen, ja es hat selbst schon gewagt, sich auf ihre Staatshaube zu setzen und dort die Blumen und Federn anzubeißen. Vor ein paar Tagen ging ich abends noch hin, die Jungfer ließ mich ein mit dem Bedeuten, sie sei noch nicht zu Hause, müsse aber gleich kommen. Im Zimmer war's dunkel, ich setzte mich ans Fenster und sah hinaus auf den Platz. Da war's, als wenn was knisterte, – ich lauschte und glaubte atmen zu hören, – mir ward unheimlich, ich hörte wieder etwas sich bewegen und fragte, weil ich's gern aufs Eichhörnchen geschoben hätte: »Hänschen bist du es?« Sehr unerwartet und für meinen Mut sehr niederschlagend antwortete eine sonore Baßstimme aus dem Hintergrund: »Hänschen ist's nicht, es ist *Hans*«, und dabei räuspert sich der *ubique malus Spiritus*. Voll Ehrfurcht wag ich mich nicht aus der Stelle, der Geist läßt sich auch nur noch durch Atmen und einmaliges Niesen vernehmen; – da hör ich die Mutter, sie schreitet voran, die kaum angebrannte, noch nicht volleuchtende Kerze hinterdrein, von Jungfer *Lieschen* getragen. »Bist du da?« fragte die Mutter, indem sie ihre Haube abnimmt, um sie auf ihren nächtlichen Stammhalter, eine grüne Bouteille, zu hängen. »Ja«, rufen wir beide, und aus dem Dunkel tritt ein besternter Mann hervor und fragt: »Frau Rat, werd ich heut abend mit Ihnen einen Specksalat mit Eierkuchen essen?« Daraus schloß ich denn ganz richtig, daß *Hans* ein Prinz von Mecklenburg sei; denn wer hätte die schöne Geschichte nicht von Deiner Mutter gehört, wie auf der Kaiserkrönung die jetzige Königin von Preußen, damals als junges Prinzessinnenkind und ihr Bruder der Frau Rat zusahen, wie sie ein solches Gericht zu speisen im Begriff war, und daß dies ihren Appetit so reizte, daß sie es beide verzehrten, ohne ein Blatt zu lassen. Auch diesmal wurde die Geschichte mit vielem Genuß vorgetragen und noch manche andre, z. B. wie sie den Prinzessinnen den Genuß verschaffte, sich im Hof am Brunnen recht satt Wasser zu pumpen, und die Hofmeisterin durch alle mögliche Argumente abhält, die Prinzessinnen abzurufen, und endlich, da diese nicht darauf Rücksicht nimmt, Gewalt braucht und sie im Zimmer einschließt. »Denn«, sagte die Mutter, »ich hätte mir eher den ärgsten Verdruß über den Hals kommen lassen, als daß man sie in den unschuldigen Vergnügungen gestört hätte, das ihnen nirgendwo gegönnt war als in meinem Hause; auch haben sie mir's beim Abschied gesagt, daß sie nie vergessen würden, wie glücklich und vergnügt sie bei mir waren.« – So könnte ich Dir noch ein Paar Bogen voll schreiben von allen Rückerinnerungen!

Adieu, lieber Herr! – Die Frau grüß ich, *Riemers* Sonett kracht wie neue Sohlen; er soll meiner Geschäfte gewärtig sein und seinen Diensteifer nicht umsonst gehabt haben.

Gelt, ich mach's grade wie Dein Liebchen, schreibe, kritzele, mach Tintenkleckse und Orthographiefehler und denk, es schadet nichts, weil er weiß, daß ich ihn liebe, und der Brief, den Du mir geschrieben, war doch so artig und zierlich abgefaßt, das Papier mit goldnem Schnitt! – Aber, *Goethe*, erst ganz zuletzt denkst Du an mich! Erlaub, daß ich so frei bin, Dir einen Verweis zu geben für diesen Brief, fasse alles kurz ab, was Du verlangst, und schreib's mit eigner Hand, ich weiß nicht, warum Du einen Sekretär anstellst, um das Überflüssige zu melden, ich kann's nicht vertragen, es beleidigt mich, es macht mich krank; im Anfang glaubt ich, der Brief sei gar nicht an mich, nun trag ich doch gern solch einen Brief auf dem Herzen, solange bis der neue kommt, – wie kann ich aber mit einer solchen fremden Sekretärhand verfahren? Nein, diesmal hab ich Dich in meinem Zorn verdammt, daß Du gleich mit dem Sekretär in die alte Schublade eingeklemmt wurdest, und der Mutter hab ich gar nicht gesagt, daß Du geschrieben hattest, ich hätte mich geschämt, wenn ich ihr diesen Perückenstil hätte vortragen müssen. Adieu, schreibe mir das einzige, was Du zu sagen hast, und nicht mehr.

Bettine

Ludwig Börne

Über Goethes Briefwechsel mit einem Kinde

Wer Frankfurt kennt, den Geburtsort der Verfasserin, und ihrem Buche die Bewunderung zuwendet, die es verdient, der wird nicht begreifen können, wie eine in Frankfurt Geborne diese Freiheit des Geistes und des Herzens gewinnen konnte. Die Auflösung des Rätsels liegt darin: Frau von Arnim war eine Katholikin, sie gehörte zu den unterdrückten Volksklassen, sie war also Weltbürgerin, und dieses bewahrte sie vor der Engherzigkeit und der Philisterei, von der sich der Protestant Goethe, dessen Familie zur herrschenden Partei gehörte, nie losmachen konnte. Was machte Goethe, den größten Dichter, zum kleinsten Menschen? Was schlang Hopfen und Petersilie durch seine Lorbeerkrone? Was setzte die Schlafmütze auf seine erhabene Stirne? Was machte ihn zum Knechte der Verhältnisse, zum feigen Philister, zum Kleinstädter? Er war Protestant und seine Familie war ratsfähig. Er war schon sechzig Jahre alt, stand auf dem höchsten Gipfel seines Ruhms, und Weihrauchwolken unter seinen Füßen wollten ihn trennend schützen vor den niedern Leidenschaften der Talbewohner – da ärgerte er sich, als er erfuhr, die Frankfurter Juden forderten Bürgerrecht, und er geiferte gegen die *»Humanitätssalbader«*, die den Juden das Wort sprächen. Ja, der Gott ärgerte sich und geiferte, und das Kind Bettine mußte ihm weiche Umschläge auf sein gichtisches Herz legen und ihn beschwichtigen wie einen leidenden mürrischen Onkel!

Bettine liebte Goethe wie einst Petrarca seine Laura; sie liebten beide nur die Liebe. Bettine kniete nicht vor Goethe, sie kniete in ihm; er war ihr Tempel, nicht ihr Gott.

Goethe war König, nicht der gemeinen, noch der vornehmen Geister, sondern ein König bürgerlicher Seelen. Ehrfurcht und Liebe umgaben ihn nicht, aber Bettelei und Dankbarkeit. Er war der Gönner der literarischen Gewürzkrämer, die Nationalgarde der Egoisten; verschmähend alles, was allen, hassend das, was den Besten gefiel. Er beschützte die Mittelmäßigkeit der Literatur und ließ sich von ihr bewachen.

Er schrieb dem Kinde: »Dein Malen des Erlebten samt aller innern Empfindung von Zärtlichkeit und dem, was Dir Dein witziger Dämon eingibt, sind wahre Originalskizzen, die auch neben den ernsteren Beschäftigungen ihr hohes Interesse nicht verleugnen; nimm es daher als eine herzliche Wahrheit auf, wenn ich Dir danke.« Wenn Goethe für *Originalskizzen* dankt, kann niemand an der Aufrichtigkeit seines Dankes zweifeln. Wären diese Briefe nicht Originalskizzen gewesen, sondern an alle geschrieben, gedruckt, dann hätte sie Goethe unleidlich gefunden. Daß er sie, selbst in ihrer ausschließlichen Beziehung zu ihm, zu würdigen verstanden, mußte er in seinem Geiste, wir zweifeln nicht daran, sie als *orientalische Poesie* angesehen haben. War ihm ja der ganze Jean Paul nur unter dieser Vorstellung begreiflich und verzeihlich. Diese Weise der Anschauung und des Urteils war begründet in Goethes innerster Natur. Feuer, das nichts verzehrte, Licht, das nichts beleuchtete, Wärme, die nichts erwärmte, waren ihm grauenvoll. In der Kohle, in der Farbe, in der Kälte, die sondern und sperren, sah er allein das Leben. Stoffloses Feuer, farbenloses Licht waren seinem Herzen unverständlich und seinem Verstande, seiner Wißbegierde nur als eine Seltsamkeit wert, die aus dem Morgenlande kam.

Frau von Sévigné, als einst Ludwig XIV. einen Menuett mit

ihr getanzt, rief begeistert aus: es ist doch wahr, wir haben einen großen König! So haben gar viele Personen Goethe groß gefunden und bewundert, nur weil er so gnädig war, ihnen zu schreiben, weil er einen Briefmenuett mit ihnen getanzt. Aber zu diesen eiteln Enthusiasten gehörte Bettine nicht; sie hatte ein zu großes Herz um eitel zu sein. Aber wie konnte sie Goethen lieben und bewundern? Es ist das Geheimnis der Apokalypse, man kann hundert Auslegungen versuchen, und des Unerklärlichen bleibt noch viel zurück.

Bettine hatte einen bewunderungswürdigen Höhesinn und eine unstillbare Kletterlust. Sie kletterte an Goethen hinauf wie an Türmen, Mauern und Bäumen, und oben, wenn ihr warm geworden war von der Bewegung, glaubte sie, sie hätte oben die Wärme gefunden, und die schöne Aussicht, die sie auf der Höhe gewann, sie glaubte, die Höhe hätte sie geschaffen.

Es geschah gar nicht selten, daß Bettine von ihrer Begeisterung für Goethe herabstürzte, aber nach ihrer Katzennatur fiel sie immer auf die Beine, und sie tat sich nicht zu weh.

Da ihr Herz heller aufloderte so oft Goethe es berührte, wähnte sie, von ihm käme seine Glut. Und doch war es nichts anderes, als daß er Wasser in ihre Flamme sprützte. Wenn aber der Kälte zuviel kam, die Glut dämpfend statt anzufachen, dann kam Bettine zur Besinnung, und sie erkannte Goethen, und sie pochte mit ihrer Kindeshand zornig an seine eiserne Brust.

Wem hätte Goethe nicht wehe getan, wer hätte nichts an ihm zu rächen? Darum wird es viele Tausende erquicken, wenn sie [...] lesen, was Bettine, überwältigt von ihrer sich nicht bewußten Sendung, von Zeit zu Zeit an Goethe schrieb. Kinder sagen die Wahrheit und Narren verbreiten sie. Aber wer wäre nicht gern ein Kind mit diesem Kinde, ein Narr mit dieser Närrin?

Heinrich Heine

Ludwig Börne. Eine Denkschrift

Erstes Buch.

[…] die Häuser jener Straße sahen mich an, als wollten sie mir betrübsame Geschichten erzählen, Geschichten, die man wohl weiß, aber nicht wissen will, oder lieber vergäße, als daß man sie ins Gedächtniß zurückriefe. So erinnere ich mich noch eines giebelhohen Hauses, dessen Kohlenschwärze um so greller hervorstach, da unter den Fenstern eine Reihe kreideweißer Talglichter hingen; der Eingang, zur Hälfte mit rostigen Eisenstangen vergittert, führte in eine dunkle Höhle, wo die Feuchtigkeit an den Wänden herabzurieseln schien, und aus dem Innern tönte ein höchst sonderbarer, näselnder Gesang. Die gebrochene Stimme schien die eines alten Mannes, und die Melodie wiegte sich in den sanftesten Klagelauten, die allmählich bis zum entsetzlichsten Zorne anschwollen. »Was ist das für ein Lied?« frug ich meinen Begleiter. »Es ist ein gutes Lied«, antwortete dieser mit einem mürrischen Lachen, »ein lyrisches Meisterstück, das im diesjährigen Musenalmanach schwerlich seinesgleichen findet … Sie kennen es vielleicht in der deutschen Übersetzung: Wir saßen an den Flüssen Babels, unsere Harfen hingen an den Trauerweiden usw. Ein Prachtgedicht! und der alte Rabbi Chayim singt es sehr gut mit seiner zittrigen, abgemergelten Stimme: die Sontag sänge es vielleicht mit größerem Wohllaut, aber nicht mit so viel Ausdruck, mit so viel Gefühl … Denn der alte Mann haßt noch immer die Babylonier und weint noch täglich über den Untergang Jerusalems durch Nebukadnezar ... Dieses Unglück kann er gar nicht vergessen, obgleich so viel Neues seitdem passirt ist und noch jüngst der zweite Tempel durch Titus, den Bösewicht, zerstört worden. Ich muß Ihnen nämlich bemerken, der alte Rabbi Chayim betrachtet den Titus keineswegs als ein *delicium generis humani*, er hält ihn für einen Bösewicht, den auch die Rache Gottes erreicht hat ... Es ist ihm nämlich eine kleine Mücke in die Nase geflogen, die, allmählig wachsend, mit ihren Klauen in seinem Gehirn herumwühlte und ihm so grenzenlose Schmerzen verursachte, daß er nur dann einige Erholung empfand, wenn in seiner Nähe einige hundert Schmiede auf ihre Ambosse loshämmerten. Das ist sehr merkwürdig, daß alle Feinde der Kinder Israel ein so schlechtes Ende nehmen. Wie es dem Nebukadnezar gegangen ist, wissen Sie, er ist in seinen alten Tagen ein Ochs geworden und hat Gras essen müssen. Sehen Sie den persischen Staatsminister Haman, ward er nicht am Ende gehenkt zu Susa in der Hauptstadt? Und Antiochus, der König von Syrien, ist er nicht bei lebendigem Leibe verfault, durch die Läusesucht? Die späteren Bösewichter, die Judenfeinde, sollten sich in Acht nehmen ... Aber was hilft's, es schreckt sie nicht ab, das furchtbare Beyspiel.« [...]

Als wir denselben Abend wieder durch die Judengasse gingen, und das Gespräch über die Insassen derselben wieder anknüpften, sprudelte die Quelle des Börneschen Geistes um so heiterer, da auch jene Straße, die am Tage einen düsteren Anblick gewährte, jetzt aufs fröhlichste illuminirt war und die Kinder Israel an jenem Abend, wie mir mein Cicerone erklärte, ihr lustiges Lampenfest feyerten. Dieses ist einst gestiftet worden zum ewigen Andenken an den Sieg, den die Makkabäer über den König von Syrien so heldenmüthig erfochten haben.

»Sehen Sie«, sagte Börne, »das ist der 18. October der Juden, nur daß dieser makkabäische 18. October mehr als zwei Jahrtausende alt ist und noch immer gefeyert wird, statt daß der leipziger 18. October noch nicht das funfzehnte Jahr erreicht hat und bereits in Vergessenheit gerathen. Die Deutschen sollten bey der alten Madame Rothschild in die Schule gehen, um Patriotismus zu lernen. Sehen Sie hier, in diesem kleinen Hause wohnt die alte Frau, die Lätizia, die so viele Finanzbonaparten geboren hat, die große Mutter aller Anleihen, die aber trotz der Weltherrschaft ihrer königlichen Söhne noch immer ihr kleines Stammschlößchen in der Judengasse nicht verlassen will und heute wegen des großen Freudenfestes ihre Fenster mit weißen Vorhängen geziert hat. Wie vergnügt funkeln die Lämpchen, die sie mit eigenen Händen anzündete, um jenen Siegestag zu feyern, wo Judas Makkabäus und seine Brüder ebenso tapfer und heldenmütig das Vaterland befreyten wie in unseren Tagen Friedrich Wilhelm, Alexander und Franz II. Wenn die gute Frau diese Lämpchen betrachtet, treten ihr die Thränen in die alten Augen, und sie erinnert sich mit wehmüthiger Wonne jener jüngeren Zeit, wo der selige Meyer Amschel Rothschild, ihr teurer Gatte, das Lampenfest mit ihr feyerte und ihre Söhne noch kleine Bübchen waren und kleine Lichtchen auf den Boden pflanzten und in kindischer Lust darüber hin und her sprangen, wie es Brauch und Sitte ist in Israel!« [...]

Hier möchte ich nur der Bemerkung Raum geben, daß unsere deutschen Freyheitsprediger ebenso ungerecht wie thöricht handeln, wenn sie das Haus Rothschild wegen seiner politischen Bedeutung, wegen seiner Einwirkung auf die Interessen der Revolution, kurz, wegen seines öffentlichen Charakters mit soviel Grimm und Blutgier anfeinden. Es giebt keine stärkeren Beförderer der Revolution als eben die Rothschilde ... und was noch befremdlicher klingen mag: diese Rothschilde, die Banquiers der Könige, diese fürstlichen Seckelmeister, deren Existenz durch einen Umsturz des europäischen Staatensystems in die ernsthaftesten Gefahren gerathen dürfte, sie tragen dennoch im Gemüte das Bewußtseyn ihrer revolutionären Sendung. Namentlich ist dieses der Fall bei dem Manne, der unter dem scheinlosen Namen Baron James bekannt ist, und in welchem sich jetzt, nach dem Tode seines erlauchten Bruders von England, die ganze politische Bedeutung des Hauses Rothschild resümirt. Dieser Nero der Finanz, der sich in der Rue Laffitte seinen goldenen Palast erbaut hat und von dort aus als unumschränkter Imperator die Börsen beherrscht, er ist, wie weiland sein Vorgänger, der römische Nero, am Ende ein gewaltsamer Zerstörer des bevorrechteten Patriziertums und Begründer der neuen Demokratie. Einst, vor mehreren Jahren, als er in guter Laune war und wir Arm in Arm, ganz famillionär, wie Hirsch Hyatzynth sagen würde, in den Straßen von Paris umherflanirten, setzte mir Baron James ziemlich klar auseinander: wie eben er selber durch sein Staatspapierensystem für den gesellschaftlichen Fortschritt in Europa überall die ersten Bedingnisse erfüllt, gleichsam Bahn gebrochen habe. [...]

Ludwig Tieck

Der junge Tischlermeister

[...] »Nun aber«, sagte Mannlich, »entwickelt sich erst im dritten Akt am meisten der heroische Charakter des Götz. Auch Georg tritt dreister auf, und der alte Selbitz hat die herrliche Szene, wo er verwundet unten am Turm liegt, in dessen Luke der Knecht hinaufsteigt. Da müssen wir uns recht angreifen. Wie schade, daß ich nicht zu Pferde kommen kann, wie es im Original vorgeschrieben ist.« [...] Nun aber waren die bis dahin glücklichen Kämpfer in ihrer Burg eingeschlossen. Mannlichs Brust hob sich stärker, als gewöhnlich, und man sah es ihm an, daß er einen großen Moment, einen auffallenden Effekt präparierte. Er hatte schon von Sickingen und seiner Schwester Abschied genommen, und nun vernahm er von außen die Trompete und die Aufforderung, sich auf Gnade und Ungnade zu ergeben. Mannlich hatte durch seine tapfre und mutige Haltung jetzt die Meinung aller gewonnen; selbst die hohen Herrschaften auf ihren Sesseln schwatzten nicht mehr und hatten sich einer gewissen Täuschung ergeben, als jetzt der Ritter dem Trompeter jene ungezogene Antwort gibt, die er freilich in seiner Lebensgeschichte aufgeschrieben, und die auch Goethe in den ersten Auflagen des Gedichtes beibehalten, nachher aber weggestrichen und bloß angedeutet hat. Mannlich aber, um dem echten Original und der Wahrhaftigkeit der Geschichte nichts zu vergeben, sprach mit der lautesten Stimme und in noch langsamerem Tempo, als sonst, noch gehaltener und jedes

Wort und jede Silbe akzentuierend, die ganze Ungezogenheit schreiend aus.

Es ist nicht leicht zu beschreiben, welche Wirkung diese deklamierte Stelle im ganzen großen, mit Menschen überfüllten Saale hervorbrachte. Es ist keine Übertreibung, wenn man behauptet, daß noch niemals ein dargestelltes Theaterstück so ungeheuer drastisch gewirkt habe. Die Bauern ergaben sich dem unmäßigsten Gelächter, die Dienstleute erschraken; denn alle waren überzeugt, die Stelle sei vom Baron extemporiert, es sei irgend etwas auf dem Theater vorgefallen, und er richte sie im Zorn und in der Wut an jemand anders, als an den Trompeter. Die Gerichtsleute schmunzelten und bedeckten in der Verlegenheit ihre Gesichter mit dem Taschentuch. Wahrhaft furchtbar aber traf der Schlag in das Parterre noble. Die Erlauchte schrie laut auf und lag in Ohnmacht; die Äbtissin bekam ihre Krämpfe und rief nach ihrem Kammermädchen und um Hülfe; die Mutter, selbst einer Ohnmacht nahe, bemühte sich um die Freundinnen und rettete in lautes Weinen und Schluchzen ihre Besinnung; der Reichsgraf rief scheltend nach Bedienten, und Weislingen, der, selbst erschreckt, aus den Kulissen diesen ungeheuern Aufruhr sah, der sich unten im ganzen Saal erhob, sprang schnell über das Orchester hinweg vom Theater herunter zu seiner Mutter und der hilfsbedürftigen Gruppe, um welche sich alles drängte. Dort war Schreien, Weinen, Krampf, Ohnmacht und Schelten, und Elsheim wußte nicht, was er zuerst tun, wie er am besten raten sollte. Mannlich hatte sich erstaunt und mit offenem Munde vorn an das Proszenium gestellt, denn auch auf dem Theater war ein Stillstand des Entsetzens eingetreten, als Weislingen von unten zur Bühne hinaufrief, daß man den Vorhang niederlassen solle. Dies geschah, und so war im allgemeinen Tumult, ohne Epilog oder Entschuldigung, das historische Schauspiel vom Götz von Berlichingen für diesen Abend zu Ende und beschlossen.

Bediente, Kammermädchen, Läufer, der Haushofmeister, alles hatte sich herbeigemacht, um die alten Damen zu führen, zu heben und aus dem Saal zu tragen. Man begab sich nach einem anderen Zimmer; Sofas und Lehnstühle wurden für die Kranken und Leidenden herbeigeschoben und geordnet, sowie die Hausapotheke in Anspruch genommen. Als die Damen sich etwas erholt hatten, ergossen sich alle, unter Vortritt und Vorspruch des Reichsgrafen, in unerschöpfliche Vorwürfe gegen Elsheim, der in sein Haus einen Mann eingeführt und als seinen Freund dargestellt habe, welcher, uneingedenk seines Standes und was er der Gesellschaft schuldig sei, sich so ungeheure Sottisen erlaube.

»Jawohl, jawohl«, unterbrach sie die Mutter weinend, »– ach, wer hätte so was in dem Manne gesucht! Ja wohl war das eine Überraschung, die mir zubereitet wurde. Um den Schlag zu kriegen!«

»Er ist zu sehr unter mir«, rief der Reichsgraf, »sonst würde ich diesen Herrn von Mannlich auf Ritterweise darüber zur Rechenschaft ziehen, daß er frech und roh es gewagt hat, uns, der Durchlaucht, der Frau Äbtissin und mir, so was in Gegenwart von Bauern und Domestiken laut zuzurufen.«

»Wie?« sagte Elsheim erstaunt, »Sie meinen gar, wenn ich Sie nicht mißverstehe –«

»Ja, ja!« rief die Erlauchte, die sich jetzt etwas erholt hatte, »das leidet gar keinen Zweifel. Er sah schon immer in den vorigen Szenen so giftig nach uns hin. Er war darüber erbost, daß wir uns einige Zweifel erlaubten.«

»Wohl!« fuhr der Reichsgraf zornig fort, »er mochte merken, daß wir dem echten großen Schauspieler, dem Selbitz, den Vorzug gaben; wir sprachen laut, er hat es wahrscheinlich oben gehört; und nun stellt er sich vorn an die Lampen, sieht uns starr und höhnisch grinsend an und schreit uns – uns diese niederträchtige Grobheit, ärger, als es ein Sackträger, schlimmer, als es ein Stallknecht tun könnte, entgegen, winkt und dreht dabei mit den Händen und Augen noch so wunderlich –«

»Ja, recht absonderlich«, rief jetzt die Äbtissin. »Ich hätte, wenn ich es nicht erlebte, dergleichen niemals für möglich gehalten.«

»Was hat sich der Mann nur dabei gedacht«, sagte die Mutter, »den wir immer so freundlich aufgenommen haben?«

»Verehrte«, sagte jetzt Elsheim etwas ungeduldig, »fern sei es von mir, die Ungezogenheit des Barons auch nur irgend entschuldigen zu wollen; die Roheit ist zu auffallend; aber ich schwöre Ihnen bei meiner Ehre, Ihr unbegreiflicher Argwohn wenigstens ist ganz ungegründet. Diese anstößigen gemeinen Worte sind in der Tat im Stück, sie sind so gedruckt, nur hat sie später der Verfasser selbst als unziemlich wieder weggestrichen. Höchst tadelnswert ist Mannlich, daß er die alte abgesetzte Leseart so willkürlich wieder aufgenommen hat. In den Proben ließ er sich nichts davon merken, daß er sie sprechen und *wie* sprechen würde.«

»Und wie!« wiederholte der Reichsgraf, »uns so starr dabei ansehen, so mit den Händen gegen uns fechten und wie ein Zahnbrecher schreien!«

»Also«, sagte die Äbtissin, »in dieser deutschen Tragédie findet sich wirklich diese ganz unzüchtige und obszöne Tirade? Und ein solches Stück, Neveu, suchen Sie aus und studieren es ein? Das also ist die neue deutsche Bildung und der jetzige Geschmack?«

»Es war Ihre Pflicht, Herr Baron«, sagte die Erlauchte mit starkem Ton, »uns davon in Kenntnis zu setzen, daß es eine Parade sei, die Sie uns zum besten geben wollten; hätten wir dieses erfahren, so hätten wir uns gewiß nicht hieherbemüht!«

»Parade?« nahm die Äbtissin das Wort auf; »ungezogene und skandalöse Paraden wurden wohl früherhin auch in den Palästen der Herzoge von Orleans und Conti gespielt, aber, auf meine Ehre, niemals hörte man doch so pöbelhafte Grobheiten, die ohne Witz und Bedeutung bloß niederträchtig sind.«

»Ich kann den Baron jetzt nicht und noch lange nicht wiedersehen«, sagte die Mutter; »bedeute ihm nur dies, das bitte ich mir aus von dir, mein Sohn. Er hat mich und uns alle zu gröblich beleidigt.«

»Und wir verlassen das Haus morgen mit dem frühesten«, sagte die Erlauchte. »Eine Art von Glück, daß das edle deutsche Schauspiel so endigen mußte, denn wer weiß, was uns nach diesem *échantillon* noch alles bevorstand.«

Ohnerachtet der dringenden Bitten der Mutter wollten die Damen nicht länger verweilen, weil man sie zu tief und schonungslos verletzt habe, und der Reichsgraf, der durchaus ihren Zorn billigte und teilte, gab ihnen in allen ihren Beschwerden und Äußerungen recht. Auch die Mutter war so aufgebracht, daß sie sehr leicht dem Ersuchen der Äbtissin nachgab, sie alle nach der Residenz zu begleiten, wo sie wenigstens acht Tage hindurch in Konzerten, Opern, Schauspielen und Assembleen, wie in einem Gesundbrunnen, dieses ungeheure Erlebnis von sich abwaschen und die Verwundung des Herzens heilen wollten.

Auf dem Theater, zu welchem Elsheim jetzt zurückkehrte, herrschte noch größere Verwirrung. Alle Mitspielenden hatten den Baron Mannlich bestürmt, gefragt, getadelt und gescholten, wie er sich so sehr habe vergessen können, auf so skandalöse Weise das Schauspiel zu beschließen, als wenn das letzte Epigramm gleichsam die moralische Nutzanwendung des ganzen Gedichtes hätte vorstellen sollen. Er wehrte sich, so gut er konnte, doch ließ man ihn nur wenig zu Worte, und da einige der Nebenpersonen, am meisten aber der husarische Schulmeister, mit etwas empfindlichen Vorstellungen in ihn drangen, der Graf Bitterfeld aber beinahe beleidigend wurde, so fürchtete Emmrich schon, daß er den Ausdruck des klassischen Dichters, oder wenigstens einen ähnlichen in seiner eignen Angelegenheit wiederholen möchte. Elsheim kam gerade zur rechten Zeit, um die streitenden Parteien, wenn auch nicht zu versöhnen, so doch einander näherzubringen. Er beruhigte also den zu ungestümen Schulmeister, lobte und beschwichtigte den eifernden Cadeten, der außer sich war, daß er seine schöne Rolle nicht hatte zu Ende spielen können, in welcher ihm noch Umarmung und herzlicher Kuß der vergötterten Adelheid bevorstanden, die er nicht so obenhin und nur andeutend zu spielen gedachte, wie es ihm in den Proben war vorgeschrieben worden. Die Damen, wie empfindlich sie auch natürlich waren, äußerten sich billiger, und so gelang es Elsheim und dem Professor Emmrich, die Sache nach und nach mehr in das Komische zu lenken.

»Wie durft ich glauben«, rief Mannlich, nachdem es etwas ruhiger geworden war, »daß eine Tirade, freilich aus dem gemeinen Leben, aber doch aus der wirklichen Geschichte des treuherzigen Götz genommen, von unserm größten Dichter geweiht und geheiligt, ein solches Ärgernis erregen könnte. Ist die Ungezogenheit, oder Roheit, wenn wir es so nennen wollen, nicht ganz deutsch und bei uns national? Der Franzose drückt sich anders aus, ebenso der Engländer und Spanier, und diese besitzen, soviel ich weiß, diesen oder einen ähnlichen Ausdruck des geringschätzenden Zornes gar nicht. Der Deutsche also zum Deutschen, der Rittersmann, der kein Hofmann sein will und darf, dieser sollte in einer altertümlichen Zeit, wo allerdings Roheit und Grobheit auch manchmal in besserer Gesellschaft herrschten, sich dieses Sprichwortes nicht bedienen dürfen?«

»Aber Satan von einem Menschen!« rief Elsheim ungeduldig, »vor Damen, die am Hofe gelebt, die in Racines Tragödien gespielt haben! Und die Stelle war ja doch gestrichen, du hast sie nie in der Probe gesagt.«

»Ich wollte eben überraschen!« rief ihm Mannlich entgegen;

»ich wollte diese nichtssagenden Striche der neuern Editionen zur alten, richtigen Lesart zurückführen. Diese Schattierung, diese Eigentümlichkeit ist nach meiner Überzeugung dem originellen Dichterwerke unentbehrlich.«

Alle lachten, und Emmrich sagte: »Man hat mir erzählt, doch kann ich die Wahrheit der Anekdote nicht verbürgen, daß, als der großherzige Fürst von Weimar mit seinem Freunde Goethe auf einer Reise sich in Frankfurt aufhielt, sie in Sachsenhausen, wohin sie spaziert waren, von einem groben Sachsenhäuser, der sich mit den Nachbarn zankte, diesen nationalen Ausdruck, wie ihn der Baron nennt, vernahm. Der Herzog sagte hierauf ganz ernsthaft zu Goethe: ›Es muß dir doch wohltun, zu erleben, wie deine Dichtungen mit dem Volke verwachsen und in ihm Wurzel schlagen. Hast du gehört, wie dieser ganz gemeine Mann soeben eine Stelle aus deinen Werken zitiert hat?‹«

Die übrigen lachten, doch Mannlich blieb verdrüßlich und wurde es noch mehr, als er hörte, daß die Dame des Hauses sich für jetzt seine Besuche verbeten habe. Er ritt zornig fort und schwur, sich und seine Zeit niemals wieder für Freunde und für die Kunst aufzuopfern.

Karl Gutzkow

Die drei Farben

Im April 1837

Es liegt bei Höchst am Maine
Ein Garten hart am Thor,
Aus dem im grünen Scheine
Der Frühling lacht hervor.

Und an des Gartens Thore
hat gar ein freier Held
Die deutsche Tricolore
Tiefsinnig hingestellt.

Er hieb des Thors Handheben
Aus rothem Marmelstein,
Daß sie vom deutschen Leben
Ein Sinnbild sollten sein.

Und wenn man uns will führen
In Dunkelheit hinein,
So mußten wohl die Thüren
Von schwarzer Farbe sein.

Doch über alle Fernen
Noch unsre Hoffnung geht,
Drum war mit goldnen Sternen
Der schwarze Grund besät.

Ich frug, Wem hier die Freiheit
Am Orte soviel werth,
Daß er die heil'ge Dreiheit
Des Volks so innig ehrt?

Da hieß es: Was du, Lieber,
Vom Volk gedeutet hast,
Trag' auf das Leben über,
Da du den Friedhof sahst!

W. Wagner

Die Frankfurterinnen

1837

Wenn Frauen und Mädchen aus dem Bürger- und Mittelstande, deren Vermögensverhältnisse und häusliche Stellung mehr oder minder beengt sind und die dem Manne beim Gelderwerbe behilflich sein müssen, von den Sorgen und Mühen des praktischen Lebens ganz in Anspruch genommen werden, so wird uns dies nicht befremden. Wo das schöne Geschlecht von der ernsten Notwendigkeit nur auf die Küche, die Gerätekammer und die Kinderstube angewiesen ist und wo ihm diese Kleinkrämerei des Haushaltes kaum ein Feierstündchen übrig läßt, um die Hände ein wenig in den Schoß zu legen, da darf man nicht erwarten, daß den Musen und Grazien gehuldigt werde. Unseren guten Frankfurterinnen, welche zu so strenger, ihre ganze Kraft in Anspruch nehmender Tätigkeit angefesselt sind, wollen wir keinen Vorwurf daraus machen, wenn sie sich um geistige Tendenzen nur wenig kümmern und wenn ihnen ein Spaziergang nach Bockenheim oder Hausen zur Erholung lieber ist als ein geistreiches Buch.

Es gibt aber auch andere, denen Fortuna freundlicher lächelt und deren Hilfsmittel reichhaltiger sind. Aller niederdrückenden oder beengenden Haushaltungssorgen sind sie überhoben. In ihrem Hause wohnen Wohlstand und Behaglichkeit; die niederen zeitraubenden Arbeiten werden von anderen verrichtet; ihre Wohnung ist geschmackvoll oder gar reich eingerichtet; was Luxus und Mode Neues bringen, das steht ihnen zu Gebote. Sie geben und empfangen Gesellschaften, verwenden Geld und Zeit auf ihre Toilette, führen ein feineres, heiteres Leben. An sie können wir schon größere Anforderungen machen. Wie in England und Frankreich die Damen eine Zierde des geselligen Lebens zu sein streben, wie sie stolz darauf sind, in ihren Salons Künstler und Gelehrte zu versammeln, so wäre ein Ähnliches auch von unseren Frankfurter Damen zu wünschen.

Jene Frankfurterinnen aus dem Bürger- und Mittelstande sind ganz treffliche Hausfrauen. Während der Mann aufs eifrigste bedacht ist, Geld zu verdienen, versäumen sie nichts, das Erworbene nutzbringend anzuwenden und zu erhalten. Sie lassen stricken und spinnen; sie stopfen alle Schränke voller Geräte und Linnen; sie garnieren die Küche aufs allervollständigste; sie halten ihren großartigen Bohnenschnitt und ihre noch großartigere Wäsche; sie gehen selbst auf den Markt und handeln um einen Kreuzer auf oder ab eine Viertelstunde lang; sie führen im Hause ein strenges Regiment und das Gesinde wohnt bei ihnen nicht im Paradiese; sie haben alles in bestimmte Bahnen gebracht, und wie man die Tage vorausweiß, wo der Mond voll wird, oder wo er abnimmt, so kann man auch mit Bestimmtheit voraussagen, was es heute über vier Wochen zu essen geben wird, ob Sauerkraut oder ob Kalbsragout. Die bürgerlichen Frauen unserer Stadt haben wirklich noch das Solide und Kernhafte vergangener Zeiten in ihrem Hauswesen, noch die alte Sparsamkeit und Einfachheit, noch den alten Fleiß. Indessen sind sie auch mit der Zeit in mancher Beziehung wenigstens fortgeschritten und Mode und Luxus sind ihnen keineswegs fremd. Wenn man sie an Sonn- und Feiertagen auf der Mainlust oder auf einem benachbarten Dorfe sieht, so erscheinen sie ganz modern. Sie sparen in Bezug auf ihre Toilette nichts, und wer sie hier betrachtet, der würde sie nicht für dieselben halten, welche am Tage zuvor mit der Magd einen Hausskandal wegen eines zerbrochenen Groschentöpfchens aufführten. Außer ihrer Häuslichkeit und Sparsamkeit haben die Frankfurterinnen auch noch andere Vorzüge. Sie besitzen einen gewissen klaren und praktischen Verstand und haben, wie man es zu nennen pflegt, Charakter; auch wird ihre Gutherzigkeit, wo es Leidende und Arme zu unterstützen gilt, mit Recht gerühmt. Was man aber an ihnen vermißt, ist jene natürliche und leichte Grazie, jene Zuvorkommenheit und Freundlichkeit, jene muntere unbefangene Liebenswürdigkeit im Umgang mit Männern, die man beim schönen Geschlechte so gerne antrifft. Sie können eine gewisse Schwerfälligkeit und hausbackene Tugendängstlichkeit nicht verleugnen. Man muß sie achten und schätzen, ohne sie eben liebenswürdig nennen zu können. Die bezeichneten Vorzüge der Frankfurterinnen halten wir wohl in Ehren, aber etwas mehr leichte, liebliche Beweglichkeit möchte man ihnen wohl wünschen. Sind die Frankfurterinnen nicht oft so derb, daß man glauben möchte, sie verständen keinen Spaß? Wie leicht kann man sie verletzen! Wie unversöhnlich sind sie, wenn man irgendeine ihrer Lieblingsideen in Zweifel stellt oder das Muster nicht schön findet, welches sie sich auf der neuen Kräme für ihre Winterrobe ausgewählt haben!

Wir treten nun in den Kreis derjenigen, welche man zum Unterschiede von den bürgerlichen Frauen Damen zu nennen pflegt. Was geschmackvoll und mit der allerneusten Mode immer gleichen Schritt haltende Einrichtung der Zimmer und Säle, was elegante und reiche Toiletten, was äußeren Glanz und Luxus betrifft – so bleiben unsere wohlhabenden und reichen Frankfurterinnen nicht zurück. Vielleicht keine Stadt in Deutschland steht in dieser Hinsicht, etwa Wien und Berlin ausgenommen, der unsrigen voran. An schönen Equipagen, an Dienern in solider Livree, an prächtiger Hauseinrichtung fehlt es nicht. Es werden glänzende Diners, Soireen und Bälle veranstaltet und der Reichtum versorgt die Tafel mit allem, was nur aufzutreiben ist. Auch waltet in diesen Zirkeln ein heiterer, fröhlicher Sinn und viel Kordialität. Die Geldaristokratie weist zwar sorgsamlich alle zurück, welche nicht auf gleicher arithmetischer Stufe stehen – wer aber einmal ebenbürtig erfunden und rezipiert worden ist, der wird sich ganz behaglich fühlen.

Welches ist wohl die Schuld, wenn die Frankfurterinnen aus den höheren Ständen nicht so viel Geist entwickeln, als sie Anlagen haben? Einesteils die Erziehung, andernteils das gesellschaftliche Leben Frankfurts. Früher war es Sitte, die Erziehung durch häuslichen Unterricht zu beginnen und zu beenden. Jetzt fängt man mit häuslichem Unterricht an, hört aber mit der Pension auf. Wir erklären hiermit offen, daß es wenig weibliche Erziehungsinstitute gibt, die das leisten, was sie leisten sollten. Diejenigen, welche wir kennenzulernen Gelegenheit hatten, stehen weit hinter öffentlichen Lehranstalten, z. B. der Musterschule zurück. Ein größerer Ernst und Eifer waltet da, wo Männer das Regiment führen. In den Pensionen ist eine Dame gewöhnlich die Hauptperson, nämlich eine französische Schweizerin, die die Mädchen parlieren lehrt, aber selbst so wenig tüchtige anderweitige Kenntnisse hat, daß sich die Gespräche, welche sie führen kann, nur auf die gewöhnlichsten und fadesten Gegenstände beschränken ... Die Pensionen hintertreiben die wahre und echte Bildung. Die Mädchen kommen höchst oberflächlich gebildet aus ihnen hervor. Das geringe Wissen, was sie sich erworben haben, ist nur leicht ihrem Gedächtnis angetüncht: einige Bälle – und die alten nackten Wände der Unwissenheit stehen wieder da. In Frankfurt hat das Pensionenwesen auf betrübende Art eingerissen. Man macht sich die Erziehung der Töchter leicht, indem man sie nach Offenbach, Wiesbaden, Worms und Straßburg schickt. Sie kommen mit einer gewissen Routine zurück, die eher alles, nur keine gründliche Bildung ist. Jetzt müßte der Unterricht erst recht beginnen. Allein einige französische Stunden bei Herrn Rod, einige englische bei Herrn Hamburger, einige Musikstunden bei Herrn Aloys Schmitt: damit soll nun alles getan sein. Musik und Sprachen sind unerläßlich für die Bildung; allein es ist damit nicht alles geschehen. Echte Bildung heißt: Kenntnis der Geschichte, der Länderbeschreibung, Kenntnis der Literatur, der Kunstgeschichte, Kenntnis der Gesetze des Geschmakkes und der Schönheit. In Berlin und Hamburg wird eifrig dafür gesorgt, daß die Frauen in diesen Zweigen taktfest werden und erst durch Sicherheit in ihrem Bereiche lernen, die Gesellschaft beherrschen und den Ton angeben.

Sodann aber will das geistig-gesellschaftliche Leben in den höhern Ständen Frankfurts aus dem Grunde nicht recht gedeihen, weil die Familien nicht recht warm gegeneinander werden. Eine traurige Isolierung führt die Gesellschaft auseinander. Diese Familien hängen mit dem Römer, jene mit der Diplomatie zusammen, andere wohnen lieber in ihren Landhäusern; alle begnügen sich, nur zuweilen Haupt- und Staatsfeste auszuschreiben, wo eine lydische Pracht entwickelt wird. Nach Beendigung der Tafel, des Balles kehrt wieder jeder in seinen blutsverwandtschaftlichen Kreis zurück und lebt gewiß glücklich, aber nicht so, wie große Reichtümer zu leben auffordern sollten ... Jedenfalls könnte darin viel geändert werden, wenn ein Haus sich entschließen wollte, den Ton anzugeben und den Mut hätte, die verschiedenartigsten Elemente in sich zu vereinigen, dieselben Elemente, welche sich jetzt noch wechselseitig ausschließen.

Gérard de Nerval

Frankfurt bietet das Bild einer gotischen Großstadt

1838

In den Gassen und Straßen findet man mit großer Freude noch das Bild einer gotischen Stadt, das man sich gerade für Frankfurt erträumt hat und das sonst vom modernen Stil unserer Zeit und fast allen anderen Städten Deutschlands verändert wurde. Da sind noch die engen gewundenen Gassen mit ihren geschwärzten Häusern, figurengeschmückten Fensterleibungen, vorragenden Obergeschossen; die Brunnen mit ihren kunstvoll geschmiedeten Bekrönungen oder geschmückt mit malerischen und drolligen Steinplastiken; Kapellen und Kirchen als Zeugnisse einer wunderbaren Architektur, die freilich nur äußerlich katholisch, im Innern aber protestantisch sind, das heißt kahl und vernachlässigt sind. In diesen herrlichen steinernen Hüllen ist der Geist erloschen, und sie erinnerten mich an jene großen Muscheln, die man in Museen finden kann; wenn man das Ohr dagegen hält, glaubt man den Wind darin tönen zu hören, aber das Leben ist in ihnen erloschen.

Karl Simrock

Die Frankfurter – ein sehr geistreicher Menschenschlag

1839

Dem Rang, den Frankfurt unter den deutschen Städten einnimmt, scheint uns die Sorgfalt, die es auf sein Äußeres verwendet, wohl angemessen. Als Handelsstadt ist Frankfurt nur die zweite Deutschlands, denn Hamburg, an der Brust des Meeres gelegen, duldet keine Rivalin. Aber Frankfurt hat noch andere Quellen des Wohlstands als den Handel. Wir haben gesehen, welche Menge von Reisenden seine glückliche Lage ihm zuführt: Für die Reichstage, die Königswahlen und Krönungen, welchen es im Mittelalter und bis in das laufende Jahrhundert einen Teil seiner Blüte verdankte, entschädigen es jetzt die permanenten Sitzungen des Bundestages, und der Aufwand so vieler Gesandter, eines so beträchtlichen Personals, ist gewiß nicht ganz gering anzuschlagen. Alles zusammengenommen dürfte Frankfurt wohl für die reichste Stadt Deutschlands gelten, obgleich wir gern gestehen, hierüber kein Urteil zu haben.

Weniger sollte es befremden, wenn wir Frankfurt die Hauptstadt Deutschlands nennen, und doch begegnen wir hier vielleicht noch größerem Widerspruch. In dem Sinn, wie Paris und London Hauptstädte ihrer Länder sind, werden die Deutschen freilich nie eine Hauptstadt haben. Unter den Karolingern war Frankfurt bekanntlich Residenz und hierdurch zugleich Hauptstadt des mit Deutschland fast identischen östlichen Frankenreichs, und seine Eigenschaft als Wahlstadt, die freilich erst ziemlich spät zu ausgesprochener Anerkennung gelangte, konnte sich nur aus der noch immer fortwirkenden Ansicht, daß es die Hauptstadt des Reichs sei, hervorbilden. Da jetzt nach tausend Jahren Deutschland als Staatenbund ein neues, hoffentlich gesünderes Leben beginnt, dürfen wir die Stadt abermals sein Haupt nennen, die den Mittelpunkt seiner Einheit ausmacht, da in ihr seine Fürsten, wenn auch nur durch Gesandte, beständig versammelt bleiben.

Von Frankfurt als seiner Hauptstadt hat Deutschland keine Art von geistigem Despotismus zu fürchten. Nicht als ob es nicht Geist genug hätte, ihn zu üben, oder als ob es seinen Bewohnern am Besten gebreche; die Frankfurter sind vielmehr ein sehr geistreicher Menschenschlag, und selbst in den unteren Klassen findet man fast durchgängig belebte, wohlbegabte Gesichter. Ich hatte auf die bewegten Züge der Frankfurter, den schnellen Wechsel von Empfindungen, den ihr Mienenspiel ausdrückt, sooft mir dazu die Gelegenheit wurde, ein achtsames Auge, und immer fand ich dabei Unterhaltung und Ergötzen, während man vielen norddeutschen Gesichtern gegenüber sich nicht leicht der Langeweile erwehrt. Mein Freund, der Maler S., dem ich diese Bemerkung mitteilte, bestätigte sie und zeigte mir Köpfe meiner Frankfurter und Sachsenhausener, die er schon lange in seiner Mappe liegen hatte. Es waren gar stattliche Personen darunter. Ich riet ihm, einige derselben in gute Kleider zu stecken und mit Stern und Ordenskreuz zu behängen. Er tat es, schrieb die Namen bekannter deutscher Staatsmänner darunter und jeder, der sie sah, sagte betroffen: »Ich hätte nicht gedacht, daß dieser Mann eine so bedeutende Physiognomie hätte.«

Warum ich aber nicht glaube, daß Frankfurt, wenn es als deutsche Hauptstadt der Mittelpunkt deutschen Lebens wäre, einen geistigen Despotismus üben würde? Weil der von dort ausgehende Geist gewiß keine grelle provinzielle Färbung haben, vielmehr alle landschaftlichen Schroffheiten und Härten, die zuletzt doch nur Beschränktheiten sind, vermitteln und versöhnen und so die Gegensätze des südlichen und nördlichen, westlichen und östlichen Deutschland aufheben würde.

Man braucht mir nicht zu sagen, daß Frankfurt als deutsche Hauptstadt erst dann rechte Bedeutung erlangen könnte, wenn der Bundestag in dem öffentlichen Leben der deutschen Staaten und Völker tiefere Wurzeln schlüge; ich weiß dies sehr wohl, gebe aber die Hoffnung nicht auf, daß es noch dahin kommen werde.

Friedrich de la Motte Fouqué

Lebensgeschichte des Baron Friedrich de la Motte Fouqué

[...] Am andern Tage, nach einem fast übererschöpfenden Nachtmarsch, sahen wir uns unweit Frankfurt an die Mainufer versetzt, fast wie in absoluten Friedenszustand hinein, umgeben von den anmuthigsten Gefilden, Gärten und Hainen. Keine Furcht vor den Feinden war zu den Bewohnern bis hierher gedrungen denn – ich darf es ohne alle Uebertreibung sagen – man hielt sich unter dem Schutz der Preußischen Waffen so vertrauensvoll sicher, wie etwa im Sommer vor den Stürmen des Winters. Selbst als dieser endlich ganz real um Neujahr hereinzog, und den Rhein zur gangbaren Eisbahn umgestaltete, über den man selbst mit schwerem Geschütz hätte fahren können, rückten wir zwar natürlicherweise dem Strome näher, aber die Inwohner befürchteten auch da noch nichts von einer möglichen Französischen Invasion, und der Erfolg bewies, daß sie Recht gehabt hatten.

In Frankfurt selbst fanden wir, von allen Seiten aus den Kantonnirungen zuströmendes junges Offiziervolk, die gastlichste und anmuthigste Aufnahme. Meine Schilderung dieser edlen Mainstadt in dem Ritterroman: der Zauberring, den man wohl als wohlbekannt bei dem Leser voraussetzen darf, keimte damals in der Seele des werdenden Dichters, und hat sich nach allgemeinem Urtheil frisch dorten bewahrt, denn mit leiblichen Augen hat er diesen Schmuck Deutschlands nie wieder gesehen, als nur aus weiter Ferne herüber, nach dem Siegesfeldzuge des

Jahres Dreizehn, wie wir das späterhin herauszurufen gedenken. –

Freilich, auch Dämonen lauerten dort: namentlich der Dämon des sogenannten Hazard- oder Glückspieles, aber dawider war der fröhliche Kornet zu jener Frist so ziemlich gepanzert, theils durch den heitern Empfang im Hause eines Anverwandten aus Halle, Stabs-Offiziers in der Infanterie, der nach früher bemerkter Sitte seine Frau – sie hatte schon Fritzens Kindheit als gütige Cousine gepflegt – in die Winterquartiere zu sich berufen hatte, theils durch die Erscheinung eines Fräuleins aus einem der ersten Banquier-Häuser Frankfurts. Der preußische Gouverneur der Stadt war dorten einquartiert, und dessen Generaladjutant führte einstmal die junge Dame aus ihrer Loge an den Wagen, während der Kornet ihnen auf dem Gange begegnete. Der junge Mensch blieb wie bezaubert stehen, nur eben seinen schuldigen Reverenz vor der lieblichen Gestalt herausbringend, so daß ihr Führer, ein in jeder Hinsicht erfahrner Ritter, alsbald den tiefen Eindruck wahrnahm, den auch in spätern Gesprächen ich nun achtzehnjähriger Bursch ihm nicht abläugnete. Das ward gelegentlich der Holden wiedererzählt, und man verschaffte dem jugendlichen Kriegsmann – oder Pagen, wenn man's so nennen will – Eintritt in das gastlich glänzende Haus. Die blühende Herrin fand ein ganz artiges Spielwerk an dem jungen Bezauberten, ja auch ihre um Weniges ältere Schwester mit, und Jener konnte mit Crugantino – dem nachher zum Rugantino seltsamlich Avancirten oder vielmehr Regulirten – singen:

»Eine Blond' und eine Braune
Losen um mein armes Herz.«

Nun, von einer Herzens-Angelegenheit freilich war so eigentlich die Rede nicht, aber im Cugantino's-Liede weit weniger noch. Ein recht heitres, edel-sittiges Wohlwollen fand zwischen jenen Dreien statt. Nach altreichsstädtischer Sitte hatten die Fräulein uraltgewohnte Stammesnamen ererbt, die Aelteste: Katharine, die Jüngste: Sabine. Ich läugne nicht, daß dieser Gegensatz mir zu dem überaus elegant modernen Erscheinen der Schwestern einen eigenthümlich anmuthigen Eindruck machte. Und auch an dem Interesse einer kleinen anmuthigen Geheimnißkrämerei fehlte es keinesweges, Dank sei es der Starrheit meines bisweilen griesgramigen wackern Obristen, bei welchem nur höchst ausnahmweis an Urlaub nach Frankfurt zu denken war, und dazu wohnten nun, wie schon erwähnt, der Gouverneur und die Holden unter einem Dach, und vor Jenem hätte ich mich eigentlich sonder Urlaub nie zeigen dürfen. Aber das Dach war nicht nur hoch, sondern auch lang, und nach und nach ward auch durch den mir wohlwollenden Adjutanten der Gouverneur dergestalt günstig gestimmt, daß er mir andeuten ließ, es schade nichts, wenn wir einander manchmal begegneten. Ich möge thun, als sehe ich ihn nicht, und er wolle es dann eben so machen.

Die Frankfurter Bühne trug nicht wenig zu meinen Winterfreuden bei. Freilich regierten damals noch Kotzebue und Konsorten auf dem deutschen Theater, und zum Theil beugte ich mich dem Hergebrachten. Doch erhob sich auch in mir ein widersprechend eigenthümlicher Geist, vornehmlich gestärkt, wo das Geschwätz meinen kriegerischen Gefühlen widersprach. [...]

Heinrich Heine

Der Rabbi von Bacherach

Als die schöne Sara die Augen aufschlug, ward sie fast geblendet von den Stralen der Sonne. Die hohen Thürme einer großen Stadt erhoben sich, und der stumme Wilhelm stand mit der Hakenstange aufrecht im Kahne und leitete denselben durch das lustige Gewühl vieler buntbewimpelter Schiffe, deren Mannschaft entweder müßig hinabschaute auf die Vorbeyfahrenden oder vielhändig beschäftigt war mit dem Ausladen von Kisten, Ballen und Fässern, die auf kleineren Fahrzeugen ans Land gebracht wurden, wobey ein betäubender Lerm, das beständige Hallorufen der Barkenführer, das Geschrey der Kaufleute vom Ufer her und das Keifen der Zöllner, die in ihren rothen Rökken, mit weißen Stäbchen und weißen Gesichtern, von Schiff zu Schiff hüpften.

»Ja, schöne Sara« – sagte der Rabbi zu seiner Frau, heiter lächelnd – »das ist hier die weltberühmte freye Reichs- und Handelsstadt Frankfurt am Mayn, und das ist eben der Maynfluß, worauf wir jetzt fahren. Da drüben die lachenden Häuser, umgeben von grünen Hügeln, das ist das Sachsenhausen, woher uns der lahme Gumpertz zur Zeit des Lauberhüttenfestes die schönen Myrrhen holt. Hier siehst du auch die starke Maynbrücke mit ihren dreyzehn Bögen, und gar viel Volk, Wagen und Pferde geht sicher darüberhin, und in der Mitte steht das Häuschen, wovon die Mühmele Täubchen erzählt hat, daß ein getaufter Jude darin wohnt, der jedem, der ihm eine todte Ratte bringt, sechs Heller auszahlt für Rechnung der jüdischen Gemeinde, die dem Stadtrathe jährlich fünftausend Rattenschwänze abliefern soll!«

Ueber diesen Krieg, den die frankfurter Juden mit den Ratten zu führen haben, mußte die schöne Sara laut lachen; das klare Sonnenlicht und die neue bunte Welt, die vor ihr auftauchte, hatte alles Grauen und Entsetzen der vorigen Nacht aus ihrer Seele verscheucht, und als sie aus dem landenden Kahne von ihrem Manne und dem stummen Wilhelm aufs Ufer gehoben worden, fühlte sie sich wie durchdrungen von freudiger Sicherheit. Der stumme Wilhelm aber mit seinen schönen, tiefblauen Augen sah ihr lange ins Gesicht, halb schmerzlich, halb heiter, dann warf er noch einen bedeutenden Blick nach dem Rabbi, sprang zurück in seinen Kahn, und bald war er damit verschwunden.

»Der stumme Wilhelm hat doch viele Ähnlichkeit mit meinem verstorbenen Bruder« – bemerkte die schöne Sara. »Die Engel sehen sich alle ähnlich« – erwiderte leichthin der Rabbi, und sein Weib bey der Hand ergreifend, führte er sie durch das Menschengewimmel des Ufers, wo jetzt, weil es die Zeit der Ostermesse, eine Menge hölzerner Krambuden aufgebaut standen. Als sie durch das dunkle Maynthor in die Stadt gelangten, fanden sie nicht minder lermigen Verkehr. Hier, in einer engen Straße, erhob sich ein Kaufmannsladen neben dem andern, und die Häuser, wie überall in Frankfurt, waren ganz besonders zum Handel eingerichtet: im Erdgeschosse keine Fenster, sondern lauter offne Bogenthüren, so daß man tief hineinschauen und jeder Vorübergehende die ausgestellten Waaren deutlich betrachten konnte. Wie staunte die schöne Sara ob der Masse kostbarer Sachen und ihrer nie gesehenen Pracht! Da standen Venezianer, die allen Luxus des Morgenlands und Italiens feilboten, und die schöne Sara war wie festgebannt beim Anblick der aufgeschichteten Putzsachen und Kleinodien, der bunten

Mützen und Mieder, der güldnen Armspangen und Halsbänder, des ganzen Flitterkrams, das die Frauen sehr gern bewundern und womit sie sich noch lieber schmücken. Die reichgestickten Sammt- und Seidenstoffe schienen mit der schönen Sara zu sprechen und ihr allerley Wunderliches ins Gedächtniß zurückfunkeln zu wollen, und es war ihr wirklich zu Muthe, als wäre sie wieder ein kleines Mädchen und Mühmele Täubchen habe ihr Versprechen erfüllt und sie nach der frankfurter Messe geführt, und jetzt eben stehe sie vor den hübschen Kleidern, wovon ihr soviel erzählt worden. Mit heimlicher Freude überlegte sie schon, was sie nach Bacherach mitbringen wolle, welchem von ihren beiden Bäschen, dem kleinen Blümchen oder dem kleinen Vögelchen, der blauseidne Gürtel am besten gefallen würde, ob auch die grünen Höschen dem kleinen Gottschalk passen mögen – doch plötzlich sagte sie zu sich selber: ach Gott! die sind ja unterdessen großgewachsen und gestern umgebracht worden! Sie schrak heftig zusammen, und die Bilder der Nacht wollten schon mit all ihrem Entsetzen wieder in ihr aufsteigen; doch die goldgestickten Kleider blinzelten nach ihr wie mit tausend Schelmenaugen und redeten ihr alles Dunkle aus dem Sinn, und wie sie hinaufsah nach dem Antlitz ihres Mannes, so war dieses unumwölkt und trug seine gewöhnliche ernste Milde. »Mach die Augen zu, schöne Sara« – sagte der Rabbi und führte seine Frau weiter durch das Menschengedränge.

Welch ein buntes Treiben! Zumeist waren es Handelsleute, die laut miteinander feilschten oder auch mit sich selber sprechend an den Fingern rechneten oder auch von einigen hochbepackten Markthelfern, die im kurzen Hundetrab hinter ihnen herliefen, ihre Einkäufe nach der Heerberge schleppen ließen. Andere Gesichter ließen merken, daß bloß die Neugier sie herbeygezogen. […]

Vor jener Zeit wohnten die Juden zwischen dem Dom und dem Mainufer, nemlich von der Brücke bis zum Lumpenbrunnen und von der Mehlwage bis zu Sankt Bartholomäi. Aber die katholischen Priester erlangten eine päbstliche Bulle, die den Juden verwehrte, in solcher Nähe der Hauptkirche zu wohnen, und der Magistrat gab ihnen einen Platz auf dem Wollgraben, wo sie das heutige Judenquartier erbauten. Dieses war mit starken Mauern versehen, auch mit eisernen Ketten vor den Thoren, um sie gegen Pöbelandrang zu sperren. Denn hier lebten die Juden ebenfalls in Druck und Angst und mehr als heut zu Tage in der Erinnerung früherer Nöthen. Im Jahr 1240 hatte das entzügelte Volk ein großes Blutbad unter ihnen angerichtet, welches man die erste Judenschlacht nannte, und im Jahr 1349, als die Geißler bei ihrem Durchzuge die Stadt anzündeten und die Juden des Brandstiftens anklagten, wurden diese von dem aufgereitzten Volke zum größten Theil ermordet, oder sie fanden den Tod in den Flammen ihrer eignen Häuser, welches man die zweite Judenschlacht nannte. Später bedrohte man die Juden noch oft mit dergleichen Schlachten, und bey innern Unruhen Frankfurts, besonders bey einem Streite des Rathes mit den Zünften, stand der Christenpöbel oft im Begriff das Judenquartier zu stürmen. Letzteres hatte zwey Thore, die an katholischen Feyertagen von außen, an jüdischen Feyertagen von innen geschlossen wurden, und vor jedem Thor befand sich ein Wachthaus mit Stadtsoldaten.

Als der Rabbi mit seinem Weibe an das Thor des Judenquartiers gelangte, lagen die Landsknechte, wie man durch die offnen Fenster sehen konnte, auf der Pritsche ihrer Wachtstube, und draußen vor der Thüre, im vollen Sonnenschein, saß der Trommelschläger und phantasierte auf seiner großen Trommel. Das war eine schwere, dicke Gestalt; Wams und Hosen von feuergelbem Tuch, an Armen und Lenden weit aufgepufft und als wenn unzählige Menschenzungen daraus hervorleckten, von oben bis unten besät mit kleinen eingenähten rothen Wülstchen; Brust und Rücken gepanzert mit schwarzen Tuchpolstern, woran die Trommel hing; auf dem Kopfe eine platte, runde schwarze Kappe; das Gesicht ebenso platt und rund, auch orangengelb und mit rothen Schwärchen gespickt und verzogen zu einem gähnenden Lächeln. So saß der Kerl und trommelte die Melodie des Liedes, das einst die Geißler bey der Judenschlacht gesungen, und mit seinem rauhen Biertone gurgelte er die Worte:

»Unsre liebe Fraue,
Die ging im Morgentaue,
Kyrie Eleison!«

»Hans, das ist eine schlechte Melodie« – rief eine Stimme hinter dem verschlossenen Thore des Judenquartiers – »Hans, auch ein schlecht Lied, paßt nicht für die Trommel, paßt gar nicht und bey Leibe nicht in der Messe und am Ostermorgen, schlecht Lied, gefährlich Lied, Hans, Hänschen, klein Trommelhänschen, ich bin ein einzelner Mensch, und wenn du mich lieb hast, wenn du den Stern lieb hast, den langen Stern, den langen Nasenstern, so hör auf!«

Diese Worte wurden von dem ungesehenen Sprecher theils angstvoll hastig, theils aufseufzend langsam hervorgestoßen, in einem Tone, worin das ziehend Weiche und das heiser Harte schroff abwechselte, wie man ihn bey Schwindsüchtigen findet. Der Trommelschläger blieb unbewegt, und in der vorigen Melodie forttrommelnd, sang er weiter:

»Da kam ein kleiner Junge,
Sein Bart war ihm entsprungen,
Haleluja!«

»Hans« – rief wieder die Stimme des obenerwähnten Sprechers – »Hans, ich bin ein einzelner Mensch, und es ist ein gefährlich

Lied, und ich hör es nicht gern, und ich hab meine Gründe, und wenn du mich lieb hast, singst du was anders, und morgen trinken wir ...«

Bey dem Wort »trinken« hielt der Hans inne mit seinem Trommeln und Singen, und biedern Tones sprach er: »Der Teufel hole die Juden, aber du, lieber Nasenstern, bist mein Freund, ich beschütze dich, und wenn wir noch oft zusammen trinken, werde ich dich auch bekehren. Ich will dein Pathe seyn; wenn du getauft wirst, wirst du selig, und wenn du Genie hast und fleißig bey mir lernst, kannst du sogar noch Trommelschläger werden. Ja, Nasenstern, du kannst es noch weit bringen, ich will dir den ganzen Katechismus vortrommeln, wenn wir morgen zusammen trinken – aber jetzt mach mahl das Thor auf, da stehen zwey Fremde und begehren Einlaß.«

»Das Thor auf?« – schrie der Nasenstern, und die Stimme versagte ihm fast. »Das geht nicht so schnell, lieber Hans, man kann nicht wissen, man kann gar nicht wissen, und ich bin ein einzelner Mensch. Der Veitel Rindskopf hat den Schlüssel und steht jetzt still in der Ecke und brümmelt sein Achtzehn-Gebeth; da darf man sich nicht unterbrechen lassen. Jäkel der Narr ist auch hier, aber er schlägt jetzt sein Wasser ab. Ich bin ein einzelner Mensch!«

»Der Teufel hole die Juden!« – rief der Trommelhans, und über diesen eignen Witz laut lachend, trollte er sich nach der Wachtstube und legte sich ebenfalls auf die Pritsche.

Während nun der Rabbi mit seinem Weibe jetzt ganz allein vor dem großen verschlossenen Thore stand, erhub sich hinter demselben eine schnarrende, näselnde, etwas spöttisch gezogene Stimme: »Sternchen, dröhnle nicht so lange, nimm die Schlüssel aus Rindsköpfchens Rocktasche, oder nimm deine Nase, und schließe damit das Tor auf. Die Leute stehen schon lange und warten.«

»Die Leute?« – schrie ängstlich die Stimme des Mannes, den

man den Nasenstern nannte – »ich glaubte, es wäre nur Einer, und ich bitte dich, Narr, lieber Jäkel Narr, guck mahl heraus, wer da ist?«

Da öffnete sich im Thore ein kleines, wohlvergittertes Fensterlein, und zum Vorschein kam eine gelbe, zweyhörnige Mütze und darunter das drollig verschnörkelte Lustigmachergesicht Jäkels des Narren. In demselben Augenblicke schloß sich wieder die Fensterluke, und ärgerlich schnarrte es: »Mach auf, mach auf, draußen ist nur ein Mann und ein Weib.«

»Ein Mann und ein Weib!« – ächzte der Nasenstern. – »Und wenn das Tor aufgemacht wird, wirft das Weib den Rock ab und es ist auch ein Mann, und es sind dann zwey Männer, und wir sind nur unserer Drey!«

»Sey kein Hase« – erwiderte Jäkel der Narr – »und sei herzhaft und zeige Courage.«

»Courage!« – rief der Nasenstern und lachte mit verdrießlicher Bitterkeit – »Hase! Hase ist ein schlechter Vergleich, Hase ist ein unreines Thier. Courage! Man hat mich nicht der Courage wegen hierhergestellt, sondern der Vorsicht halber. Wenn zu viele kommen, soll ich schreyen. Aber ich selbst kann sie nicht zurückhalten. Mein Arm ist schwach, ich trage eine Fontanelle, und ich bin ein einzelner Mensch. Wenn man auf mich schießt, bin ich todt. Dann sitzt der reiche Mendel Reiß am Sabbath bei Tische und wischt sich vom Maul die Rosinensauce und streichelt sich den Bauch und sagt vielleicht: das lange Nasensternchen war doch ein braves Kerlchen, wäre Es nicht gewesen, so hätten sie das Thor gesprengt, Es hat sich doch für uns todt schießen lassen, Es war ein braves Kerlchen, schade, daß Es todt ist –«

Die Stimme wurde hier allmählig weich und weinerlich, aber plötzlich schlug sie über in einen hastigen, fast erbitterten Ton: »Courage! Und damit der reiche Mendel Reiß sich die Rosinensauce vom Maul abwischen und sich den Bauch streicheln und mich bravs Kerlchen nennen möge, soll ich mich todtschießen lassen? Courage! Herzhaft! Der kleine Strauß war herzhaftig und hat gestern auf dem Römer dem Stechen zugesehen und hat geglaubt, man kenne ihn nicht, weil er einen violetten Rock trug, von Sammt, drey Gulden die Elle, mit Fuchsschwänzchen, ganz goldgestickt, ganz prächtig – und sie haben ihm den violetten Rock so lange geklopft, bis er abfärbte und auch sein Rücken violett geworden ist und nicht mehr menschenähnlich sieht. Courage! Der krumme Leser war herzhaftig, nannte unseren lumpigen Schultheiß einen Lump, und sie haben ihn an den Füßen aufgehängt zwischen zwey Hunden, und der Trommelhans trommelte. Courage! Sey kein Hase! Unter den vielen Hunden ist der Hase verloren, ich bin ein einzelner Mensch, und ich habe wirklich Furcht!«

»Schwör mahl!« – rief Jäkel der Narr.

»Ich habe wirklich Furcht!« – wiederholte seufzend der Nasenstern – »ich weiß, die Furcht liegt im Geblüt, und ich habe es von meiner seligen Mutter –«

»Ja, ja!« – unterbrach ihn Jäkel der Narr – »und deine Mutter hatte es von ihrem Vater, und der hatte es wieder von dem seinigen, und so hatten es deine Voraltern einer vom andern, bis auf deinen Stammvater, welcher unter König Saul gegen die Philister zu Felde zog und der erste war, welcher Reißaus nahm. – Aber sieh mahl, Rindsköpfchen ist gleich fertig, er hat sich bereits zum viertenmal gebückt, schon hüpft er wie ein Floh bey dem dreymaligen Worte Heilig, und jetzt greift er vorsichtig in die Tasche ...«

In der Tat, die Schlüssel rasselten, knarrend öffnete sich ein Flügel des Thores, und der Rabbi und sein Weib traten in die ganz menschenleere Judengasse. Der Aufschließer aber, ein kleiner Mann mit gutmüthig sauerm Gesicht, nickte träumerisch wie einer, der in seinen Gedanken nicht gern gestört seyn möchte, und nachdem er das Thor wieder sorgsam verschlossen, schlappte er, ohne ein Wort zu reden, nach einem Winkel hinter dem Thore, beständig Gebethe vor sich hin murmelnd. Minder schweigsam war Jäkel der Narr, ein untersetzter, etwas krummbeinigter Gesell, mit einem lachend vollrothen Antlitz und einer unmenschlich großen Fleischhand, die er aus den weiten Aermeln seiner buntschäckigen Jacke zum Willkomm hervorstreckte. Hinter ihm zeigte oder vielmehr barg sich eine lange, magere Gestalt, der schmale Hals weiß befiedert von einer feinen batistnen Krause und das dünne, blasse Gesicht gar wundersam geziert mit einer fast unglaublich langen Nase, die sich neugierig angstvoll hin und her bewegte.

»Gott willkommen! zum guten Festtag!« – rief Jäkel der Narr – »Wundert Euch nicht, daß jetzt die Gasse so leer und still ist. Alle unsere Leute sind jetzt in der Synagoge, und Ihr kommt eben zur rechten Zeit um dort die Geschichte von der Opferung Isaaks vorlesen zu hören. Ich kenne sie, es ist eine interessante Geschichte, und wenn ich sie nicht schon drey und dreyzig mahl angehört hätte, so würde ich sie gern dies Jahr noch einmal hören. Und es ist eine wichtige Geschichte, denn wenn Abraham den Isaak wirklich geschlachtet hätte und nicht den Ziegenbock, so wären jetzt mehr Ziegenböcke und weniger Juden auf der Welt.« – Und mit wahnsinnig lustiger Grimasse fing der Jäkel an, folgendes Lied aus der Agade zu singen:

»Ein Böcklein, ein Böcklein, das gekauft Väterlein, er gab dafür zwey Suslein; ein Böcklein, ein Böcklein!

Es kam ein Kätzlein und aß das Böcklein, das gekauft Väterlein, er gab dafür zwey Suslein; ein Böcklein, ein Böcklein!

Es kam ein Hündlein und biß das Kätzlein, das gefressen das Böcklein, das gekauft Väterlein, er gab dafür zwey Suslein; ein Böcklein, ein Böcklein!

Es kam ein Stöcklein und schlug das Hündlein, das gebissen das Kätzlein, das gefressen das Böcklein, das gekauft Väterlein, er gab dafür zwey Suslein; ein Böcklein, ein Böcklein!

Es kam ein Feuerlein und verbrannte das Stöcklein, das geschlagen das Hündlein, das gebissen das Kätzlein, das gefressen das Böcklein, das gekauft Väterlein, er gab dafür zwey Suslein; ein Böcklein, ein Böcklein!

Es kam ein Wässerlein und löschte das Feuerlein, das verbrannt das Stöcklein, das geschlagen das Hündlein, das gebissen das Kätzlein, das gefressen das Böcklein, das gekauft Väterlein, er gab dafür zwey Suslein; ein Böcklein, ein Böcklein!

Es kam ein Oechslein und soff das Wässerlein, das gelöscht das Feuerlein, das verbrannt das Stöcklein, das geschlagen das Hündlein, das gebissen das Kätzlein, das gefressen das Böcklein, das gekauft Väterlein, er gab dafür zwey Suslein; ein Böcklein, ein Böcklein!

Es kam ein Schlächterlein und schlachtete das Oechslein, das gesoffen das Wässerlein, das gelöscht das Feuerlein, das verbrannt das Stöcklein, das geschlagen das Hündlein, das gebissen das Kätzlein, das gefressen das Böcklein, das gekauft Väterlein, er gab dafür zwey Suslein; ein Böcklein, ein Böcklein!

Es kam ein Todesenglein und schlachtete das Schlächterlein, das geschlachtet das Oechslein, das gesoffen das Wässerlein, das gelöscht das Feuerlein, das verbrannt das Stöcklein, das geschlagen das Hündlein, das gebissen das Kätzlein, das gefressen das Böcklein, das gekauft Väterlein, er gab dafür zwey Suslein; ein Böcklein, ein Böcklein!«

»Ja, schöne Frau« – fügte der Sänger hinzu – »einst kommt der Tag, wo der Engel des Todes den Schlächter schlachten wird, und all unser Blut kommt über Edom; denn Gott ist ein rächender Gott – – –«

Aber plötzlich den Ernst, der ihn unwillkürlich beschlichen, gewaltsam abstreifend, stürzte sich Jäkel der Narr wieder in seine Possenreißereyen und fuhr fort mit schnarrendem Lustigmachertone: »Fürchtet Euch nicht, schöne Frau, der Nasenstern thut Euch nichts zu Leid. Nur für die alte Schnapper-Elle ist er gefährlich. Sie hat sich in seine Nase verliebt, aber die verdient es auch. Sie ist schön wie der Thurm, der gen Damaskus schaut, und erhaben wie die Ceder des Libanons. Auswendig glänzt sie wie Gimmgold und Syrob, und inwendig ist lauter Musik und Lieblichkeit. Im Sommer blüht sie, im Winter ist sie zugefroren, und Sommer und Winter wird sie gehätschelt von Schnapper-Elles weißen Händen. Ja, die Schnapper-Elle ist verliebt in ihn, ganz vernarrt. Sie pflegt ihn, sie füttert ihn, und sobald er fett genug ist, wird sie ihn heurathen, und für ihr Alter ist sie noch jung genug, und wer mal nach dreyhundert Jahren hierher nach Frankfurt kömmt, wird den Himmel nicht sehen können vor lauter Nasensternen!«

»Ihr seyd Jäkel der Narr« – rief lachend der Rabbi – »ich merk es an Euren Worten. Ich habe oft von Euch sprechen gehört.«

»Ja, ja« – erwiderte jener mit drolliger Bescheidenheit – »ja, ja, das macht der Ruhm. Man ist oft weit und breit für einen größern Narren bekannt, als man selbst weiß. Doch ich gebe mir viele Mühe, ein Narr zu seyn und springe und schüttle mich, damit die Schellen klingeln. Andre haben's leichter... Aber sagt mir, Rabbi, warum reiset Ihr am Feyertage?«

»Meine Rechtfertigung« – versetzte der Befragte – »steht im Talmud, und es heißt: Gefahr vertreibt den Sabbath.«

»Gefahr!« – schrie plötzlich der lange Nasenstern und gebärdete sich wie in Todesangst – »Gefahr! Gefahr! Trommelhans trommel, trommle, Gefahr! Gefahr! Trommelhans ...«

Draußen aber rief der Trommelhans mit seiner dicken Bierstimme: »Tausend Donner Sakrament! Der Teufel hole die Juden! Das ist schon das drittemal, daß du mich heute aus dem Schlafe weckst, Nasenstern! Mach mich nicht rasend! Wenn ich rase, werde ich wie der leibhaftige Satanas, und dann, so wahr ich ein Christ bin, dann schieße ich mit der Büchse durch die Gitterluke des Thores, und dann hüte jeder seine Nase!«

»Schieß nicht! Schieß nicht! Ich bin ein einzelner Mensch« – wimmerte angstvoll der Nasenstern und drückte sein Gesicht fest an die nächste Mauer, und in dieser Stellung verharrte er zitternd und leise betend.

»Sagt, sagt, was ist passirt?« – rief jetzt auch Jäkel der Narr mit all jener hastigen Neugier, die schon damals den frankfurter Juden eigenthümlich war.

Der Rabbi aber riß sich von ihm los und ging mit seinem Weibe weiter die Judengasse hinauf. »Sieh, schöne Sara« – sprach er seufzend – »wie schlecht geschützt ist Israel! Falsche Freunde hüten seine Thore von außen, und drinnen sind seine Hüter Narrheit und Furcht!«

Langsam wanderten die beiden durch die lange, leere Straße, wo nur hie und da ein blühender Mädchenkopf zum Fenster hinausguckte, während sich die Sonne in den blanken Scheiben festlich heiter bespiegelte. Damals nemlich waren die Häuser des Judenviertels noch neu und nett, auch niedriger wie jetzt, indem erst späterhin die Juden, als sie in Frankfurt sich sehr vermehrten und doch ihr Quartier nicht erweitern durften, dort immer ein Stockwerk über das andere bauten, sardellenartig zusammenrückten und dadurch an Leib und Seele verkrüppelten. Der Theil des Judenquartiers, der nach dem großen Brande stehengeblieben und den man die Alte Gasse nennt, jene hohen, schwarzen Häuser, wo ein grinsendes, feuchtes Volk umherschachert, ist ein schauderhaftes Denkmal des Mittelalters. Die ältere Synagoge existirt nicht mehr; sie war minder geräumig als die jetzige, die später erbaut wurde, nachdem die Nüremberger Vertriebenen in die Gemeinde aufgenommen worden. Sie lag nördlicher. Der Rabbi brauchte ihre Lage nicht erst zu erfragen. Schon aus der Ferne vernahm er die vielen verworrenen und überaus lauten Stimmen. Im Hofe des Gotteshauses trennte er sich von seinem Weibe. Nachdem er an dem Brunnen, der dort steht, seine Hände gewaschen, trat er in jenen untern Theil der Synagoge, wo die Männer beten; die schöne Sara hingegen erstieg eine Treppe und gelangte nach der Abtheilung der Weiber.

Ludwig Braunfels

Straßen und Plätze, Paläste und Spazierwege

Frankfurt ist in vierzehn Quartiere eingeteilt, von denen zwei auf Sachsenhausen kommen. Den Zugang zur Stadt eröffnen auf der Landseite neun Tore, mit geschmackvollen Wachhäusern im antiken Stil zur Seite. Unter ihnen zeichnet sich das Friedberger Tor durch das davorstehende Denkmal der gefallenen Hessen aus, das Eschenheimer Tor durch den mächtigen runden Turm, den fünf Spitzen krönen und der von allen Festungswerken der Stadtseite nördlich des Mains allein noch erhalten ist. Bald wird noch ein zehntes Tor am Ausgang der Gallusgasse dazukommen, um einen näheren Weg zu den Bahnhöfen zu brechen. An den Main führen von beiden Seiten eine größere Anzahl Tore und Pförtchen. Soweit der Main die Stadt durchfließt, dehnt sich auf seiner rechten Seite vom Ober- zum Untermaintor ein breiter, stattlicher Kai aus, zum größten Teil mit neuen, schönen Häusern besetzt.

Die Straßen sind im allgemeinen weder breit noch gerade angelegt – dies gilt besonders von der Vorstadt Sachsenhausen –, die Schöpfungen der neueren Zeit machen natürlich eine Ausnahme. Berühmt ist die Zeil mit ihren prachtvollen Gebäuden, deren Erdgeschosse den reichsten Basar für jedes Bedürfnis des Luxus bilden. Durch geschmackvolle Bauart zeichnen sich aus: die Schöne Aussicht, ans Obermaintor anstoßend; die Neue Mainzer Straße, nach dem Reichtum ihrer Bewohner wohl auch die Millionärsstraße genannt; sodann die westliche Vorstadt an den Eisenbahnhöfen, die eine wahre Stadt der Paläste zu werden verspricht; die Lange Straße; endlich die sogenannten Wallstraßen, unter welchem Namen man die meisten der Straßen versteht, die auf der Stelle der ehemaligen Festungswerke erbaut wurden. Unter ihnen ist die Hochstraße unbedingt die prachtvollste.

Große Plätze finden sich fast nur in den neueren Stadtvierteln. In der alten Stadt sind hauptsächlich der Römer- und der Samstagsberg zu nennen. Der Liebfrauenberg, nach der anliegenden Kirche so genannt, ist mit einem Springbrunnen geziert, dessen mächtiger Umfang mit den dünnen Wasserstrahlen, die er spendet, in schlechter Harmonie steht. Der Domplatz ist erst in neuester Zeit durch den Abbruch der alten Michaelskapelle entstanden; ebenso der Paulsplatz durch die Beseitigung des Barfüßerklosters. Die größten vier Plätze liegen nahe beieinander; sie heißen Paradeplatz, Roßmarkt, Allee und Komödienplatz. In der Mitte der Allee erhebt sich das prachtvolle eherne Standbild Goethes, von der Meisterhand Schwanthalers gefertigt, an den vier Seiten des Fußgestells mit Basreliefs, die Gruppen und Szenen aus den Werken des Dichters darstellen. Den Roßmarkt soll ein Denkmal der drei Erfinder des Buchdrucks zieren, das von der Launitz hoffentlich bald vollendet haben wird. [...]

Der Palast des Fürsten von Thurn und Taxis, der in der Eschenheimer Gasse liegt, ist 1730 von dem Italiener de Opera erbaut worden. Die Anlage im Stil Ludwigs XV. ist großartig; ein Hauptgebäude und zwei Flügel umgeben einen weiten Hof, zu dem man durch ein Portal gelangt. Die Anzahl der Gemächer beträgt 140; eingelegte Fußböden, Hautelisse- und Gobelintapeten, reiche Verzierungen jeder Art rühmen den Kunstsinn des Erbauers. Fresken und Ölbilder von Bernardini, Quellinus, Lucas Anton und mannigfaltige Bildhauerwerke schmücken Säle und Vorplätze wie den Garten. In diesem Palast hält der Deutsche Bundestag seine Sitzungen ab.

Sonst hätten wir noch zu erwähnen: den Saalhof, in dem nur noch eine Kapelle aus der karolingischen Zeit übrig ist und dessen Raum jetzt zwei Privatgebäude ausfüllen; das Steinerne Haus, Stammhaus der Patrizierfamilie Mehlem, aus dem Jahre 1454; das Fürsteneck nahe der Brücke, 1424 erbaut; das Haus Braunfels, das jetzt in seinem oberen Stockwerk einen Basar enthält.

Aus neuerer Zeit hat Frankfurt zu viele geschmackvolle Bauten, als daß wir sie alle hier aufführen könnten. Zu den bedeutendsten gehören das Mühlhensche Haus in der Eschenheimer Gasse und der Englische Hof am Roßmarkt, beide in bestem italienischem Stil des vorigen Jahrhunderts; das Mummsche Haus, der Russische Hof und das Postgebäude in der Zeil [...]

Die schöne Lage Frankfurts haben wir schon erwähnt. Das alte Weichbild der Stadt bezeichnen noch heute die grauen Warten, die wie ausgediente Kriegsknechte, denen man aus Gnade Torschreiberposten gegeben hat, nach den vier Himmelsgegenden an den Grenzen der Gemarkung stehen; sie dienen jetzt als Straßenzollstätten. Auf dem Raum der ehemaligen Stadtwälle zieht sich rings um Frankfurt ein Gürtel reizender Spaziergänge, wie sie nicht leicht eine andere Stadt zu bieten hat. Doch jenseits dieser »Promenaden« und weit darüber hinaus sind zahlreiche Häuserreihen aus dem Boden gestiegen; so daß sich die Baumgänge und Blumenbeete jetzt eigentlich innerhalb der Stadt befinden und nach allen Seiten reizende Vorstädte entstehen, deren Häuser die Vorteile des städtischen Aufenthalts mit den Annehmlichkeiten des Landlebens verbinden.

In der Umgebung der Stadt liegt auch der Friedhof, unter dessen Totenmalen sich ausgezeichnete Kunstwerke befinden: so die Basreliefs von Thorwaldsen in der Bethmannschen Familiengruft; die Grabmäler der Frau Bethmann-Holweg und der Frau von Markeloff, von Launitz, das kolossale Grabmahl der Gräfin Reichenbach-Lessonitz und viele sonst noch. Auf diesem

Friedhof, der erst 1827 eröffnet wurde, ruhen Feuerbach, Klüber, Sömmering. Das Leichenhaus wird zu wenig benutzt, als daß man von Ergebnissen dieser Anstalt reden könnte.

Die Vorstadt Sachsenhausen hat ihre besondere Totenstätte jenseits des Mains. Fremde besuchen den Friedhof häufig wegen seiner Denkmäler und der schönen Landschaft willen; der Frankfurter richtet seine Ausflüge lieber nach anderen Punkten, wo das Leben sich von heiterer Seite zeigt. Die Wirtschaftsgärten, die Felsenkeller auf dem Mühlberg und dem Röderberg, beide mit herrlicher Aussicht, sowie der Sandhof stehen zur guten Jahreszeit den fleißigen Gästen offen. Am Pfingstdienstag zieht die ganze Stadt zu Fuß oder mit Roß und Wagen hinaus in den Teil des Forstes, der schlechtweg »das Wäldchen« genannt wird: jung und alt, reich und arm schmaust vom mitgebrachten Vorrat. Andere ziehen zum Forsthaus oder zum benachbarten Dorf Niederrad; beide sind auch zu jeder anderen Zeit von Frankfurtern besuchte Punkte. Der »Wäldchestag« ist seit Jahrhunderten ein wahres, ein allgemeines Volksfest. Der Himmelfahrtstag wird auf ähnliche Weise, doch weniger allgemein gefeiert. Volksfeste anderer Art begeht man zu Neujahr und Fastnacht.

Malwida Freiin von Meysenbug

Memoiren einer Idealistin

[...] Die Nachricht, daß ein deutsches Vorparlament sich in Frankfurt versammeln werde, erfüllte mich mit namenloser Freude. Die Stadt war in einer grenzenlosen Aufregung. In der Versammlung der freien Gemeinde, die ich schon während des ganzen Winters statt der protestantischen Kirche besucht hatte, stieg der Redner nicht auf die Kanzel, um irgendeiner Betrachtung regelrecht zu folgen, sondern er sprach am Altar feurige Worte der Begeisterung, indem er die Gemeinde aufforderte, bereit zu sein, einen freudigen Kampf zu kämpfen um die heiligsten Rechte der Menschheit. Draußen hörte man Waffengeklirr, denn die Bürger eilten in das nahe Zeughaus, um sich zu bewaffnen. Mir war todesfreudig zu Mute. Ich hätte gewünscht, daß der Feind draußen vor dem Tore der kleinen Kirche gestanden hätte, und daß wir alle hinausgezogen wären, Luthers Choral singend, um für die Freiheit zu kämpfen oder zu sterben. – Das Volk kam aus seinen Höhlen hervor mit dem neugierigen Blick und dem naiven Erstaunen eines Menschen, den man lange Zeit im Dunkeln gehalten, und der den Tag wiedersieht. Ich mischte mich unter die Volkshaufen, die fortwährend die Straßen füllten. Ich teilte ihre Freude, als man die dreifarbige Fahne auf dem Palais in der Eschenheimer Gasse aufpflanzte, wo der deutsche Bund so lange nicht zum Heile, sondern zum Unheile Deutschlands, getagt hatte. Oft stand ich bei den Gruppen der Arbeiter, die sich vor den Schaufenstern der Bilderläden versammelten, an denen die Porträts der Männer der provisorischen Regierung in Paris, der ersten Liberalen Deutschlands, der Häupter der großen französischen Revolution usw. ausgestellt waren. Ich suchte ihnen alles zu erklären, ihnen die Männer zu bezeichnen, in die sie Vertrauen haben könnten, ihnen die Bedeutung der kommenden Tage klar zu machen. Ein neues Leben sprang überall auf. Auch im Theater erschienen die Schillerschen Dramen wieder, die lange von den deutschen Bühnen verbannt gewesen waren. Ich wohnte der ersten Aufführung von Don Carlos bei. Es war, als finge man jetzt erst an, den edelsten der deutschen Dichter zu begreifen, als spräche seine große Seele jetzt zum erstenmal zu dem erwachenden Vaterland. In der Szene, wo Posa für die unterdrückten Niederlande Freiheit erbittet und mit dem Zauber seiner schönen Seele sogar des Despoten Herz bewegt, brach der Jubel in unbändiger Weise aus. Zu gleicher Zeit tönte Freudengeschrei von der Straße her. Alles fragte nach der Ursache; die Antwort wurde laut von jemand aus dem Parterre verkündet; es zogen eben einige Männer des Vorparlaments in die Stadt ein, die jahrelang Märtyrer ihrer freien Ansichten gewesen waren. Das Volk hatte ihnen die Pferde abgespannt und zog sie im Triumph durch die Straßen. Ein Rausch des Entzückens war in aller Herzen.

Die Natur selbst feierte dies Fest der Wiedergeburt. Der Frühling war außerordentlich früh und schön. Ende März war schon alles grün und in Blüte, so daß es möglich gewesen war, die ganze Stadt in einen Garten zu verwandeln. Die Häuser waren mit Blumen und dreifarbigen Fahnen geschmückt. Man wandelte in den Straßen wie in grünen Laubgängen. Die Eisenbahnen, die Dampfschiffe, mit Fahnen und Blumen geschmückt, brachten unaufhörlich Scharen fröhlicher Pilger, die zum Jubiläum der Freiheit herbeieilten. Niemals vielleicht, selbst in den Tagen des Ruhmes bei den Kaiserwahlen, hatte die alte Reichsstadt so viel Menschen versammelt gesehen.

Der letzte März kam. Eine glorreiche Sonne glänzte am wolkenlosen Himmel über der blumengeschmückten Stadt und den Massen geschmückter Menschen. Eine junge Bekannte, die einzige Person in meinen Umgebungen, die meine Gesinnungen teilte, kam ganz früh am Morgen, um mich abzuholen und mit mir nach der Möglichkeit zu spähen, den Ereignissen des Tages in etwas beizuwohnen. Wir nahmen unseren Weg nach dem Römerplatz, wo das ehrwürdige Gebäude steht, in dem einst die deutschen Kaiser des heiligen römischen Reichs gewählt wurden. Der Platz war ringsum von den Reihen der Frankfurter Nationalgarde und der Turner umgeben, denn auch Vater Jahns Turnvereine, so lange als staatsgefährlich verboten, waren wieder aufgelebt. Es war ein heiterer Anblick, diese frische, fröhliche Jugend zu sehen in einem nicht unmalerischen Anzug, leinenem Kittel, spitzem Hut mit breitem Rand und Feder, die Waffen in der Hand und das Gesicht von Begeisterung leuchtend. Es war das Versprechen einer Zukunft, wo man keine stehenden Heere mehr brauchen würde, sondern wo jeder freie Mann, wohl in den Waffen geübt, bereit sein würde, das Vaterland und den eigenen Herd, wenn es sein müßte, mit aller Kraft zu verteidigen.

Wir drangen glücklich durch die Reihen durch und traten in eines der dem Römer zunächstgelegenen Häuser aufs Geratewohl ein, um die Einwohner zu bitten, uns ein Plätzchen an einem Fenster zu gönnen. Die einfachen Bürgersleute fanden unsre Bitte ganz natürlich und führten uns in ein Schlafzimmer, wo ein kleines Kind in der Wiege schlummerte, unbekümmert um das, was draußen vorging.

Der Platz war dichtgedrängt voll Menschen und schien wie mit einem Mosaik von Köpfen bedeckt. Kaum daß eine Straße offen erhalten werden konnte, um die Abgeordneten des Volks zum Römer hineinzuführen. In dem alten Kaisersaale sollte das Vorparlament sich konstituieren, seinen Präsidenten wählen und von da sich in die Paulskirche, die in Eile für die Sitzungen zubereitet war, begeben. Endlich nahte der Zug der Abgeordneten, die, je zwei und zwei, auf dem offengehaltenen Pfad entblößten Hauptes und nach allen Seiten die jubelnde Menge grüßend zum Römer gingen. Vor allem wurden die Männer aus Baden mit freudigem Zuruf begrüßt, die schon lange als Vorkämpfer einer freieren Zukunft bekannt waren. Während nun im Römer beraten wurde, wogte ein reges Leben unter den Tausenden auf dem Platze; Hoffnung, Erwartung, Staunen über das so plötzlich Errungene machten sich in den lebhaftesten Äußerungen Luft. Wohl mochte auch die Furcht manches Herz bewegen, aber sie schwieg vor der Freudenfülle des Tages, und die Bosheit stand im stillen lauernd, um ihr geheimes und gefährliches Spinnennetz zu weben, in dem die sorglos Freudigen und die übereilt Sicheren zur bestimmten Stunde wieder gefangen werden sollten.

Endlich kündeten Kanonenschüsse und Glockenläuten an, daß das erste deutsche Parlament sich konstituiert habe. Plötzlich wurde alles still und am großen Fenster des Römer, von wo einst der erwählte Kaiser dem Volk verkündet wurde, rief nun einer der Deputierten den Namen des Präsidenten des Vorparlaments aus. Es war ein Name, der allen, welche die Freiheit liebten, bekannt und lieb war.

Welches Auge wäre wohl trocken geblieben in diesem Moment! Welches Herz hätte nicht in seliger Zuversicht geschlagen! Wer hätte nicht gehofft, daß das deutsche Volk, das Volk ernster Denker, so unterrichtet, so ruhig besonnen, mündig sei und die Verantwortlichkeit für seine Zukunft selbst in die Hand nehmen könne? Wer hätte gezweifelt, daß die von der Liebe und dem Vertrauen des Volks erwählten Männer fähig seien, die Träume ihres ganzen Lebens endlich zu verwirklichen?

Ich zweifelte nicht, ich sah nur, »unverhofft ein ewig Glück auf goldnen Strahlen glänzend niedersteigen«. Meine persönlichen Kämpfe traten in den Hintergrund vor dem Glück des Vaterlands. Niemals hatte ich Deutschland so heiß geliebt. Noch vor einigen Wochen hatte ich gewünscht, in dem sich erhebenden Italien zu sein. Jetzt hätte ich um keinen Preis von Deutschland weg gemocht; ich fühlte mich mit allmächtigen Liebesbanden daran geknüpft und war überzeugt, daß nirgends die Entwicklung so vollständig und schön sein würde.

Als ich nach Haus zurückkehrte und erzählte, wo ich gewesen sei, wunderte man sich über meine Kühnheit, aber man tadelte sie nicht, denn sie war gelungen, und der Erfolg meiner Ansichten hielt die Kritik etwas zurück. Meine einzige bittere Enttäuschung in diesen Tagen war, nicht in die Paulskirche zu können, die, weil zu wenig Raum war, nur dem männlichen Publikum geöffnet war. Was mich aber ein wenig tröstete, das war der Anblick des öffentlichen Lebens. Man sah da Szenen, von denen man bisher keine Ahnung gehabt hatte. Tribünen wurden in den Straßen, auf den öffentlichen Spaziergängen improvisiert, von denen herab die hervorragendsten Volksmänner, wie Hecker, Struve, Blum u. a. zu dem Volke sprachen. Die Jugend besonders drängte sich um diese Tribünen und gab, zumal durch die malerische Tracht der Turner, diesem Schauspiel auch einen äußeren Reiz. Die radikale, republikanische Partei wollte entscheidende Maßregeln: die Erklärung der Grundrechte des deutschen Volks, die unmittelbare Bewaffnung aller waffenfähigen Männer und die Permanenz des Vorparlaments, bis ein definitives Parlament vom Volke erwählt sei. Dies war ein revolutionäres Programm, die Erklärung der Souveränität des Volks. Die Gemäßigten, die Ängstlichen erschraken davor. Die geheimen Feinde, die politischen und religiösen Jesuiten unterminierten den Boden und wühlten im stillen. Die Majorität war noch zu erstaunt, zu überrascht von all dem Geschehenen, um ein klares Bewußtsein über die nötigsten Dinge des Augenblicks zu haben. Man unterhandelte mit der Vergangenheit; man nahm Vorsichtsmaßregeln; man wollte die Form retten; man wollte den Terrorismus verhüten; man verwarf die Vorschläge der republikanischen Minorität und ergriff halbe Maßregeln, die immer ein Zeichen der Schwäche sind. Es wurde ein Ausschuß erwählt, um sich mit dem alten Bund, in den man einige neue liberale Mitglieder hineinbrachte, zu verständigen. Man verschob die Nationalbewaffnung bis zur Entscheidung des wirklichen Parlaments und erklärte das Vorparlament für unberechtigt, über die Geschicke der Nation zu entscheiden.

Nach diesen Beschlüssen verließen die radikalen Republikaner die Kirche, um sich direkt an das Volk zu wenden. Es war der dritte Tag der Beratungen. Die Teilung in der Versammlung, die regenerieren sollte, lag am Tage. Die Bestürzung, die Aufregung, die Befürchtungen und der Zorn von ein und der andern Seite waren schrecklich. Kundgebungen aller Art, heftige Beratungen in den verschiedenen Sektionen dauerten die ganze Nacht durch. Am Abend des dritten Tages kam die obenerwähnte junge Dame voll Freude, um mir zu sagen, daß ein Herr ihrer Bekanntschaft ihr versprochen habe, uns zwei am folgenden Tag in die Paulskirche zu bringen, an einen Platz, wo wir alles sehen und hören würden, ohne bemerkt zu werden. Wer war glücklicher als ich? Am folgenden Morgen begaben wir uns früh zur Kirche und wurden von unserem Beschützer, der zu der die Kirche umgebenden Nationalgarde gehörte, auf die Kanzel geführt, die nach dem Innern der Kirche hin mit schwarzrotgelben Tüchern verhängt war, die sich aber ein wenig auseinanderschieben ließen, so daß wir die ganze Kirche übersehen und, da die Tribüne gerade unterhalb der Kanzel war, die Redner trefflich hören konnten. Mehrere Frauen von Deputierten kamen ebenfalls in unser Versteck; sie hatten die Freundlichkeit, uns alle die bedeutendsten Männer zu zeigen, und sie belustigten uns durch den neckischen Streit, den die eine, eine Süddeutsche und feurige, radikale Republikanerin, mit einer andern, der schönen, etwas stolzen Frau eines gelehrten Doktrinärs, führte, die sie nur den »gemäßigten Fortschritt« nannte und der sie lachend prophezeite, daß man mit dem nicht zum Ziele kommen werde.

Die Mitglieder der Linken, die nicht ausgetreten waren, verlangten zunächst stürmisch die Aussöhnung mit den Radikalen, die tags zuvor die Versammlung verlassen hatten. Man sandte einen der badischen Abgeordneten an sie ab, um sie zurückzurufen. Es gelang ihm, und nach einiger Zeit kehrten die sechzig Mitglieder, Friedrich Hecker an der Spitze, in die Kirche zurück. Sie wurden jubelnd empfangen, und Hecker sprang auf die Tribüne, um das Opfer, das sie der Einheit brachten, zu erklären und zur Energie nochmals aufzufordern. Hecker war sehr schön, ein Christuskopf mit langem, blondem Haar und mit schwärmerisch begeistertem Ausdruck. Er war längst in Deutschland durch seine republikanischen Gesinnungen bekannt, und ich wußte durch Theodor, der ihn kannte, wie sehr er im Privatleben die Grundsätze verwirklichte, für die er in der badischen Kammer seit Jahren kämpfte. Er sprach mit einem Feuer und einer Beredsamkeit, die unwiderstehlich fortrissen. Ich bewunderte in diesem Augenblick das Opfer, das er der Einheit brachte, und das Publikum belohnte es mit lautem Jubel. Dennoch war es ein gefährliches Opfer, und die geheimen Feinde, deren gar manche mit auf den Bänken der Abgeordneten saßen, mochten wohl kaum ein Lächeln zurückhalten können, als sie die wiederholten Fehler derjenigen sahen, die die Freiheit retten sollten.

Nach dieser Erklärung folgten nun noch Verhandlungen und Reden über das eigentliche Resultat dieser Versammlung, das darin bestand, daß für den ersten Mai ein definitives Parlament, aus allgemeinem Stimmrecht hervorgegangen, sich in Frankfurt versammeln solle, um über die Zukunft Deutschlands zu entscheiden. Ein Freudenschrei inner- und außerhalb der Paulskirche begrüßte diesen Beschluß, der augenblicklich draußen den die Kirche umgebenden Volksmassen bekannt gemacht wurde. Ich war wie von einem Schwindel des Glücks erfaßt; ich sah meine Träume Wahrheit werden, eine reiche, freie, lebensvolle Zukunft sich für Deutschland öffnen. Um sechs Uhr abends wurde das Vorparlament geschlossen. Die Abgeordneten verließen die Kirche wieder in Prozession, während das jubelnde Volk ihnen Blumen auf den Weg streute. Ich hatte es nicht bemerkt, daß ich den ganzen Tag nichts gegessen hatte, ich dachte nur an Deutschland und an den ersten Mai. Ach, ich überlegte in meiner Freude nicht, daß jeder Verzug, in einem Augenblick der Entscheidung, verderblich ist, und daß um zu siegen, man dem Feind nie die Zeit lassen muß, sich zu sammeln.

Als ich zurückkehrte, fand ich niemand zu Haus. Es war mir lieb, denn ich hatte nötig, allein zu sein, um mich ungestört den Empfindungen hinzugeben, die mein Herz füllten. Ich setzte mich an das offene Fenster, durch das der Frühlingswind mir Blütenduft zuwehte. Aus einem nahen öffentlichen Garten, wo das Abschiedsfest der Abgeordneten stattfand, tönte mir die Marseillaise, von einem Musikkorps gespielt, entgegen – dieser schöne Gesang der Freiheit, der wie die Memnonssäule erklingt, wenn die Sonne aufgeht. Ich war selig müde und genoß jene wunderbare, schöne Stimmung, wo das persönliche Sein sich aufgelöst fühlt in ein großes universelles Empfinden. Ich hatte dem Gang der Geschichte noch so wenig beigewohnt, um zu wissen, daß die Menschheit nicht so plötzlich in neue Phasen tritt; daß die Augenblicke, wo alles reine Hoffnung ist, nur wie Blitze das Ziel erleuchten, nach dem die Massen auf langem, mühevollem Weg hinstreben, der oft abgelenkt und unterbrochen wird durch die Unwissenheit und Schwäche, noch öfter aber durch das Vergessen der Maxime, die schon Christus aufgestellt hat, »daß man den jungen Wein nicht in alte Schläuche füllen darf«.

Einige Zeit nach den oben erzählten Begebenheiten wurde beschlossen, daß meine Mutter mit uns Töchtern in unsere kleine nordische Residenz zurückkehren sollte, um sich daselbst für immer niederzulassen, denn das Vermögen, das uns blieb, erlaubte uns nicht mehr wie früher zu reisen, oder mit dem Aufenthaltsort zu wechseln. Die Notwendigkeit, Frankfurt zu verlassen, war mir wie ein Todesurteil. In einigen Wochen sollte diese Stadt das Zentrum der nationalen Entwicklung werden, alle großen Entscheidungen sollten da getroffen werden, die besten deutschen Männer sollten sich da versammeln – und ich sollte in einen kleinen Winkel zurückkehren, den der große Lebensstrom nicht einmal berühren würde! Ich fühlte einen grenzenlosen, vernichtenden Schmerz. Ich wußte, daß ich eine große Kraft der Entsagung besaß für alles, was die Menschen gewöhnlich Glück nennen. Aber dem entsagen, was das geistige Leben fördert – sich ausschließen müssen von den großen Ereignissen des Lebens der Menschheit, von den Eindrücken, die uns über uns selbst und die Kleinheit der Existenz erheben – das war für mich stets der untragbarste Schmerz und schien mir die wahre Sünde gegen den heiligen Geist. Das große Recht der Individualität an alles, was ihr nötig ist, um alles zu werden, was sie werden kann, stellte sich mir in bitterer Klarheit dar. Daß es erlaubt sei, jede Autorität zu brechen, um dieses Recht zu erobern, war mir keinem Zweifel mehr unterworfen. Aber leider gehört zu der Erreichung dieser moralischen auch die ökonomische Unabhängigkeit. Bis dahin hatte man die Unabhängigkeit der Frau nur zugestanden, wenn sie Vermögen hatte. Aber die, die keins hatte, was sollte sie tun? Zum erstenmal stellte sich in meinen Gedanken die *Notwendigkeit* der ökonomischen Unabhängigkeit der Frau durch ihre eignen Anstrengungen fest. Für den Augenblick konnte ich jedoch nichts anderes tun, als mich in mein Schicksal fügen, denn ich hatte nicht den Mut, mich plötzlich von den Meinen zu trennen, und ich konnte es nicht, weil die Einkommenfrage meiner Mutter noch nicht entschieden war. Aber ich war fest entschlossen, im Fall sie das Ihre nicht bekäme, ihr meinen Teil der Erbschaft zu lassen und Erzieherin zu werden.

Louise Aston

Revolution und Contrerevolution

Der Waffenstillstand von Malmoe war der erste Triumph, den die Fürsten dem Volke ins Gesicht schleuderten. Sie durften es wagen, waren sie doch ihrer Trabanten in Frankfurt gewiß.

Die denkwürdige Sitzung der deutschen Nationalversammlung am 16. September 1848 streifte dem arglosen, vertrauungsvollen Volk die Schuppen von den Augen. In dieser elfstündigen Sitzung wurde die Frage des Malmoer Wallstillstandes definitiv verhandelt. Die Commission, welche denselben zu prüfen hatte, sprach bedenklich ihre Ansicht dahin aus, daß die Nationalversammlung ihre Anerkennung versagen solle. In der darauf beginnenden Debatte zeichneten sich unter den Rednern, welche *für* die Anerkennung sprachen, *Herr von Vinke* und der *Fürst Lichnowski,* unter denen, welche *gegen* dieselbe sprachen, *Robert Blum* und *Simon aus Trier* aus.

Von des Morgens um 9 Uhr hatte die Discussion ohne Unterbrechung bereits bis Nachmittags um 5 Uhr gedauert und immer noch war kein Resultat abzusehen. Das Volk hatte sich erwartungsvoll um die Paulskirche geschaart und diskutirte nach seiner eigenen Weise. Nur wenige theilten die allgemeine Spannung nicht; zu diesen Wenigen gehörten drei Männer, welche dicht am Hauptgange der Kirche standen und mit gleichgültiger, fast verächtlicher Miene auf das hin- und herwogende Publikum blickten. Von Zeit zu Zeit flüsterten sie sich einige Bemerkungen zu.

– Es ist nothwendig – sagte der jüngste von ihnen – daß wir hinausschicken. Man kann immer nicht wissen, was geschieht. Seit einer halben Stunde ist das Volk um das Doppelte angewachsen.

– Bah! – erwiederte der Angeredete – was Du da »Volk« zu nennen beliebst, besteht zu drei Viertheilen aus Dütchendrehern und Pfeffersackscommis. Ich kenne die Frankfurter besser. Sie wundern sich über die lange Sitzung und meinen in ihrem Bourgeoisverstande, daß etwas Wichtiges dahinter stecken müsse. Wenn die Herren aus der Paulskirche herauskommen, gehen sie eben so ruhig nach Hause, als wenn sie Sonntags drüben im Forsthause ihren Schoppen getrunken.

– So gehe ich allein, auf meine eigene Verantwortung – sagte der Erstere entschlossen. – Sie hat uns ausdrücklich beauftragt, ihr sogleich zu melden, wenn das geringste Merkmal da wäre, was auf einen Tumult hindeute.

– Meinetwegen geh in Teufels Namen. Was kümmert's mich? Aber ich sage es frei heraus, diese Weiberhierarchie will mir verflucht schlecht gefallen.

Was soll diese Geheimnißkrämerei bedeuten? Dummes Zeug. Wenn's ans Losschlagen einmal kommt, was ich in diesem verdammten Meßjudennest sehr bezweifle, so kehre ich mich an Niemandem, sondern gehe meinen eignen Weg.

– Thue, was Du nicht lassen kannst – erwiederte Jener – ich thue dasselbe. Adieu.

– Ich begleite Dich, Joseph – sagte der Dritte, welcher bisher schweigend an dem Pfeiler gelehnt hatte. Sie schlugen den Weg nach der Mainlust ein.

Auf einem der schattigsten Plätze der Mainlust, vor sich die gefüllten Becher, saßen Alice, der Pater Angelikus und Salvador. Aus der Ferne schallten die vollen Klänge der Harmoniemusik herüber. Aber die drei Freunde schienen weder durch den Duft des herrlichen Rheinweins, noch durch den Zauber der Musik erheitert zu werden. Ernst saßen sie einander gegenüber, eine wahrscheinliche Folge des Gesprächs, das sie eben mit einander geführt hatten.

Alice wandte zuweilen einen Blick zwischen die Bäume in der Richtung nach Frankfurt zu, als erwarte sie Jemand. Der Pater blickte aufmerksam auf Alice, als wolle er die Wirkung seiner letzten Worte prüfen. Salvador war noch blässer als gewöhnlich, und auffallend gleichgültig gegen das vorhin geführte Gespräch.

– Wozu sind Sie entschlossen, werthe Freundin? – fragte endlich der Pater, seinen Blick von Alicen abwendend.

– Zu handeln, wenn's Zeit ist – erwiederte kurz Alice.

– Sehr wohl – fuhr der Pater mit sanftem Tone fort. – Allein, wenn's nun Zeit ist, zu handeln, wie weit sind Sie zu gehen entschlossen?

– So weit die Nothwendigkeit und die von mir übernommene Mission es fordert. – – – Pater, fragen Sie mich nicht aus. Ich kann Ihnen keine bestimmte Antwort geben. Aber Eins kann ich Ihnen sagen: Unsere Wege mögen dieselben sein, oder auch nicht; sicherlich aber sind unsere Ausgangspunkte nicht dieselben. Bedenken Sie wohl, daß *ich* mich nicht zum Werkzeuge fremder Privatrache hergebe.

Der Pater sah sie mit einem lauernden Blicke an. Ein Lächeln des Hohns flog über seinen zusammengekniffenen Mund, als er mit seinem gewöhnlichen ruhigen Tone sagte:

– Es ist ein Unglück, was ich tief beklage, daß Sie nicht eine bessere Meinung von mir gewinnen können und nicht mehr Vertrauen in mich setzen. Sie kennen meine Zwecke. Sie sind so allgemein wie die Ihrigen, oder halten Sie die Interessen des Katholizismus in seiner ganzen Ausdehnung für weniger umfassend als die Interessen der radikalen Partei in Deutschland? Nun wohl, so fällt der Vorwurf, der indirekt in Ihren Worten liegt, daß ich nur eine Privatrache befriedigen will, in sich zusammen. Sie haben eine Mission, ich erkenne es an, ich habe die meinige. Die Mittel, sie zu erfüllen, sind wie das Ziel, das sie erreichen sollen, dieselben. Wohlan, so gehen wir miteinander! Ich brauche, um die meinige zu erfüllen, die Unterstützung der radikalen Partei, Sie, um die Ihrige zu vollenden, das, was die katholische Partei Ihnen bieten kann.

Alice wollte antworten, als sie die beiden jungen Männer von der Paulskirche auf sich zuschreiten sah. Rasch erhob sie sich und ging ihnen entgegen.

– Ist die Sitzung zu Ende? – fragte sie schnell.

– Nein – war die Antwort – aber eine große Menge Menschen ist draußen versammelt und harrt auf das Resultat. –

Unbefriedigt kehrte sie zum Pater zurück und fuhr mit diesem und Salvador augenblicklich nach Frankfurt. Als sie dort hörte, daß der Majoritätsantrag mit 258 gegen 237 Stimmen verworfen und demnach der Waffenstillstand, trotz des Hohns, der darin lag, daß die Centralgewalt beim Abschluß desselben vollständig bis auf den Namen ignorirt worden war, anerkannt sei, sagte sie, mit Thränen im Blick und zitternder Stimme, zum Pater Angelikus, indem sie ihm die Hand reichte:

– Ich bin entschlossen, Pater. Ich ziehe meine Hand, die *ihn* bisher beschützte, von ihm ab. –

Des Paters Züge veränderten sich nicht. Er nickte nur mit dem Kopfe und verließ schweigend das Zimmer.

Die Nachricht von dem Resultate der Sitzung verbreitete sich mit stürmischer Schnelligkeit durch die Stadt. Eine gährende Bewegung gab sich urplötzlich in dem Volke kund. Große Haufen zogen, die Nationalversammlung verwünschend, durch die Straßen nach der Westendhall; andere sammelten sich vor dem englischen Hofe, dem Zusammenkunftsorte der Abgeordneten der rechten Seite. Fenster wurden eingeworfen und mannigfach donnernde Pereats auf die Rechte ausgebracht. Generalmarsch tönte. Der englische Hof wurde von zwei Compagnien Kurhessen umzingelt, das Volk zurückgedrängt und das Haus besetzt. Aber noch hatte der Zorn des Volks nicht den höchsten Grad erreicht. Es fehlte die Einheit des Bewußtseins in der Menge. Um Mitternacht herrschte wieder vollkommene Ruhe.

Tausende strömten am Nachmittage des folgenden Tages von allen Seiten her nach der Pfingstweide zur Volksversammlung. Sämmtliche demokratische Vereine der umliegenden Ortschaften, so wie Frankfurt selbst setzten sich in corpore nach der Pfingstweide in Bewegung. Nachdem die Redner, welche meistens wie *Schlöffel*, *Simon von Trier*, *Wesendonck*, *Zitz* u. A. der Linken der Nationalversammlung angehörten, unter dem lautlosen Schweigen des Volks, das nur zuweilen durch einen stürmischen Beifallsjubel unterbrochen wurde, gehört worden waren, wurde beschlossen:

Die Mitglieder der gestrigen Majorität, welche den Waffenstillstand anerkannten, für Verräther am Vaterlande, an der Ehre und Freiheit Deutschlands zu erklären,

und diesen Beschluß nicht nur dem deutschen Volke, sondern auch der Nationalversammlung selbst durch eine Deputation mitzutheilen.

Darauf zog das Volk in zerstreuten Gruppen der Stadt zu, um sich vor dem »deutschen Hofe«, dem Sammelplatze der Linken, nach deren Beschlüssen es sein ferneres Verhalten einrichten wollte, wieder zu vereinigen.

Georg Herwegh

Das Reden nimmt kein End

Zu Frankfurt an dem Main –
Sucht man der Weisen Stein;
Sie sind gar sehr in Nöten,
Moses und die Propheten,
Präsident und Sekretäre,
Wie er zu finden wäre –
  Im Parla – Parla – Parlament
  Das Reden nimmt kein End!

Zu Frankfurt an dem Main –
Da wird man uns befrein;
Man wird die Republiken
Im Mutterleib ersticken,
Und Bassermann und Welcker
Beglücken dann die Völker
  Im Parla – Parla – Parlament
  Das Reden nimmt kein End!

Zu Frankfurt an dem Main –
Bald zieht der Kaiser ein!
Schon träuft der Gnade Manna,
Ihr Knechte, Hosianna!
Mathy, der Schuft, Minister –
Triumph, ihr Herrn Philister!

Im Parla – Parla – Parlament
Das Reden nimmt kein End!

Zu Frankfurt an dem Main –
Die Wäsche wird nicht rein;
Sie bürsten, und sie bürsten,
Die Fürsten bleiben Fürsten,
Die Mohren bleiben Mohren
Trotz aller Professoren
Im Parla – Parla – Parlament
Das Reden nimmt kein End!

Zu Frankfurt an dem Main –
Ist alles Trug und Schein.
Alt-Deutschland bleibt zersplittert,
Das Kapitol erzittert,
Umringt von Feindeslagern,
Die Gänse giga – gagern
Im Parla – Parla – Parlament
Das Reden nimmt kein End!

Zu Frankfurt an dem Main –
So schlag der Teufel drein!
Es steht die Welt in Flammen,
Sie schwatzen noch zusammen,
Wie lange soll das dauern?
Dem König Schach, ihr Bauern!
Dein Parla – Parla – Parlament,
O Volk, mach ihm ein End!

Karl Enslin

Auf dem Feldberg

Deutschen Landes schöne Mitte,
Sei gegrüßt von Süd und Nord!
Nach der Väter frommer Sitte
Bist du uns ein heilger Ort!

Stehst so recht auf deutscher Erde,
Starker Berg gleich einem Herde,
Drauf erglühn und leuchten soll
Freiheitsfeuer freudevoll!

Steigt herauf aus euren Thälern,
Aus den Gauen, nah und weit,
Zu den Höhen, zu den Mälern
Deutscher Kraft und Biederkeit!

Deutscher Sinn muß sich bewähren!
Schaart euch an den Bergaltären!
Eintracht bindet Süd und Nord!
Freiheit ist der Deutschen Hort!

Kampf- und sieggewohnte Franken,
Männer, frei, dem Bergstrom gleich,
Rissen nieder Römerschranken,
Um zu bau'n ein deutsches Reich!

Wir, die Enkel der Germanen,
Freuen uns des Werks der Ahnen,
Opfern ihnen Ruhm und Dank,
Wollen bleiben frei und frank!

Zeiget euch der Freiheit würdig,
Brüder all' aus Süd und Nord!
Pflanzt, den Vätern ebenbürtig,
Deutsche Kraft und Treue fort!

Von den Alpen zu den Belten
Sei das Land ein Land der Helden,
Das mit fremden Glanz nicht prunkt!
Berg, du bist der Mittelpunkt!

Luise Büchner

Deutsche Geschichte von 1815–1870

[...] *Gearbeitet* wurde so gut wie nichts mehr in diesem Sommer von 1848 – die Studenten exercirten mit ihren Professoren um die Wette und in den nun wieder überall neu erstandenen Turn-Vereinen, in denen der Bürger und Handwerker vornehmlich vertreten war, sah man den Turnplatz häufiger benutzt als die Werkstatt. Ueberall bildeten sich Gesellschaften für Hebung und Förderung der Volksbildung, die Mädchen und Frauen wanden Kränze und stickten Fahnen für die verschiedenen Corporationen – die Turner, Volks- und Bürgerwehren, die dann bei passenden Gelegenheiten feierlichst überreicht wurden, und eine Reihe der verschiedenartigsten Festlichkeiten nach sich zogen. Volks- und Bürgerversammlungen gab es jeden Tag und zu jeder Stunde und am Abend verlängerten sie sich zu endlosen nächtlichen Sitzungen in den Bierhäusern und öffentlichen Localen, aus denen die Männer kaum noch heraus kamen. – In solcher Weise feierte Deutschland seine Auferstehung, seinen »deutschen Mai«, fast den ganzen Sommer von 1848 über, und unter dieser bunten Freudendecke webte still und leise die Reaction ihre alten Fäden wieder in einander. *Das alte System* erholte sich allgemach von seinem *Todesschreck*, es schmiedete neue Pläne, wie man der so arglos schwärmenden Nation wieder ihre Fesseln anlegen könne. –

Die vorbereiteten Ereignisse nahmen unterdessen auch ihren Fortgang und noch einmal kehrte die erste unentweihte Begeisterung in die Herzen zurück, erreichte der Jubel seinen ersten Höhepunkt, als am 18. *Mai* das erste deutsche Parlament in Frankfurt eröffnet wurde. Freudenfeuer auf allen Bergen, so weit die deutschen Gaue reichten, verkündeten es der Welt, daß sich nun die Revolution auf den gesetzlichen Boden gestellt habe, daß sie als beendigt betrachtet werden könne, und man sich anschicke ihre Früchte zu genießen.

Leider hatte das Bindeglied zwischen Vorparlament und wirklichem Parlament, der *Fünfziger Ausschuß*, der die Wahlen hätte ausschreiben und leiten müssen, dieses sowohl, wie auch die allgemeine *Wahlart* den einzelnen Regierungen überlassen. Es wurde folglich nach sehr verschiedenen Bestimmungen gewählt, doch konnte man dieselben im Ganzen als freisinnig bezeichnen, namentlich war dies jene Bestimmung, der zu Folge das dreißigste Lebensjahr jeden unbescholtenen Deutschen wahlfähig machte. Zwei Drittel der Abgeordneten waren naturgemäß durch Oestreich und Preußen zu entsenden; nur das letzte Drittel vertrat das übrige Deutschland, den politisch reifsten Theil des Ganzen. Die nichtdeutschen Oestreicher jedoch enthielten sich der Wahl, und auch in Deutsch-Oestreich selbst wurde verhältnißmäßig schwach gewählt, doch fielen dort die Wahlen überwiegend freisinnig aus. Höchst rührig dagegen wurden die Wahlen in Preußen betrieben, auch in der Provinz Posen förderte die Regierung dieselben, und man sah von Preußen her so ziemlich alle Partheischattirungen vertreten. – Daß sich unter den Gewählten auch viele untergeordnete und mittelmäßige Geister befanden, ließ sich nicht vermeiden, nichts destoweniger war es eine glänzende Versammlung, in der sich eine Fülle von Talent, Gelehrsamkeit und Geist vertreten fand, die nun in Frankfurt zusammentrat, und der alten Krönungsstadt eine glänzende Zeit des Ruhmes und der Bedeutung verlieh. Das Parlament war zugleich ein Magnet, der aus den entferntesten Theilen Deutschlands, ja aus halb Europa, in diesem Sommer von 1848, Alles dorthin zog, was durch Bildung, Intelligenz oder sonstige hervorragende Eigenschaften glänzte. Aber auch die große Menge fehlte nicht. Wem es irgend möglich war gen Frankfurt zu ziehen, vornehm oder gering, Mann oder Frau, der unterließ es gewiß nicht. Jeder strebte darnach, nur einmal sein Auge und sein Herz am Anblick der deutschen Männer erfreuen zu dürfen, die da zur ernsten Berathung über die Zukunft des Vaterlandes versammelt waren; nur einmal wollte man den Reden lauschen, die allgewaltig von beiden Seiten aufeinander platzten, und in denen sich Alles aussprach, was der deutsche Patriot seit so vielen Jahren hatte mühsam in sich unterdrücken müssen, wo aber auch ebenso die Anhänger des Alten in zahlreicher Vertretung nichts unterließen, um die Streiche der Fortschrittspartheien zu pariren und von der vergangenen Zeit noch so viel zu retten, als zu retten war.

Abends vier Uhr unter Glockengeläute und Kanonendonner war das deutsche Parlament mit nahezu 500 Mitgliedern eröffnet und der Fünfzigerausschuß aufgelöst worden. Der Erste, der die Versammlung feierlich begrüßte, war der *Bundestag*, welcher ein Schreiben an »die deutsche Nationalversammlung« richtete und derselben im Namen der Regierungen die Bruderhand reichte. Schon in der folgenden Sitzung wurde *Heinrich v. Gagern*, dessen Parthei von vornherein die bestorganisirte war, mit großer Majorität zum Präsidenten erwählt, als Vice-Präsident trat ihm ein badischer Abgeordneter und Volksmann, *Alexander v. Soiron* zur Seite. Der unterliegende Candidat der republikanisch Gesinnten war *Robert Blum* gewesen, dessen Name und Bedeutung in dem Parlament, als ausgezeichneter Redner, nun mehr und mehr in den Vordergrund trat.

Gleich vom ersten Tage an konnte man in der Versammlung drei große Partheigruppen unterscheiden; auf der äußersten Rechten saß die reactionäre, ultramontane Parthei, als deren Führer der feine und geistvolle, in den Ereignissen der letzten

Jahren so viel genannte Professor *Döllinger* aus München gelten konnte. Um ihn schaarten sich andere katholisch-theologische Professoren, *Knoodt, Buß, Gförer* u.s.w., die wir heute Alle als eifrige Alt-Katholiken sehen, damals nicht ahnend, wie sie mit ihrem starren Festhalten an dem Vergangenen, einst sich selbst in die Opposition bringen würden. An diese schloß sich Alles an, was das übrige Deutschland von Ultramontanen, namentlich aus Tyrol, von starrem Adel und Beamtenthum schickte, unter welchen Letzteren der Protestantismus ebenso stark vertreten war, durch die specifischpreußische Parthei des *Freiherrn von Vinke aus Westfalen*, der die Ansicht geltend machte, daß fortan Deutschland in Preußen aufgehen müsse. Hervorragend unter dieser Gruppe des kirchlichen Adels, des Junkerthums und der sich an sie schließenden preußischen Aristokraten, waren General Radowitz, Fürst Lichnowsky, Graf Schwerin und eine weitere Reihe preußischer Vornehmen, mit denen der östreichische Bundestagspräsident und jetzige Abgeordnete, Ritter *von Schmerling* sich in gar gutes Einvernehmen zu setzen wußte, so daß er bald die ganze Rechte des Hauses beherrschte. –

Ihnen am schroffsten gegenüber standen die entschiedenen Volksfreunde, welche unter Leitung von Itzstein und Blum, die Linke, und unter Vogt und Simon von Trier die äußerste Linke bildeten. Sie waren sich ihrer Zwecke und Ziele nicht minder klar bewußt als Jene; suchte man dort rechts alle Errungenschaften der Revolution als illegitim, als ungesetzlich wieder auszutilgen, so stellte man sich hier mit offnem Visir auf deren Boden und beanspruchte, kraft der Volks-Souveränetät, das Recht, die oberste Behörde in Deutschland zu repräsentiren und von der Paulskirche aus die Verhältnisse neu zu ordnen, die *Einheit* und die *Freiheit* zu schaffen.

Zwischen diesen beiden Endpunkten bewegten sich die Männer der Mitte, die *Vertrauenden*, die Constitutionellen, welche die verheißenen Reformen Hand in Hand mit den Fürsten und ihren Regierungen auszuführen hoffen. An und für sich würde dies ja schon das Richtige gewesen sein, wenn sie im Stande gewesen wären, sich des guten und aufrichtigen Willens jener Factoren zu versichern, wenn ihre Theorie, die sich hauptsächlich auf Preußen gründete, dort ein entgegenkommendes Verständniß gefunden hätte. Darum bewies die Linke so viel größeren politischen Scharfblick, daß sie von vorn herein verlangte, das Parlament solle sich schleunigst *eine Macht*, durch die Wehrbarmachung des ganzen Volkes, welches den Befehlen des Parlamentes zu gehorchen habe, erschaffen und zwar, so lange das Fürstenthum noch schwach und gebeugt sich fühle. Die Centrumsparthei nun umfaßte zumeist jene Männer, welche in den vergangenen 20–30 Jahren auf der Bresche gestanden und für die politischen Ideen gekämpft hatten, die sie jetzt auch verwirklichen wollten. Es waren die Professoren, die ehemaligen Burschenschafter, viele Märtyrer der vergangenen Zeit, die aber alt und ängstlich geworden waren, Flüchtlinge, die noch an den alten Standpunkten festhielten oder Solche, deren Kraft im Kerker zerbrochen worden. Zu ihnen gesellten sich freisinnige Beamte und der zahme, ängstliche Mittelstand, die sogenannte Bourgeoisie. »Durch Ordnung zur Einheit, durch Einheit zur Freiheit«, dies war das Losungswort dieser größten und einflußreichsten Parthei, deren Kern die preußische Fraction bildete, das heißt, diejenigen, die mit Recht in der Hegemonie Preußens, in der Uebertragung der Kaiserwürde an Friedrich Wilhelm, die Lösung des Einheits-Räthsels erblickten. Aber weder Preußens König noch das preußische Land waren jener Sphinx zu vergleichen, die sich, als die Wahrheit erkannt wurde, freiwillig selbst aufgeben und vernichten wollten.

So ungefähr war die äußere Physiognomie des ersten deutschen Parlamentes beschaffen, als es Heinrich v. Gagern, der bald darnach sein Amt als hessischer Minister niederlegte, in feierlich gehobener Stimmung mit einer Ansprache eröffnete, an deren Schlusse er die Worte sprach: »Wir haben die größte Aufgabe zu erfüllen. Wir sollen eine Verfassung für Deutschland, für das gesammte Reich schaffen. Der Beruf und die Vollmacht zu dieser Schaffung, *sie liegen in der Souveränität der Nation!«* Mit diesem stolzen Worte war viel gesagt, es wurde noch bedeutsamer, als er dann hervorhob, wie die Schwierigkeit, ja die Unmöglichkeit, unter den Regierungen eine Verständigung zu Wege zu bringen, der Versammlung den Charakter einer konstituirenden beilege. »Deutschland will Eins sein, *ein Reich,* regiert von dem Willen des Volkes, unter der Mitwirkung aller seiner Gliederungen!« [...]

Auf den 11. *Juli*, einen glühend heißen Tag, war Morgens 9 Uhr der Einzug in die alte Reichsstadt bestimmt; schon die ganze Nacht vorher wogte es in den Straßen, und am nächsten Morgen waren diejenigen, durch welche der Zug kommen sollte, so dichtgedrängt voll Menschen, daß kaum ein Apfel zur Erde fallen konnte. Alle Fenster, alle Dächer, jeder Mauervorsprung, jeder Baum war mit Menschen überladen, und geduldig harrte diese Masse aus, geduldig wie das deutsche Volk so lange auf seinen Messias gewartet, – den ganzen, heißen Sommertag lang. Man hungerte und durstete, bis endlich um 6 Uhr Abends die kleine heisere Glocke auf dem Hanauer Bahnhofe das Nahen des Ersehnten verkündete; nun donnerten die Kanonen, nun brauste der Glockenklang durch die Luft, aber sie wurden noch übertönt von dem Rufen und Toben der Menge. Langsam fuhr der Wagen, in dem der Erzherzog saß, dahin; kaum konnten die sechs Schimmel, die ihn zogen, sich durch die Massen Bahn brechen, und nun erblickte man endlich ein kleines, verschrumpftes Männchen mit kahlem Kopfe und einem röthlichen, geistlosen aber gutmüthigen Gesicht über der hechtgrauen Tyroler Jägeruniform, die der Erzherzog gewöhnlich trug. Er grüßte und nickte nach allen Seiten, während Kränze ihm entgegenflogen, Tücher und Fahnen zu Tausenden in die Luft wirbelten. Auf der Zeil, am römischen Kaiser, wo er wohnen sollte, empfing ihn die Deputation des Parlaments, aus den verschiedenen Partheien der Paulskirche zusammengesetzt, mit sehr getheilten Empfindungen. Auf Gagern's Ansprache antwortete er mit wenigen herzlichen Worten, deren Schluß lautete: »Da habt Ihr mich, ich gehöre zu Euch!« Abends gab es einen glänzenden Fackelzug, eine Serenade und ganz Frankfurt schwamm im Feuer einer glänzenden Illumination.

Viele, sehr Viele hatte der Anblick des kleinen Männchens bitter enttäuscht, und man fragte sich sorgenvoll: »Soll diese schwache Kraft, in solch schwerer Zeit, mächtig genug sein, dieselbe neu einzurichten?« Am nächsten Morgen wurde der Erzherzog *von 50 Parlamentsmitgliedern unter Glockengeläute und Freudenschießen zu Fuße nach der Paulskirche geleitet*; den ganzen Weg entlang bildete die Bürgerwehr Spalier und ihm vorauf trug man zwei Reichsfahnen. In der Paulskirche angekommen, empfing *Gagern* den Reichsverweser mit einer feierlichen Ansprache, worauf einer der Secretäre das Gesetz über die provisorische Centralgewalt verlas. Dann legte er ihm die Frage vor, ob er dieses Gesetz »wolle halten und halten lassen zum Ruhme und der Wohlfahrt des Vaterlandes«. Der Erzherzog, welcher die Gabe der freien Rede in keiner Weise besaß, las, nachdem er die Brille aufgesetzt, seine Antwort von einem bereit gehaltenen Blatte Papier ab, versprach Alles, und dann, unter den Bravo's und Lebehoch's aller Anwesenden reichte er Gagern die Hand und sagte: »Auf der Welt darf man nichts halb thun, hat man einen Entschluß gefaßt, so muß man sich dem ganz widmen, wozu man berufen ist, nämlich der deutschen Nation!« Dann verließ er rasch die Kirche. – Man wußte dort nicht, daß er schon vorher der letzten Sitzung der Bundesversammlung, wo der schlaue Präsident von Schmerling die Karten gemischt, beigewohnt hatte, in Folge einer an ihn ergangenen Einladung. Dort erhielt er zuerst die *legitime Weihe*, indem der Bundestag, durch Schmerling's Mund, seine verfassungsmäßigen *Pflichten* und *Befugnisse* der provisorischen Centralgewalt übertrug, Namens der deutschen Regierungen. Von der Nationalversammlung war bei der Uebertragung keine Rede, und der den Schlangenwindungen der östreichischen Politik nicht fremde Erzherzog, nahm dieselbe auch ganz so an, wie sie gegeben war. An der Stelle des Bundes, der die Fürsten vertrat, stand jetzt ein einzelner Mann – das war der ganze Unterschied!

Richard Wagner

Mein Leben

[...] In *Frankfurt* angekommen, mußte ich mich sogleich in den Schutz eines soliden Hotels begeben, um daselbst den Erfolg meiner Bemühungen um Subsidien bei der Magdeburger Theater-Direktion abzuwarten. Meine Hoffnungen für den Gewinn der eigentlichen Matadoren unsrer Opernunternehmung waren auf *Wiesbaden* gerichtet, wo man mir eine gute, im Auseinandergehen begriffene Operngesellschaft nachwies. Es fiel mir äußerst schwer, die kleine Reise bis dorthin zu bewerkstelligen; doch gelang es mir daselbst einer Probe von »Robert der Teufel« beizuwohnen, in welcher der Tenorist *Freimüller* glänzte. Diesen, den ich sofort aufsuchte, fand ich auch geneigt, auf meine Vorschläge für Magdeburg einzugehen; ich traf mit ihm die nötigen Verabredungen und reiste notgedrungen auf das schleunigste in mein Asyl, den Gasthof zum »Weidenbusch« in Frankfurt, zurück. Dort hatte ich noch eine peinliche Woche zu verleben, da ich vergeblich die aus Magdeburg requirierten ferneren Reisemittel erwartete. Um die Zeit zu töten, griff ich unter andrem zu einer großen roten Brieftasche, welche ich in meinem Reisemantelsack mit mir herumführte, und schrieb darin, mit bloßer Angabe der Data, Notizen zu meiner dereinstigen Biographie auf – dieselben, welche ich gegenwärtig vor mir habe, um meine Erinnerung anzufrischen, und welche ich seitdem in verschiedenen Lebensperioden mit ununterbrochener Folge fortsetzte. Meine durch die Vernachlässigung der

Magdeburger Direktion sich bedenklich gestaltende Lage geriet endlich in die sonderbarste Verwirrung, als ich in betreff einer in Frankfurt selbst gemachten Akquisition glücklicher war, als ich es zu ertragen vermochte. Ich hatte einer Aufführung der »Zauberflöte«, unter des damals als »genialer Dirigent« wunderbar berühmten Kapellmeisters *Guhr* Leitung, beigewohnt und war von dem wirklich vorzüglichen Opernpersonal sehr angenehm überrascht worden. Natürlich war nicht daran zu denken, eines der ersteren Mitglieder desselben in meine Netze zu verlocken; dagegen blickte ich scharf genug, in dem jugendlichen Fräulein *Limbach*, welche den ersten »Knaben« sang, ein begehrenswertes Talent zu erkennen. Meine Engagements-Anträge wurden von ihr angenommen, und zwar schien es ihr so sehr daran gelegen zu sein, von ihrem Frankfurter Engagement freizuwerden, daß sie beschloß, durch heimliches Entweichen sich aus demselben zu entfernen. Dies erklärte sie mir und forderte mich zur Mithilfe bei diesem Vorhaben auf, welches keinen Aufschub leiden könnte, weil es sonst der Direktion bekannt werden würde. Die junge Dame vermutete mich jedenfalls im Besitz reicher Kreditive, mit denen das von mir ihr so sehr gerühmte Magdeburger Theaterkomitee mich für meine offizielle Geschäftsreise ausgestattet haben würde. Bereits hatte ich jedoch, um nur mein eigenes Fortkommen zu ermöglichen, zum Versatze meines dürftigen Reisegepäckes schreiten müssen: so weit hatte ich den Wirt gebracht; nun aber noch die Kosten der Entführung einer jungen Sängerin mir vorzuschießen, fand ich ihn durchaus abgeneigt. Ich mußte der jungen Dame, zur Bemäntelung des schlechten Benehmens meiner Direktion, irgendein Mißgeschick vorlügen und die verwunderungsvoll Zürnende zurücklassen. Sehr beschämt über dieses Abenteuer, reiste ich durch Regen und Wetter über Leipzig, wo ich meinen braunen Pudel abholte, nach *Magdeburg* zurück, wo ich nun vom ersten September an wieder meine Musikdirektion antrat.

Der Ausfall meiner Geschäftsbesorgung machte mir keine große Freude; der Direktor wies mir zwar triumphierend nach, daß er fünf ganze Louisdor an meine Adresse nach Frankfurt schließlich geschickt habe: meinem Tenor und meiner jugendlichen Sängerin hatte man jedoch wohlausgefertigte Kontrakte, nicht aber die verlangten Reisegelder und Vorschüsse zugesendet. Alle blieben aus; nur der Bassist *Gräf* langte aus Karlsbad mit pedantischer Pünktlichkeit an und erregte sogleich die lustigen Bemerkungen der Spottvögel des Theaters. Er sang auf einer Probe zur »Schweizerfamilie« so schulmeisterlich schnarrend, daß ich darüber wirklich in große Verlegenheit geriet. Daß mein tüchtiger Schwager *Wolfram* mit meiner Schwester *Klara* ebenfalls anlangten, gereichte mehr dem Singspiel als der großen Oper zum Vorteil und bereitete mir außerdem große und sorgenvolle Pein, da die braven, an solide Verhältnisse gewöhnten Leute sehr bald das, trotz aller königlichen Protektion, Mißliche der Theaterverhältnisse unter einer so gewissenlosen Direktion wie der Bethmannschen durchblickten und dadurch sich in einer bedenklichen Verschlimmerung ihrer Familienlage zu befinden erkannten. [...]

Ende September begab ich mich jetzt auf acht Tage nach Frankfurt, um die Proben zu »Lohengrin« wirklich zu übernehmen. Hier bewährte sich denn einmal wieder dieselbe Erfahrung, welche ich bereits so oft an mir gemacht hatte: nach der ersten Berührung mit dem Opernpersonale war ich willens, das Unternehmen sofort aufzugeben; hiergegen trat nun die durch die wahrgenommene Bestürzung und die mir zugewandte Beschwörung, doch nur auszuhalten, die Reaktion ein, welcher ich dann wieder unterlag, bis es mich endlich zu interessieren begann, zum mindesten die Wirkung der Unverstümmeltheit, des richtigen Tempos sowie der richtigen szenischen Anordnung ganz für sich und mit Absehung von einem elenden Sängerpersonale zu erfahren. Doch war wohl *Friederike Meyer* die einzige, die eben diese Wirkung vollständig empfand; die gewöhnliche »Animiertheit« des Publikums blieb zwar auch nicht aus, nur berichtete man mir späterhin, daß die folgenden Aufführungen unter der Direktion des Herrn *Ignaz Lachner*, eines in Frankfurt sorgsam gepflegten vorzüglich elenden Dirigenten und Stümpers, derartig von der Höhe ihrer Wirkung zurückfielen, daß, um die Oper zu erhalten, hierzu der frühere Verhunzungsmodus wieder angewendet werden mußte.

Der Eindruck von dem allen war auf mich um so niederschlagender, als ich selbst *Bülows* vergebens unter meinen Gästen hatte erwarten müssen. *Cosima* war um diese Zeit, wie ich nun erfuhr, eiligst an mir vorüber nach Paris gereist, um der in längeren Leiden dahinsiechenden und nun durch einen schmerzlichsten Schlag neu betroffenen Großmutter für kurze Zeit hilfreich zur Seite zu sein. *Blandine* war gestorben, und zwar infolge einer Entbindung, welche sie in St. Tropez zu überstehen gehabt hatte. Jetzt verschloß ich mich für einige Zeit, bei plötzlich eingetretener rauher Witterung, in meine Biebricher Wohnung und gewann meinem noch sehr behutsam zu behandelnden Daumen die Fähigkeit ab, einzelne Stücke aus der fertigen Komposition der »Meistersinger« für den nächsten Gebrauch im Konzerte zu instrumentieren. Das Vorspiel schickte ich sogleich an *Weißheimer*, um es in Leipzig ausschreiben zu lassen, und setzte noch die »Versammlung der Meistersinger« mit »Pogners Anrede« für das Orchester aus.

Johanna Spyri

Heidis Lehr- und Wanderjahre

Als Heidi am ersten Morgen in Frankfurt seine Augen aufschlug, konnte es durchaus nicht begreifen, was es erblickte. Es rieb ganz gewaltig seine Augen, guckte dann wieder auf und sah dasselbe. Es saß auf einem hohen, weißen Bett und vor sich sah es einen großen, weiten Raum, und wo die Helle herkam, hingen lange, lange weiße Vorhänge, und dabei standen zwei Sessel mit großen Blumen darauf, und dann kam ein Sofa an der Wand mit denselben Blumen und ein runder Tisch davor, und in der Ecke stand ein Waschtisch mit Sachen darauf, wie Heidi sie noch gar nie gesehen hatte. Aber nun kam ihm auf einmal in den Sinn, daß es in Frankfurt sei, und der ganze gestrige Tag kam ihm in Erinnerung und zuletzt noch ganz klar die Unterweisungen der Dame, so weit es sie gehört hatte. Heidi sprang nun von seinem Bett herunter und machte sich fertig. Dann ging es an ein Fenster und dann an das andere; es mußte den Himmel sehen und die Erde draußen, es fühlte sich wie im Käfig hinter den großen Vorhängen. Es konnte diese nicht wegschieben; so kroch es dahinter, um an ein Fenster zu kommen. Aber dieses war so hoch, daß Heidi nur gerade mit dem Kopf so weit hinaufreichte, daß es durchsehen konnte. Aber Heidi fand nicht, was es suchte. Es lief von einem Fenster zum anderen und dann wieder zum ersten zurück; aber immer war dasselbe vor seinen Augen, Mauern und Fenster und wieder Mauern und dann wieder Fenster. Es wurde Heidi ganz bange. Noch war es früh am

Morgen, denn Heidi war gewöhnt, früh aufzustehen auf der Alm und dann sogleich hinauszulaufen vor die Tür und zu sehen, wie's draußen sei, ob der Himmel blau und die Sonne schon droben sei, ob die Tannen rauschen und die kleinen Blumen schon die Augen offen haben. Wie das Vögelein, das zum erstenmal in seinem schönglänzenden Gefängnis sitzt, hin- und herschießt und bei allen Stäben probiert, ob es nicht zwischen durchschlüpfen und in die Freiheit hinausfliegen könne, so lief Heidi immer von dem einen Fenster zum anderen, um zu probieren, ob es nicht aufgemacht werden könne, denn dann mußte man doch etwas anderes sehen als Mauern und Fenster, da mußte doch unten der Erdboden, das grüne Gras und der letzte, schmelzende Schnee an den Abhängen zum Vorschein kommen, und Heidi sehnte sich, das zu sehen. Aber die Fenster blieben fest verschlossen, wie sehr auch das Kind drehte und zog und von unten suchte, die kleinen Finger unter die Rahmen einzutreiben, damit es Kraft hätte, sie aufzudrücken; es blieb alles eisenfest aufeinander sitzen. Nach langer Zeit, als Heidi einsah, daß alle Anstrengungen nichts halfen, gab es seinen Plan auf und überdachte nun, wie es wäre, wenn es vor das Haus hinausginge und hintenherum, bis es auf den Grasboden käme, denn es erinnerte sich, daß es gestern Abend vorn am Haus nur über Steine gekommen war. Jetzt klopfte es an seiner Tür und unmittelbar darauf steckte Tinette den Kopf herein und sagte kurz: »Frühstück bereit!«

Heidi verstand keineswegs eine Einladung unter diesen Worten; auf dem spöttischen Gesicht der Tinette stand viel mehr eine Warnung, ihr nicht zu nah zu kommen, als eine freundliche Einladung geschrieben, und das las Heidi deutlich von dem Gesicht und richtete sich danach. Es nahm den kleinen Schemel unter dem Tisch empor, stellte ihn in eine Ecke, setzte sich darauf und wartete so ganz still ab, was nun kommen würde. Nach einiger Zeit kam etwas mit ziemlichem Geräusch, es war Fräulein Rottenmeier, die schon wieder in Aufregung geraten war und in Heidis Stube hineinrief: »Was ist mit dir, Adelheid? Begreifst du nicht, was ein Frühstück ist? Komm herüber!«

Das verstand nun Heidi und folgte sogleich nach. Im Eßzimmer saß Klara schon lang an ihrem Platz und begrüßte Heidi freundlich, machte auch ein viel vergnügteres Gesicht, als sonst gewöhnlich, denn sie sah voraus, daß heute wieder allerlei Neues geschehen würde. Das Frühstück ging nun ohne Störung vor sich; Heidi aß ganz anständig sein Butterbrot, und wie alles zu Ende war, wurde Klara wieder ins Studierzimmer hinübergerollt und Heidi wurde von Fräulein Rottenmeier angewiesen, nachzufolgen und bei Klara zu bleiben, bis der Herr Kandidat kommen würde, um die Unterrichtsstunden zu beginnen. Als die beiden Kinder allein waren, sagte Heidi sogleich: »Wie kann man hinaussehen hier und ganz hinunter auf den Boden?«

»Man macht ein Fenster auf und guckt hinaus«, antwortete Klara belustigt.

»Man kann diese Fenster nicht aufmachen«, versetzte Heidi traurig.

»Doch, doch«, versicherte Klara, »nur du noch nicht, und ich kann dir auch nicht helfen; aber wenn du einmal den Sebastian siehst, so macht er dir schon eines auf.«

Das war eine große Erleichterung für Heidi, zu wissen, daß man doch die Fenster öffnen und hinausschauen könne, denn noch war es ganz unter dem Druck des Gefangenseins von seinem Zimmer her. Klara fing nun an, Heidi zu fragen, wie es bei ihm zuhause sei, und Heidi erzählte mit Freuden von der Alm und den Geißen und der Weide und allem, was ihm lieb war. [...]

»Ich heiße gar nicht Mamsell«, sagte nun Heidi seinerseits ein wenig geärgert; »ich heiße Heidi.«

»Ist schon recht; die gleiche Dame hat aber befohlen, daß ich Mamsell sage«, erklärte Sebastian.

»Hat sie? Ja, dann muß ich schon so heißen«, sagte Heidi mit Ergebung, denn es hatte wohl gemerkt, daß alles so geschehen mußte, wie Fräulein Rottenmeier befahl.

»Jetzt habe ich schon drei Namen«, setzte es mit einem Seufzer hinzu. »Was wollte die kleine Mamsell denn fragen?« fragte Sebastian jetzt, indem er, ins Eßzimmer eingetreten, sein Silberzeug im Schrank zurechtlegte.

»Wie kann man ein Fenster aufmachen, Sebastian?«

»So, gerade so«, und er machte den großen Fensterflügel auf.

Heidi trat heran, aber es war zu klein, um etwas sehen zu können; es langte nur bis zum Gesims hinauf.

»Da, so kann das Mamsellchen einmal hinausgucken und sehen, was unten ist«, sagte Sebastian, indem er einen hohen hölzernen Schemel herbeigeholt hatte und hinstellte. Hoch erfreut stieg Heidi hinauf und konnte endlich den ersehnten Blick durch das Fenster tun. Aber mit dem Ausdruck der größten Enttäuschung zog es sogleich den Kopf wieder zurück.

»Man sieht nur die steinerne Straße hier, sonst gar nichts«, sagte das Kind bedauerlich; »aber wenn man um das ganze Haus herumgeht, was sieht man dann auf der anderen Seite, Sebastian?«

»Gerade dasselbe«, gab dieser zur Antwort.

»Aber wohin kann man denn gehen, daß man weit, weit hinuntersehen kann über das ganze Tal hinab?«

»Da muß man auf einen hohen Turm hinaufsteigen, einen Kirchturm, so einen, wie der dort ist mit der goldenen Kugel oben drauf. Da guckt man von oben herunter und sieht weit über alles weg.«

Jetzt stieg Heidi eilig von seinem Schemel herunter, rannte zur Tür hinaus, die Treppe hinunter und trat auf die Straße hinaus. Aber die Sache ging nicht, wie Heidi sich vorgestellt hatte. Als es aus dem Fenster den Turm gesehen hatte, kam es ihm vor, es könne nur über die Straße gehen, so müßte er gleich vor ihm stehen. Nun ging Heidi die ganze Straße hinunter, aber es kam nicht an den Turm, konnte ihn auch nirgends mehr entdecken und kam nun in eine andere Straße hinein und weiter und weiter, aber immer noch sah es den Turm nicht. Es gingen viele Leute an ihm vorbei, aber die waren alle so eilig, daß Heidi dachte, sie hätten nicht Zeit, ihm Bescheid zu geben. Jetzt sah es an der nächsten Straßenecke einen Jungen stehen, der eine kleine Drehorgel auf dem Rücken und ein ganz kurioses Tier auf dem Arme trug. Heidi lief zu ihm hin und fragte: »Wo ist der Turm mit der goldenen Kugel zuoberst?«

»Weiß nicht«, war die Antwort.

»Wen kann ich denn fragen, wo er sei?« fragte Heidi weiter.

»Weiß nicht.«

»Weißt du keine andere Kirche mit einem hohen Turm?«

»Freilich weiß ich eine.«

»So komm und zeige mir sie.«

»Zeig du zuerst, was du mir dafür gibst.« Der Junge hielt seine Hand hin. Heidi suchte in seiner Tasche herum. Jetzt zog es ein Bildchen hervor, darauf ein schönes Kränzchen von roten Rosen gemalt war; erst sah es noch eine kleine Weile darauf hin, denn es reute Heidi ein wenig. Erst heute Morgen hatte Klara es ihm geschenkt; aber hinuntersehen ins Tal, über die grünen Abhänge! »Da«, sagte Heidi und hielt das Bildchen hin, »willst du das?«

Der Junge zog die Hand zurück und schüttelte den Kopf.

»Was willst du denn?« fragte Heidi und steckte vergnügt sein Bildchen wieder ein.

»Geld.«

»Ich habe keins, aber Klara hat, sie gibt mir dann schon; wie viel willst du?«

»Zwanzig Pfennige.«

»So komm jetzt.«

Nun wanderten die beiden eine lange Straße hin, und auf dem Wege fragte Heidi den Begleiter, was er auf dem Rücken trage, und er erklärte ihm, es sei eine schöne Orgel unter dem Tuch, die mache eine prachtvolle Musik, wenn er daran drehe. Auf einmal standen sie vor einer alten Kirche mit hohem Turm; der Junge stand still und sagte: »Da.«

»Aber wie komm' ich da hinein?« fragte Heidi, als es die festverschlossenen Türen sah.

»Weiß nicht«, war wieder die Antwort.

»Glaubst du, man könne hier klingeln, so wie man dem Sebastian tut?«

»Weiß nicht.«

Heidi hatte eine Klingel entdeckt an der Mauer und zog jetzt aus allen Kräften daran.

»Wenn ich dann hinaufgehe, so mußt du warten hier unten, ich weiß jetzt den Weg nicht mehr zurück, du mußt mir ihn dann zeigen.«

»Was gibst du mir dann?«

»Was muß ich dir dann wieder geben?«

»Wieder zwanzig Pfennige.«

Jetzt wurde das alte Schloß inwendig umgedreht und die knarrende Tür geöffnet; ein alter Mann trat heraus und schaute erst verwundert, dann ziemlich erzürnt auf die Kinder und fuhr sie an: »Was untersteht ihr euch, mich da herunterzuklingeln? Könnt ihr nicht lesen, was über der Klingel steht: ›Für solche, die den Turm besteigen wollen‹?«

Der Junge wies mit dem Zeigefinger auf Heidi und sagte kein Wort.

Heidi antwortete: »Eben auf den Turm wollt' ich.«

»Was hast du droben zu tun?« fragte der Türmer; »hat dich jemand geschickt?«

»Nein«, entgegnete Heidi, »ich möchte nur hinaufgehen, daß ich hinuntersehen kann.«

»Macht, daß ihr heimkommt, und probiert den Spaß nicht wieder, oder ihr kommt nicht gut weg zum zweitenmal!« Damit kehrte sich der Türmer um und wollte die Tür zumachen.

Aber Heidi hielt ihn ein wenig am Rockschoß und sagte bittend: »Nur ein einziges Mal!«

Er sah sich um, und Heidis Augen schauten so flehentlich zu ihm auf, daß es ihn ganz umstimmte; er nahm das Kind bei der Hand und sagte freundlich: »Wenn dir so viel daran gelegen ist, so komm mit mir!«

Der Junge setzte sich auf die steinernen Stufen vor der Tür nieder und zeigte, daß er nicht mit wollte.

Heidi stieg an der Hand des Türmers viele, viele Treppen hinauf; dann wurden diese immer schmäler, und endlich ging es noch ein ganz enges Treppchen hinauf, und nun waren sie oben. Der Türmer hob Heidi vom Boden auf und hielt es an das offene Fenster.

»Da, jetzt guck hinunter«, sagte er.

Heidi sah auf ein Meer von Dächern, Türmen und Schornsteinen nieder; es zog bald seinen Kopf zurück und sagte niedergeschlagen: »Es ist gar nicht, wie ich gemeint habe.«

»Siehst du wohl? Was versteht so ein Kleines von Aussicht! So, komm nun wieder herunter und läute nie mehr an einem Turm!«

Friedrich Stoltze

Frankfurt

Es is kää Stadt uff der weite Welt,
Die so merr wie mei Frankfort gefällt,
Un es will merr net in mei Kopp enei:
Wie kann nor e Mensch net von Frankfort sei!

Un wär'sch e Engel un Sonnekalb,
E Fremder is immer von außerhalb!
Der beste Mensch is e Aerjerniß,
Wann err net ääch von Frankfort is.

Was is des Offebach for e Stadt!
Die hawwe's ganz in der Näh gehat
Un hawwe's verbaßt von Aabeginn,
Daß se net ääch von Frankfort sin.

Die Bockemer hawwe weiter geblickt,
Die hawwe mit uns zusammegerickt;
Die Bernemer awwer warn ääch net dumm,
Die gawe sogar e Milljon dadrum!

E Mädche von Hie, deß en Fremde nimmt,
Deß hat en vor was Höher'sch bestimmt;
Es mecht en von Hie un err wääß net wie;
E Eigeplackter ist immer von hie.

E Mädche von draus, wann noch so fei,
Dhut immer doch net von Frankfort sei!
Doch nimmt se en hiesige Berjerschsoh,
So hat se ääch noch die Ehr dervo.

Das Berjerrecht in de letzte Jahrn
Is freilich ebbes billiger warn;
Der Wohlstand awwer erhält sich doch,
Dann alles anner is dheuer noch.

So steuern merr frehlich uff's Tornerfest!
Bald komme se aa von Ost un West,
Von Nord und Sid un iwwer die Meern,
Gut Heil! Als ob se von Frankfort wärn.

Un wann se bei uns sich amesirn,
Dann werrd se der Abschied doppelt rihrn
Un gewe merr recht un stimme mit ei:
Wie kann nor e Mensch net von Frankfort sei!

Joachim Ringelnatz

Frankfurt am Main

1924

Hier hab' ich den Teufel gesehn.
Er ging durch die schnurrigen Gassen
Und hat etwas fahren lassen.
Abends vor zehn.

Fand wieder Freunde lieb und wert.
Und haben manche mich entdeckt.
Ich weiß: der Apfelwein schmeckt
Gut, aber er zehrt.

Wie du mich wohl wiedersiehst?!
Ich habe vor steifen Leuten
Einen Pferdeapfel gespießt.
Ob die sich innerlich freuten?

Mag es hier billig, teuer,
Interessant oder langweilig sein.
Mir ist dies Frankfurt am Main
So angenehm nicht recht geheuer.
Und mir gefällt's.

So nehme ich jede Fremde,
Als schliche ich nachts im Hemde
Durch Korridore eines Hotels.

Kurt Tucholsky

Kleine Dienstreise

In Frankfurt haben sie eine Brucken geschlagen;
über den Main herüber tut sie nunmehr ragen.
Und um sie einzuweihen, haben die Frankfurter eine große Feier
arrangiert – mit Böllergeläute und Festzug und Äppelwoi und
gedichteter Sangesleier.
Gut.

Dazu haben sie auch den diensttuenden Reichspräsidenten
eingeladen.
Bei dem steht aber die Stadt Frankfurt nicht recht in Gnaden,
und so ist er auch zur Mainbrücken-Feier nicht gekommen.
Denn er hat, glaube ich, den Frankfurtern übel genommen,
daß sie – pfui Deubel! – Demokraten sein.
Und darauf sagte er: »Nein!«
Gut.

Die Frankfurter haben sich den Schmerz von der Nase gewischt
und machten sich aus der präsidentlichen Abwesenheit weiter
nischt.
Wo aber – das fragen wir uns – war der hohe Gast,
der fast in eine republikanische Demokratenstadt hineinzufallen
in die schmerzliche Lage gekommen wäre?
In Berlin? Nein. In Köln? Nein. In Königsberg? Nein.
Vielmehre,

weil man ihn dorthin zu einer Familienfeier lud:
In Stolp. (Hinterpommern.)
Gut.

Ja da –!
Da gehts noch zu wie in einem altdeutschen Napfkuchen.
Da kann man sich die Republikaner mit der Reichswehrlaterne
suchen.
Da kommen noch abends die Honoratioren zusammen,
sitzen breitährig da und tun die verfluchte Judenrepublik
verdammen.
Da ist noch deutsche Ordnung, Zucht, Sitte und Gottesfurcht in
schönem Quartett
und kein Wasserklosett.

Dortselbst weihte unser Oepperster ein Stadion ein.
Stolp (Hinterpommern) scheint wichtiger als eine Brücke über
den Main,
die Nord und Süd verbindet, eine schöne Allegorie aus Granit.

Jeder, wohin es ihn zieht.

Heinrich Wassermann

Am Freßgass-Brunnen

Der wolkenverhangene Himmel, das Donnergrollen und die Radiowarnungen vor Aquaplaning auf der Autobahn am Sonntag vermochten die Erinnerung an das Kaiserwetter des Samstags nicht zu trüben. Die Freßgass' hatte ihrem volkstümlichen Namen Ehre gemacht, zumal an Ständen und Buden köstliches Naß aus hessischen Weingegenden angeboten wurde. Aber das Naß, das den Freßgass'-Brunnen hinabrieselte und in der Septembersonne glitzerte, erwies sich von noch größerer Anziehungskraft. Die vielen flanierenden Menschen erfreuten sich am Anblick der spielenden Kinder, die an den runden Steinen und im Becken herumtollten, vor Vergnügen kreischten und ihre splitternackten Popöchen berieseln ließen.

Dieses Bild eines »Kinderbrunnens«, zu dem sich bei schönem Wetter der Freßgass'-Brunnen entwickelt, ist von einer Lebendigkeit, die sich von den ornamentalen Brunnen mit Wasserspeiern oder Löwenköpfen abhebt. Diese sind eher für Ansichtspostkarten geeignet, aber jener lebt und funktioniert für die Menschen. Ein schlichter Brunnen mit nichts als Wasser. Aber was für ein Wasser, was für ein irisierendes Farbenspiel in jedem Tropfen, was für Kinder, was für eine aus allen Nähten platzende Lebensfreude, was für ein Jauchzen, wenn Papi oder Mutti dem Knirps das durchnäßte Höschen auszog, um es auszuwringen!

Hier am Freßgass'-Brunnen offenbaren die Kleinen in den ersten Jahren des Lebens die lautere Unschuld, die den Erwachsenen später so schmerzlich abgeht. Es sollte mehr solcher Brunnen geben, in denen Kinder planschen können. Später wird ihnen ja das Lachen vergehen, wenn sie auf der Suche nach dem verlorenen Paradies aus der Welt der Erwachsenen nicht mehr zurückfinden. Die Großgewordenen stehen herum, und manch einer sinniert: Mein Gott, was hätte nicht alles aus uns werden können? Und was sind wir geworden? Erwachsene.

Werner Bergengruen

Deutsche Reise

[...] Die Wetterau, zu deren Hüterin die alte Friedberger Reichsburg bestellt ist, erscheint als Vorhof der langgereckten oberrheinischen Tiefebene; der breite, in fürstlicher Ruhe strömende Main ist die Schwelle, die Vorhof und Hauptraum gegeneinander abteilt. Allein Wetterau und Oberrheinebene sind verhältnisweise kleine Gemächer; der Main aber ist zugleich die Schwelle zwischen den beiden größten Sälen des deutschen Hauses, nicht sie trennend, sondern vom einen in den anderen den guten Übergang gewährend. An dieser Schwelle liegt Frankfurt, nach Norden und Süden gleichermaßen ausstrahlend. Verzichtet man darauf, den Begriff einer Hauptstadt gleichzusetzen mit dem einer Residenz, der ja in Deutschland erst spät eine Geltung erlangt hat, so darf man Frankfurt wohl als eine deutsche Hauptstadt begreifen. Es war der Ort der Kaiserwahl und es wurde auch zum Ort der Kaiserkrönung. Es war der Ort Goethes, es war der Ort des Deutschen Bundestages und damit etwas wie die Herzkammer des Reiches in der Zeit seiner Verwaisung. Es war der Ort der Nationalversammlung und es war der Ort jenes Friedens, der am 10. Mai 1871 im Gasthof zum Schwan geschlossen wurde und die Bestimmung hatte, den deutschen Stämmen und Ländern eine neue Form kaisertümlichen Zusammenschlusses zu verbriefen.

Vier Frankfurter Örtlichkeiten tragen, vier Pfeilern gleich, den deutschen Himmel, der sich über dieser Stadt wölbt: der

Römer, der Dom, die Paulskirche und das Haus am Großen Hirschgraben. Mit diesen vieren ist Frankfurt eine hohe Schule aller deutschen Vergangenheit und damit eine Bürgin der Zukunft. Denn die Zukunft fällt nicht aus dem luftlosen Himmel wie ein Meteorstein, sie wächst geduldig aus dem Boden, den Jahrtausende bestellten.

Max Frisch

Tagebuch 1946–1949

Frankfurt, Mai 1946

Wenn man in Frankfurt steht, zumal in der alten Innenstadt, und wenn man an München zurückdenkt: München kann man sich vorstellen, Frankfurt nicht mehr. Eine Tafel zeigt, wo das Goethehaus stand. Daß man nicht mehr auf dem alten Straßenboden geht, entscheidet den Eindruck: die Ruinen stehen nicht, sondern versinken in ihrem eigenen Schutt, und oft erinnert es mich an die heimatlichen Berge, schmale Ziegenwege führen über die Hügel von Geröll, und was noch steht, sind die bizarren Türme eines verwitterten Grates; einmal eine Abortröhre, die in den blauen Himmel ragt, drei Anschlüsse zeigen, wo die Stockwerke waren. So stapft man umher, die Hände in den Hosentaschen, weiß eigentlich nicht, wohin man schauen soll. Es ist alles, wie man es von Bildern kennt; aber es ist, und manchmal ist man erstaunt, daß es ein weiteres Erwachen nicht gibt; es bleibt dabei: das Gras, das in den Häusern wächst, der Löwenzahn in den Kirchen, und plötzlich kann man sich vorstellen, wie es weiterwächst, wie sich ein Urwald über unsere Städte zieht, langsam, unaufhaltsam, ein menschenloses Gedeihen, ein Schweigen aus Disteln und Moos, eine geschichtslose Erde, dazu das Zwitschern der Vögel, Frühling, Sommer und Herbst, Atem der Jahre, die niemand mehr zählt –

In einer Anlage, als ich erwache und die Augen aufmache: die spielenden Kinder, die mich geweckt haben, ihre Kleidchen, ihre sehr dünnen Gesichter und der Gedanke daran, daß sie noch nie eine ganze Stadt erblickt haben, dann der Gedanke, daß sie nichts dafür können: weniger als irgendeiner von uns. Zuzeiten ist es das einzige, was außer Zweifel steht; Zuversicht und Auftrag. Über die dringende Hilfe hinaus, die sie vor dem Hunger retten muß sowie alle andern Kinder, geht es vor allem darum, daß sie keine Verdammten sind, keine Verfemten, gleichviel, wer ihre Väter und ihre Mütter sein mögen; wir schulden ihnen mehr als Erbarmen: wir dürfen sie nicht einen Augenblick lang anzweifeln oder es wird unsere Schuld, wenn sich alles wiederholt.

Am Bahnhof:

Flüchtlinge liegen auf allen Treppen, und man hat den Eindruck, sie würden nicht aufschauen, wenn mitten auf dem Platz ein Wunder geschähe; so sicher wissen sie, daß keines geschieht. Man könnte ihnen sagen, hinter dem Kaukasus gebe es ein Land, das sie aufnehmen werde, und sie sammelten ihre Schachteln, ohne daß sie daran glaubten. Ihr Leben ist scheinbar ein Warten ohne Erwartung, sie hangen nicht mehr daran; nur das Leben hangt noch an ihnen, gespensterhaft, ein unsichtbares Tier, das hungert und sie durch zerschossene Bahnhöfe schleppt, Tage und Nächte, Sonne und Regen; es atmet aus schlafenden Kindern, die auf dem Schutte liegen, ihren Kopf zwischen den knöchernen Armen, zusammengebückt wie die Frucht im Mutterleib, so, als wollten sie dahin zurück.

Anmerkungen des Herausgebers

Der vorliegende Band versammelt Texte über Frankfurt aus über acht Jahrhunderten. Aufgenommen wurden Texte verschiedenster Provenienz, von Gelehrten, Historikern, Reisenden, Diplomaten, Kaufleuten, das Gros der Texte stammt indes von (zumeist deutschsprachigen) Schriftstellern, denen das Erzählen und Beschreiben Metier ist. Von vielen bekannten und auch von weniger bekannten, manche auch von (ganz) unbekannten. Einige der Texte stammen von Frankfurtern selbst, hier Geborenen, hier Lebenden, die meisten von »Auswärtigen«, solchen, die aus diversen Gründen kurz oder lang nach Frankfurt kamen.

Über Frankfurt ist viel geschrieben worden, die Stadt kommt in zahlreichen Texten vor, in Berichten, Dokumenten, Erzählungen, Stücken, Romanen, Poesien, Essays, Sagen, Märchen und Briefen. Manchmal sind es – natürlich – nur ein paar Zeilen, eine Passage, eine Anekdote, manchmal sind es längere und zuweilen auch lange Texte, die Frankfurt selbst als Hauptgegenstand haben.

Allein diese große Anzahl der Texte erzählt etwas über die Stadt; sie dokumentiert ihren historischen Rang und ihre Bedeutung, in Deutschland, in Europa.

Dieses Buch richtet sich an Frankfurter, ja, unbedingt – an die, die mehr wissen wollen über den Ort, an dem sie leben. Es richtet sich zudem in derselben ausdrücklichen Weise an alle Reisenden, Nachbarn – an alle, die nach Frankfurt kommen, für einen Tag, eine Weile, ein Leben.

Der Nebel zerteilte sich, eine weiße Hirschkuh mit ihren Jungen weist Karl dem Großen und seinem vor den wütenden Sachsen fliehenden Heer die rettende Furt durch den Main – als Dank für die Rettung versprach der Kaiser in einem Gebet, an dieser Stelle eine Stadt zu erbauen, die zu Ehren Gottes erblühen solle …

Von dieser sagenhaften Gründung der Stadt können Sie lesen, von anderen Sagen und Mythen, von der tatsächlichen Entstehung der Stadt und von ihren Entwicklungen, die sie häufig im Mittelpunkt deutscher und europäischer Geschichte haben stehen lassen. Von der Geschichte eines kleinen Hügels in einer sumpfigen, von vielen Seitenarmen des Mains durchzogenen Niederung, der nahe einer Furt lag – dem Domhügel, dem ältesten Teil der Frankfurter Altstadt, der seit der Römerzeit besiedelt war (vielleicht bereits in Phasen der Jungsteinzeit), auch in merowingischer Zeit, bevor dann Karl der Große an der »Franconofurd« eine Pfalz bauen ließ und sein Sohn Ludwig der Fromme der Stadt 838 die ersten Mauern gab.

Von den wahrhaft spektakulären jährlichen Messen können Sie lesen, die seit dem zwölften Jahrhundert die Menschen aus ganz Europa anzogen und Frankfurt zu einer bedeutenden Handelsstadt in Europa machten; davon, dass man in Frankfurt einst so gut (und viel) essen konnte wie in keiner anderen Stadt Deutschlands (was man aß und wo!); selbstverständlich von den über viele Jahrhunderte aufwendig inszenierten Wahlen und später auch Krönungen der deutschen Kaiser, die ein großer Trubel waren; von einem großen, ungeheuer lebendigen jüdischen Leben und seinem Schicksal, unter anderem von der »Judengasse«, dem größten jüdischen Ghetto der frühen Neuzeit in Deutschland; davon selbstverständlich auch, wie Goethe seine Stadt erlebte; von Schlachten und Kriegen, die die Stadt in ihrer Geschichte trafen; davon, wie die Stadt eine Stadt der »Wissenschaften, der Gelehrten und der Künste« wurde; vom ersten deutschen Anlauf einer parlamentarischen Demokratie, von der volksfestartigen ersten Nationalversammlung am 18. Mai 1848 und dem Schicksal dieser Unternehmung; wie »aus der ganzen Stadt ein Park« (so Goethes Mutter an Goethe) und ein Paradies für Flaneure wurde, als man die jahrhundertealten Befestigungsanlagen schleifte und einen Gartenring daraus machte, der noch heute die ganze Innenstadt umgibt; wie der Teufel um Hilfe gebeten wurde, den Bau der Sachsenhäuser Brücke zu vollenden und was sein Preis war; von den Frankfurter Frauen können Sie lesen, die als besonders emanzipiert galten; vom »Charakter« des »gemeinen Mannes« in Frankfurt, der »fast durchgehends geschäftig, reinlich, und anständig gekleidet ist«.

Von diesen und vielen weiteren großen Ereignissen und Dingen können Sie erfahren, aber eben vor allem auch von den »kleinen«, wunderbaren Dingen, die erzählenswert waren und sind, das Leben der Stadt und ihrer Menschen ausmachten. Sie können von diesen Begebenheiten nicht wie in einem Geschichtsbuch lesen, sondern punktuell, subjektiv, rhapsodisch – insofern »zufällig«. Viele wichtige historische Ereignisse können Sie zudem gar nicht in den vorliegenden Texten wiederfinden, vor allem solche aus den frühen Epochen.

Am Ende können Sie vielleicht ein wenig mehr verstehen, wie Frankfurt der höchst plurale – der vielgestaltige, bunte, kontrastreiche, (größtenteils ganz unproblematisch) widersprüchliche, auch der internationale Ort wurde, der er heute ist. Diese Pluralität der Stadt fügt sich in Geschichte und Gegenwart zu keiner idealen Einheit, zu keinem harmonischen Ganzen, will es auch gar nicht – und genau das macht Frankfurt zu einem sehr realen Ort. Frankfurt zeigt sich als Stadt der ständigen Wechsel, »in dieser sich unablässig neu erfindenden Stadt ist der Wandel das einzige Beständige«, pointiert Karlheinz Braun. Vor allem werden Sie verstehen, wie Frankfurt die »freie Stadt«, die Stadt des »freien Sinns« wurde, wie Goethe es formulierte – die liberale Stadt.

Man staunt, wie viel von einer Stadt im Großen wie im Kleinen man erst begreift, wenn man ihre Geschichte kennt. Es ist ein besonderer Wert, sich die Geschichte der Orte zu vergegenwärtigen, an denen man lebt oder die man besucht – vor allem aber ist es ein großes Vergnügen; nicht selten, das ist sicher, wird Sie die Lektüre zum Schmunzeln bringen.

Der vorliegende Band versteht sich als eine bewusst subjektive Auswahl. Er erhebt keinerlei Ansprüche, auf eine (ganz und gar unmögliche) Vollständigkeit ohnehin nicht, nicht einmal auf eine »offizielle« Repräsentanz für die Stadt oder die Geschichte der Stadt. Was er indessen zu leisten hofft: Dass der Leser ein Bild gewinnt von der Stadt, ein Gefühl, eine Vorstellung.

Als erstes Kriterium der Auswahl galt: Man soll aus den Texten etwas erfahren über die Stadt, ihre Schicksale, ihre Menschen, ihre Bauten, ihre Orte, ihre Eigentümlichkeiten – über ihre Geschichte und ihre Geschichten. Etwas Wissenswertes, Bemerkenswertes, Amüsantes, etwas zum Weitererzählen, zum Nachdenken; auch Kurioses und weniger Bekanntes beziehungsweise (Nichtfachleuten) ganz Unbekanntes.

Der Band verfährt chronologisch.

Nicht aufgenommen sind Texte aus der Gegenwart respektive Texte gegenwärtiger Autoren. Nicht dass es diese nicht gäbe, im Gegenteil. Es gibt sie in schöner Abundanz: So viele Texte – so wunderbarer Autoren – gibt es, dass sie einen dicken eigenen Band ergäben, nachgerade erzwingen. Indessen: das Augenmerk dieses Bandes gilt der Geschichte der Stadt.

Hingewiesen sei an dieser Stelle zuletzt auf einige exzellente Bücher über Frankfurt (denen dieser Band Impulse und Hinweise verdankt).

Zu empfehlen ist das wunderbare Buch *Frankfurt. Ein Reisebegleiter* von Karlheinz Braun und dem 2001 verstorbenen Siegfried Diehl, das in sieben Spaziergängen durch das künstlerische Frankfurt – und weit über die Kunst und Literatur hinaus – die Gegenwart Frankfurts zeigt und dabei immer wieder in die Geschichte geht (Frankfurt am Main und Leipzig 2006).

Mit demselben Nachdruck ans Herz zu legen ist Maria Gazzettis hervorragendes Buch *Frankfurt. Literarische Spaziergänge* (Frankfurt am Main 2005).

Eine enorme Leistung erbringt der sehr schöne Band von Hilde Kathrein und Laura Krüger, *Liebe zu Frankfurt* (Frankfurt am Main 1990), der eine große Fülle an Texten zur Stadt liefert.

Autorenviten und Quellenverzeichnis

Achim von Arnim, eigentlich Carl Joachim Friedrich Ludwig von Arnim, wurde 1781 in Berlin geboren und starb 1831 in Wiepersdorf in Brandenburg. Er war ein deutscher Schriftsteller und zählt zu den bedeutendsten Vertretern der deutschen Romantik. Von 1798–1800 studierte er Rechts- und Naturwissenschaften in Halle, wo er Ludwig Tieck begegnete. 1800 wechselte er zum Mathematikstudium nach Göttingen, wo er Clemens Brentano und Johann Wolfgang von Goethe kennenlernte, und wandte sich dem eigenen literarischen Schreiben zu. 1801–04 unternahm er eine Bildungsreise durch Europa, während der er 1802 in Frankfurt seiner späteren Frau Bettine begegnete. Außerdem bereiste er mit Clemens Brentano den Rhein, lernte Madame de Staël kennen und traf 1803 in Paris Friedrich und Dorothea Schlegel. Von dort reiste er nach England und Schottland. 1805 erschienen die ersten Bände der Volksliedersammlung, die Arnim und Brentano unter dem Titel ›Des Knaben Wunderhorn‹ herausgaben. Nach der Schlacht bei Jena und Auerstedt ging Arnim nach Königsberg, wo er sich im Kreis des Reformers Freiherr vom Stein aufhielt. 1807 kehrte er mit Goethe nach Weimar zurück, reiste mit Brentano nach Kassel, wo er sich mit den Brüdern Grimm anfreundete. 1808 übersiedelte er nach Heidelberg, im Folgejahr zog er nach Berlin, wo er 1811 seine Verlobte Bettine heiratete. Ab 1814 lebte er überwiegend auf seinem Gut in Wiepersdorf, wo er an einem Schlaganfall starb.

Arnim, Achim von: Von der Belagerung der Stadt Frankfurt. In: Ders. und Clemens Brentano: *Des Knaben Wunderhorn*, Bd. 2, Stuttgart u. a. 1808.

Bettine von Arnim wurde 1785 als Elisabeth Catharina Ludovica Magdalena Brentano in Frankfurt am Main geboren und starb 1859 in Berlin. Sie war eine bedeutende Vertreterin der deutschen Romantik. Überdies war sie die Schwester von Clemens Brentano und heiratete 1811 dessen Freund Achim von Arnim; das Paar lebte allerdings überwiegend getrennt, sie in Berlin, er auf Gut Wiepersdorf. Ihre literarische Tätigkeit begann sie 1831 nach dem Tod ihres Mannes. Sie unterhielt Kontakte und Freundschaften u. a. zu Karoline von Günderode, Ludwig van Beethoven, Rahel Varnhagen, den Brüdern Grimm und Johann Wolfgang von Goethe. Ihre berühmten Briefwechsel mit einzelnen dieser prominenten Persönlichkeiten, die sie später herausgab, sind von ihr nach den Grundsätzen der romantischen Poetik überarbeitet und mitunter stark verändert worden; dennoch beeinflusste »Goethes Briefwechsel mit einem Kinde« die Rezeption Goethes in der Folgezeit beträchtlich.

Arnim, Bettine von: *Goethes Briefwechsel mit einem Kinde*. Berlin 1835.

Louise Aston wurde 1814 in Gröningen geboren und starb 1871 in Wangen im Allgäu. Sie war eine deutsche Schriftstellerin, die sich für die demokratische Revolution und die Frauenbewegung engagierte. Als Siebzehnjährige wurde sie gegen ihren Willen mit dem englischen Fabrikanten Samuel Aston verheiratet, mit dem sie u. a. in Magdeburg und Göttingen lebte und von dem sie sich 1844 nach einer Scheidung und erneuten Heirat endgültig trennte. 1846 wurde sie als »staatsgefährliche Person« aus Berlin ausgewiesen; sie trug – wie George Sand – Männerkleidung, rauchte auf offener Straße und lehnte jede Form organisierter Religion ab. Während der Unruhen in Schleswig-Holstein 1848 lernte sie ihren zweiten Mann kennen, mit dem sie nach Berlin zurückkehrte, wo dieser jedoch als radikaler Demokrat verhaftet und sie erneut ausgewiesen wurde. Sie zog nach Bremen. Nach der Entlassung ihres Mannes 1855 verließen sie Deutschland, um im Krimkrieg als Arzt und Pflegerin zu arbeiten. Sie kehrten später über die Ukraine, Siebenbürgen, Ungarn und Österreich nach Deutschland zurück.

Aston, Louise: *Revolution und Contrerevolution*. 2 Bde. Mannheim 1849, Bd. 2, S. 253–263.

Werner Bergengruen, geboren 1892 in Riga, gestorben 1964 in Baden-Baden, war ein deutschbaltischer Schriftsteller. 1911 begann er in Marburg ein Studium der Theologie, wechselte aber bald zu Germanistik und Kunstgeschichte, was er in München und Berlin fortsetzte, aber nicht abschloss. Während des Ersten Weltkrieges meldete er sich als Freiwilliger. Ab 1919 war er als Journalist tätig, zog 1922 nach Berlin. In diesem Jahr erschien sein erster Roman als Vorabdruck in der ›Frankfurter Zeitung‹, 1925 wurde er Chefredakteur der ›Baltischen Blätter‹. Ab 1927 lebte er als freier Schriftsteller zunächst in Berlin, später in Solln bei München. Obwohl zu Beginn der NS-Zeit noch zahlreiche seiner Bücher erscheinen durften, wurde er 1937 aus der Reichsschrifttumskammer ausgeschlossen und in der Folge wurden seine Publikationen verboten. Er übersiedelte 1942 nach Tirol, 1946 in die Schweiz. Nach zwei Jahren in Rom lebte er ab 1958 in Baden-Baden.

Bergengruen, Werner: *Deutsche Reise*, S. 114–115. © 2004 by nymphenburger in der F. A. Herbig Verlagsbuchhandlung GmbH, München

Eduard Beurmann war ein deutscher Journalist und Redakteur, der 1804 in Bremen geboren wurde und 1883 starb. Er lebte einige Zeit als Sachverwalter in Bremen, Hamburg und Lübeck, zog dann nach Frankfurt am Main, wo er Redakteur der Oberpostamtszeitung war.

Beurmann, Eduard: Die Main-Lust. In: Ders.: *Frankfurter Bilder*. Mainz 1835.

Ludwig Börne wurde 1786 als Juda Löb Baruch im jüdischen Ghetto von Frankfurt am Main geboren und starb 1837 in Paris. Er war ein deutscher Journalist, Theater- und Literaturkritiker. Nach Studienjahren in Berlin, Halle, Heidelberg und Gießen wurde er 1811 Polizeiaktuar in Frankfurt am Main, 1815 jedoch wegen seiner jüdischen Herkunft entlassen. 1818 ließ er sich evangelisch taufen und änderte seinen Namen in Ludwig Börne. In den folgenden Jahren publizierte er erste Texte, unternahm zahlreiche Reisen und lebte zwischen 1820 und 1830 in München, Stuttgart, Frankfurt am Main und Paris. Er engagierte sich in seinen Texten für die Verbreitung der Demokratie, leitete aus der Pariser Julirevolution die Notwendigkeit einer Revolution für

Deutschland ab und bemühte sich um die deutsch-französische Freundschaft. Börne gilt dank seines Stils als Wegbereiter der literarischen Kritik, insbesondere des Feuilletons.

Börne, Ludwig: Aus meinem Tagebuche. In: Ders.: *Sämtliche Schriften.* Bd. 2. Düsseldorf 1964, S. 797–805.

Börne, Ludwig: Goethes Briefwechsel mit einem Kinde. In: Ders: *Sämtliche Schriften.* Bd. 1. Düsseldorf 1964.

Ludwig Braunfels, eigentlich Lazarus Braunfels, war ein deutscher Journalist, Dichter und Übersetzer, der 1810 in Frankfurt am Main geboren wurde und dort 1885 starb. Nach seinem Studium der Philologie in Heidelberg wurde er Redakteur in der liberalen ›Rhein- und Moselzeitung‹. 1838 nahm er in Bonn ein Jurastudium auf und ließ sich 1842 als Rechtsanwalt in Frankfurt am Main nieder. Parallel schrieb er weiterhin politische Artikel für die ›Frankfurter Zeitung‹ und Theaterkritiken, verfasste eine Geschichte der Frankfurter Nationalversammlung und war Mitbegründer des Deutschen Nationalvereins. Außerdem übersetzte er literarische Texte aus dem Spanischen und Französischen.

Braunfels, Ludwig: Frankfurt unter Karolingern und Staufern; Straßen und Plätze, Paläste und Spazierwege. In: *Liebe zu Frankfurt. Im Urteil von Dichtern, Denkern, Diplomaten.* Hrsg. v. Hilde Kathrein und Laura Krüger. Frankfurt am Main 1990.

Luise Büchner, 1821 geboren und 1877 gestorben in Darmstadt, war eine deutsche Schriftstellerin und Bürgerrechtlerin. Sie war die Schwester von Georg Büchner. Zeitlebens engagierte sie sich für den Bildungs- und Berufsanspruch der Frauen. Zusammen mit Prinzessin Alice gründete sie 1867 den gemeinnützigen ›Alice-Verein für Frauenbildung und -erwerb‹ in Darmstadt, dem sie bis zu ihrem Tod als Vizepräsidentin vorstand. Sie unternahm u. a. Reisen nach Holland, in die Schweiz, nach Heidelberg, Baden-Baden, Straßburg und ins Elsass.

Büchner, Luise: *Deutsche Geschichte von 1815–1870. Zwanzig Vorträge, gehalten an dem Alice-Lyceum zu Darmstadt.* Leipzig 1875, S. 409–414, 421–423.

Johann Ludwig Deinhardstein wurde 1794 in Wien geboren, wo er 1859 auch starb. Er war ein österreichischer Schriftsteller, Literaturkritiker, Dramaturg und Hofbeamter. Er studierte zunächst Rechtswissenschaft und trat in den Staatsdienst ein. Bald schon wandte er sich der Literatur zu und erhielt 1827 den Lehrstuhl für Ästhetik an der Universität Wien. 1832 wurde Deinhardstein Dramaturg am Hofburgtheater, ab 1848 war er hauptberuflich Regierungsrat an der Polizeihofstelle, danach als Beirat der Landesregierung in literarischen und besonders das Theater betreffenden Angelegenheiten tätig. Von 1829–49 lag die Redaktion der ›Jahrbücher der Literatur‹ (ein unter Aufsicht von Metternich stehendes, repräsentatives Wissenschaftsblatt) in seiner Hand, für die u. a. Johann Wolfgang von Goethe, die Brüder Grimm, Wilhelm von Humboldt und August Wilhelm Schlegel Artikel verfassten.

Deinhardstein, Johann Ludwig: Vergnügungen zur Messezeit um 1830. In: Ders.: *Gesammelte dramatische Werke*. Leipzig, 1848–57.

Karl Enslin war ein deutscher Lehrer und Dichter, der 1819 in Frankfurt am Main geboren wurde und dort 1875 auch starb. Bekannt sind vor allem seine Kindergedichte und Weihnachtslieder.

Enslin, Karl: Frankfurt's Gründung; Auf dem Feldberg. In: Ders.: *Frankfurter Sagenbuch. Sagen und sagenhafte Geschichten aus Frankfurt am Main*. Frankfurt am Main 1861.

Friedrich Baron de la Motte Fouqué, geboren 1777 in Brandenburg an der Havel, gestorben 1843 in Berlin, war ein deutscher Dichter der Romantik. Er trat früh in die preußische Armee ein, nahm u. a. am Rheinfeldzug 1794 teil. 1798 verließ er die Armee und lebte als freier Schriftsteller auf seinem Gut bei Rathenow; einer seiner Förderer wurde August Wilhelm Schlegel. Sein Patriotismus führte ihn 1813 in die preußische Armee zurück und er nahm an den Befreiungskriegen teil, doch 1815 nahm er wieder seinen Abschied. Nach dem Tod seiner zweiten Frau 1831 heiratete er erneut und zog 1833 nach Halle (Saale), wo er Vorlesungen hielt. 1841 übersiedelte er nach Berlin.

Fouqué, Friedrich de la Motte: *Lebensgeschichte des Barons Friedrich de la Motte Fouqué*. Halle 1840, S. 157–160.

Georg Forster war ein deutscher Naturforscher, Ethnologe, Reiseschriftsteller, Journalist und Essayist, der 1754 in Nassenhuben bei Danzig geboren wurde und 1794 in Paris starb. Bereits als Zehnjähriger begleitete er seinen Vater auf einer Forschungsreise nach Russland, wo er an kartographischen Studien beteiligt war. 1766 übersiedelte er mit seinem Vater nach England, wo der Dreizehnjährige eine Übersetzung von Lomonossows »Kurze Russische Geschichte« ins Englische veröffentlichte. 1772 stachen Vater und Sohn, dieser als Zeichner angeheuert, mit Captain James Cook zu dessen zweiter Weltumseglung in See. Forster verfasste Studien zu Pflanzen- und Tierwelt der Südsee, wendete sich aber bald seinem eigentlichen Interessenschwerpunkt zu: der ethnographischen Forschung. 1777 veröffentlichte er seine Reisebeschreibung »Reise um die Welt«, die ihn sofort berühmt machte. 1779 wurde er Professor für Naturgeschichte in Kassel, wechselte 1784 ins damals polnische Vilnius. Er stand in regem Austausch mit den wichtigsten Vertretern der Aufklärung in Deutschland und publizierte regelmäßig Aufsätze zu Forschungsreisen seiner Zeit. 1788 nahm Forster die Stelle des Oberbibliothekars der Universität Mainz an und unternahm von dort aus 1790 mit Alexander von Humboldt eine ausgedehnte Reise, die er in dem dreibändigen Werk »Ansichten vom Niederrhein« schildert. Er beobachtete als Gegner des Ancien Régime die Revolution in Frankreich, trat 1792 dem Jakobinerclub bei und war aktiv an der Gründung der Mainzer Republik beteiligt. Als Abgeordneter des Nationalkonvents wurde er nach Paris entsandt, wo er die Schreckensherrschaft unter Robespierre erlebte. Er starb in Paris an einer Lungenentzündung.

Forster, Georg: *Ansichten vom Niederrhein: von Brabant, Flandern, England und Frankreich im April, Mai und Juni 1790*. Berlin 1989.

Max Frisch war ein Schweizer Architekt und Schriftsteller, der 1911 in Zürich geboren wurde und dort 1991 auch starb. Er zählt zu den bedeutendsten deutschsprachigen Schriftstellern der Nachkriegszeit. 1930 begann er ein Germanistik-Studium in Zürich und publizierte im Folgejahr seinen ersten Artikel in der ›Neuen Zürcher Zeitung‹. 1933 unternahm er eine ausgedehnte Balkan-Reise, die er mit währenddessen verfassten Feuilletonartikeln für die ›NZZ‹ finanzierte. 1935 reiste er nach Deutschland; erst in den vierziger Jahren begann Frisch die politischen Ereignisse kritisch zu hinterfragen. 1936 begann er ein Architekturstudium in Zürich, 1939 wurde er Kanonier der Schweizer Armee, 1941 schloss er sein Studium ab und eröffnete 1942 ein eigenes Architekturbüro. 1943 begann Frisch Theaterstücke zu schreiben, lernte am Zürcher Schauspielhaus Carl Zuckmayer, Friedrich Dürrenmatt und Bertolt Brecht kennen. 1946 reiste Frisch ins Nachkriegsdeutschland, 1951 und 1952 in die USA und nach Mexiko. 1955 schloss er sein Architekturbüro und lebte nun als freier Schriftsteller. 1960 folgte er Ingeborg Bachmann nach Rom, wo er bis 1965 lebte. Er reiste in den sechziger Jahren in die USA, nach Jerusalem, in die Sowjetunion, in die DDR, wo er Christa und Gerhard Wolf kennenlernte, und nach Japan. 1973–79 wurde Friedenau in Westberlin zum Lebensmittelpunkt des Schriftstellers, 1980–84 wohnte er in New York. Dann kehrte er nach Zürich zurück, wo er bis zu seinem Tod lebte.

Frisch, Max: *Tagebuch 1946–1949*, S. 40–42. © Suhrkamp Verlag Frankfurt am Main 1991

Catharina Elisabeth Goethe wurde 1731 in Frankfurt am Main geboren, wo sie 1808 auch starb. Sie war die Mutter von Johann Wolfgang von Goethe.

Goethe, Catharina Elisabeth: Frau Rat Goethe schildert ihrem Sohn die Stadtbeschießung 1796. In: *Liebe zu Frankfurt. Im Urteil von Dichtern, Denkern, Diplomaten.* Hrsg. v. Hilde Kathrein und Laura Krüger. Frankfurt am Main 1990.

Johann Wolfgang von Goethe (geadelt 1782) wurde 1749 in Frankfurt am Main geboren und starb 1832 in Weimar. Von 1765–68 studierte Goethe in Leipzig Jura, begeisterte sich jedoch eher für Poetikvorlesungen und seinen privaten Zeichenunterricht. Ein Blutsturz zwang ihn, das Studium abzubrechen und nach Frankfurt am Main zurückzukehren. 1770 ging er nach Straßburg, um sein Studium zu beenden. Er begegnete dort Johann Gottfried Herder, dessen Verständnis von Poesie und Sprache entscheidenden Einfluss auf ihn hatte. Nach Jahren als Anwalt in Frankfurt wurde er 1775 von Carl-August, der in ihm einen geeigneten Berater für die eigene Regierungstätigkeit sah, nach Weimar geholt. 1786 wurde Goethe von den Regierungsgeschäften beurlaubt und reiste nach Italien. Nach dieser zweijährigen Bildungsreise kehrte er nach Weimar zurück und übernahm 1791 (bis 1817) die Leitung des Hoftheaters. In dieser Zeit entwickelte sich die kollegiale Freundschaft mit Friedrich Schiller. Goethe ist als Dichter, Theaterleiter, Naturwissenschaftler, Kunsttheoretiker und Staatsmann der zentrale Vertreter der Weimarer Klassik.

Goethe, Johann Wolfgang von: Aus meinem Leben. Dichtung und Wahrheit. Erster Teil, 5. Buch. In: Ders.: *Hamburger Ausgabe in 14 Bänden*. Bd. 9. München 1974, S. 180–207.

Die Brüder Grimm sind als Sprachwissenschaftler und Sammler von Märchen weltbekannt geworden. Jacob Grimm wurde 1785 in Hanau geboren und starb 1863 in Berlin. Wilhelm Grimm wurde 1786 in Hanau geboren und starb 1859 in Berlin. Beide studierten in Marburg Rechtswissenschaften, begeisterten sich aber auch sehr für die romantische Literatur und den Minnesang. Nach dem Studienabschluss 1806 begannen sie in Kassel mit der Sammlung von Märchen und Sagen. Die Forschung Jacob Grimms zu Aufbau und Entwicklung der deutschen Sprache legte den Grundstein für die moderne Etymologie. Später gingen die Brüder nach Göttingen, Jacob wurde 1830 ordentlicher Professor und Wilhelm erst Bibliothekar, 1835 ebenfalls Professor. 1838 begannen sie ihre gemeinsame Arbeit am »Deutschen Wörterbuch«. Jacob Grimm war Abgeordneter der Frankfurter Nationalversammlung, 1848 waren die Brüder an der Formulierung der Menschenrechte für Deutschland beteiligt. Für eine Streitschrift gegen einen Verfassungsbruch des Königs von Hannover, Ernst August I., wurden sie entlassen und Jacob Grimm sogar des Landes verwiesen. Drei Jahre lebten sie im Exil in Kassel, bis der preußische König Friedrich Wilhelm IV. sie nach Berlin holte.

Grimm, Jacob und Wilhelm: Die Sachsenhäuser Brücke zu Frankfurt. In: Diess.: *Deutsche Sagen*. Zwei Bände in einem Band. München [1965].

Karl Gutzkow wurde 1811 in Berlin geboren und starb 1878 in Frankfurt am Main. Er war ein deutscher Schriftsteller, Dramatiker und Journalist. 1829 begann Gutzkow Philologie, Theologie und Rechtswissenschaft in Berlin zu studieren, unter anderem bei Georg Wilhelm Friedrich Hegel und Friedrich Schleiermacher. Die französische Julirevolution weckte 1830 sein politisches Interesse. 1833 bereiste er Oberitalien und Österreich und zog dann nach Leipzig. Seine Texte wurden 1836 in Preußen verboten, wie auch die Schriften Heinrich Heines und anderer. Ab 1837 lebte Gutzkow in Hamburg, wo er bis 1842 den ›Telegraph für Deutschland‹ herausgab, an dem u. a. Friedrich Engels, Friedrich Hebbel und Georg Herwegh mitarbeiteten. 1842 reiste Gutzkow erstmals nach Paris, wo er George Sand kennenlernte, Ende des Jahres zog er nach Frankfurt am Main. 1843 wurde die Zensur seiner Werke aufgehoben und er konnte wieder unter seinem Namen publizieren. 1846 übersiedelte er als Dramaturg nach Dresden, 1848 erlebte er den Ausbruch der Revolution in Berlin. Er bereiste Italien und das Rheinland. Nach einer schweren psychischen Krise und einem Selbstmordversuch lebte er in einem Sanatorium in Bayern, ging 1869 nach Berlin. 1875 zog er nach Heidelberg, 1877 erneut nach Frankfurt, wo er bei einem Schwelbrand ums Leben kam.

Gutzkow, Karl: Die drei Farben. In: Ders.: *Gesammelte Werke.* Frankfurt am Main 1845.

Wilhelm Hauff war ein Hauptvertreter der Schwäbischen Dichterschule, der 1802 in Stuttgart geboren wurde und dort 1827 starb. Hauff studierte von 1820–24 am Tübinger Stift Theologie, Philosophie und Philologie und war, wie Berthold Auerbach, Mitglied der Burschenschaft Germania. 1824–26 war er Hauslehrer in Stuttgart und publizierte erste Texte. Danach reiste er durch Frankreich, Holland und Norddeutschland. Er starb infolge eines Nervenfiebers, das er sich auf einer Reise nach Tirol zugezogen hatte.

Hauff, Wilhelm: Mein Besuch in Frankfurt. In: *Mitteilungen aus den Memoiren des Satan.* Stuttgart 1826/27.

Heinrich Heine, als Harry Heine 1797 in Düsseldorf geboren, ist einer der bedeutendsten deutschen Dichter und Journalisten des 19. Jahrhunderts. Er starb 1856 in Paris. Heine gilt als »letzter Dichter der Romantik« und gleichzeitig als ihr Überwinder. Er machte die Alltagssprache lyrikfähig, erhob das Feuilleton und den Reisebericht zur Kunstform. 1825 schloss er sein Jurastudium mit einer Promotion ab, während dem er seinen literarischen Interessen immer viel Raum gegeben hatte. Vor allem A. W. Schlegel gehörte zu seinen Lehrern. Ein Vierteljahrhundert lebte Heine in Paris, wo er, ebenso wie in Deutschland, eine geachtete Persönlichkeit des künstlerischen und politisch-gesellschaftlichen Lebens darstellte.

Heine, Heinrich: Mit Börne durch die Judengasse; Der Rabbi von Bacherach. In: Ders.: *Sämtliche Werke*. 16 Bde. Hier: Bd. 5: *Der Rabbi von Bacherach* und Bd. 11: *Ludwig Börne. Eine Denkschrift und Kleinere politische Schriften*. Hamburg 1975–1982.

Georg Herwegh wurde 1817 in Stuttgart geboren und starb 1875 in Lichtenthal bei Baden-Baden. Er war ein politisch aktiver Dichter des Vormärz und Übersetzer. 1835 begann er ein Studium der Theologie und Rechtswissenschaften in Tübingen als Stipendiat des Tübinger Stifts, von dem er jedoch 1836 verwiesen wurde. Er zog als freier Schriftsteller nach Stuttgart, 1839 ging er nach Zürich, 1843 nach Paris, wo er Heinrich Heine begegnete und mit vielen prominenten Intellektuellen verkehrte. 1851 zurück in Zürich freundete er sich mit Ludwig Feuerbach an, lernte auf einer Deutschlandreise Karl Marx und Michael Bakunin kennen. Er wurde zum Bevollmächtigten des neu gegründeten Allgemeinen Deutschen Arbeitervereins, von dem er sich später jedoch entfremdete. 1866 kehrte er als Mitstreiter der Arbeiterklasse nach Deutschland zurück, ließ sich in Baden-Baden nieder und veröffentlichte politische Gedichte, in denen er den preußischen Militärstaat und die Handlungsunfähigkeit der bürgerlichen Revolutionäre verurteilte.

Herwegh, Georg: Das Reden nimmt kein End. In: *Herweghs Werke*. Berlin, Weimar 1967.

E. T. A. Hoffmann (Ernst Theodor Amadeus Hoffmann) wurde 1776 in Königsberg geboren und starb 1822 in Berlin. Er war Schriftsteller, Jurist, Komponist, Kapellmeister, Musikkritiker, Zeichner und Karikaturist. 1792 begann er ein Jurastudium in Königsberg, das er in Glogau beendete. Sein Referendariat trat er in Berlin an, wo er Jean Paul kennenlernte und 1800 sein Assessorexamen ablegte. In den folgenden Jahren war er als Gerichtsassessor in Posen, Plotzk und Warschau tätig und beschäftigte sich mit musikalischen Kompositionen. 1807 verließ Hoffmann nach dem Einmarsch der napoleonischen Truppen in Warschau die Stadt, ging nach Berlin, wo er als freier Künstler leben wollte. 1808 zog er als Kapellmeister nach Bamberg, verlor die Anstellung am Theater jedoch nach einer verpatzten Premiere schon nach zwei Monaten wieder. 1810 wurde er als Direktionsassistent, Dramaturg und Dekorationsmaler wieder angestellt. Als er die Stelle des Kapellmeisters bei Joseph Seconda in Dresden und Leipzig angeboten kam, verließ er Bamberg. 1814 kam er nach dem Sieg Preußens über Napoleon ans Kammergericht nach Berlin. Hier knüpfte er Freundschaften mit Friedrich de la Motte Fouqué, Clemens Brentano und Adelbert von Chamisso an. 1816 wurde Hoffmann zum Kammergerichtsrat ernannt. Seine Talente als Jurist wie auch als bildender Künstler und Literat wurden von seinen Zeitgenossen unterschiedlich hoch geschätzt, doch sein Erfolg und Einfluss, auch auf Schriftsteller der Gegenwart, ist unzweifelhaft.

Hoffmann, E. T. A.: Das Schneiderlein von Sachsenhausen. In: Ders.: *Poetische Werke in sechs Bänden.* Bd. 6. Berlin 1963.

Johann Albrecht Jormann, geboren 1636, verstorben 1692, lebte als Obrist in Frankfurt am Main.

Jormann, Johann Albrecht: Das Gewimmel und Getümmel der Franckfurter Meß. In: *Liebe zu Frankfurt. Im Urteil von Dichtern, Denkern, Diplomaten.* Hrsg. v. Hilde Kathrein und Laura Krüger. Frankfurt am Main 1990.

Karl der Große, lat.: Carolus Magnus, engl./frz.: Charlemagne, wurde 747 geboren und starb 814 in Aachen. Er wurde 768 König des fränkischen Reiches und im Jahr 800 römischer Kaiser und gilt seit dem

Mittelalter als der bedeutendste Herrscher des Abendlandes. Mit seiner Krönung durch Papst Leo III. wurde das Kaisertum im Westen erneuert und unter seiner Herrschaft erfuhr das Frankenreich seine größte Ausdehnung. Die Eroberungen großer Teile Europas eröffneten Karl dem Großen die Möglichkeit, auf der Grundlage der lateinischen Sprache und Schriftkultur, der antiken Überlieferung und des Christentums eine kulturelle Formung des gesamten Reiches herbeizuführen, die bis heute nachwirkt.

Karl der Große: *Brief an den Bischof von Toledo im Jahre* 794. Bayerisches Staatsarchiv München.

Über das Leben des Autors *Johann Rudolf Karst* liegen uns leider keine Informationen vor.

Karst, Johann Rudolf: Lorbeer-Crantz der weltberuffenen Stadt Franckfurt. In: *Liebe zu Frankfurt. Die Stadt im Urteil von Dichtern, Denkern und Diplomaten.* Hrsg. v. Hilde Kathrein und Laura Krüger. Frankfurt am Main 1990.

Adolph Freiherr Knigge war ein deutscher Aufklärer und Schriftsteller, der 1752 in Bredenbeck bei Hannover geboren wurde und 1796 in Bremen starb. Von 1769–72 studierte er Jura in Göttingen. 1772 wurde er Hofjunker und Assessor der Kriegs- und Domänenkammer Kassel, 1777 erhielt er eine Anstellung am Fürstenhof von Sachsen-Weimar. Da ihm das Leben als Höfling zuwider war, ließ er sich 1778 als freier Schriftsteller in Frankfurt am Main nieder, war von 1780–84 Mitglied des Illuminatenordens. 1783 zog er nach Heidelberg, siedelte später nach Hannover, um sich um seine dortigen Güter zu kümmern. Ab 1790 lebte er in Bremen, wo er aus finanziellen Gründen das Amt eines Oberhauptmanns der großbritannisch-hannoverschen Regierung antrat. 1788 erschien sein wohl bekanntestes Werk, »Über den Umgang mit Menschen«, das später und bis heute als Benimmbuch verstanden wird, von Knigge selbst jedoch als soziologisches Werk angelegt war.

Knigge, Adolph Freiherr: *Der Roman meines Lebens, in Briefen herausgegeben.* 4 Teile. Teil 4. Riga 1781–83, S. 190.

Karl Malß wurde 1792 in Frankfurt am Main geboren und starb dort 1848. Er war ein deutscher Dichter, Architekt und Theaterdirektor. Nach einer kaufmännischen Lehre und der Teilnahme als Freiwilliger an den Befreiungskriegen gegen Napoleon wurde er Architekt. Doch er wandte sich dem Theater zu, schrieb sein erstes Stück in Frankfurter Mundart, »Die Entführung oder der alte Bürger-Capitain«, das beim Publikum großen Beifall fand. 1842 wurde Malß Pächter des Frankfurter Theaters, hatte jedoch wenig Erfolg. An Depressionen leidend beging er vermutlich Selbstmord.

Malß, Karl: *Die Entführung oder der alte Bürger-Capitain. Ein frankfurter Heroisch-Bojerlich Lustspiel in zwei Aufzügen.* Frankfurt am Main 1821.

Malwida Freiin von Meysenbug war eine deutsche Schriftstellerin und Mäzenin, die 1816 in Kassel geboren wurde und 1903 in Rom starb. Aus einem konservativen Elternhaus stammend, wurde sie zu einer Vertreterin der Aufklärung, studierte die Philosophie Hegels und der Junghegelianer, engagierte sich für die Frauenemanzipation, hatte Kontakte zu sozialistischen Kreisen und unterstützte schließlich die Märzrevolution von 1848. Ab 1850 studierte sie in Karl Fröbels Hamburger Frauenseminar, 1852 wurde sie aus Berlin ausgewiesen, ging nach London, 1860 nach Paris. Dort unterhielt sie Kontakte zu Richard Wagner, Hector Berlioz und Charles Baudelaire. 1872 lernte sie bei der Grundsteinlegung des Bayreuther Festspielhauses Friedrich Nietzsche kennen, dessen Gönnerin und Freundin sie wurde. Von 1874 bis zu ihrem Tod lebte sie in Italien.

Meysenbug, Malwida Freiin von: Memoiren einer Idealistin. In: Dies.: *Gesammelte Werke.* Bd. 5. Stuttgart 1922.

Gérard de Nerval, eigentlich Gérard Labrunie, wurde 1808 in Paris geboren, wo er 1855 auch starb. Er war ein französischer Schriftsteller. 1826 veröffentlichte er erste Gedichte, 1827 eine Übertragung von Johann Wolfgang von Goethes »Faust I« ins Französische, die ihm viel Anerkennung einbrachte. 1830 erschien eine Anthologie deutscher Lyrik, die er übersetzt hatte, und er wurde zu einem wichtigen Vermittler deutscher Literatur in Frankreich. Auf Drängen seines Vaters begann er 1832 ein Medizinstudium, das er zwei Jahre später abbrach. 1837 unternahm er mit Théophile Gauthier eine Reise nach Belgien, 1838 nach Deutschland und im Folgejahr nach Österreich. 1841 litt er erstmals an Wahnvorstellungen und verbrachte fast das ganze Jahr in Sanatorien. 1843 reiste er nach Malta, Kairo, Beirut, Rhodos, Smyrna, zwischen 1844 und 1847 hielt er sich in Belgien, Holland, London und Frankreich auf. Er schrieb Reisereportagen, aber auch Novellen und Gedichte, übersetzte weiterhin Lyrik, vor allem von Heinrich Heine, mit dem er befreundet war. Ab 1850 verschlechterte sich sein Gesundheitszustand zusehends und er hielt sich immer häufiger in Kliniken auf. 1854 führte ihn eine letzte Reise nach Deutschland. Zurück in Paris beging er, nach einem längeren Klinikaufenthalt, Selbstmord.

Nerval, Gérard de: Frankfurt bietet das Bild einer gotischen Großstadt. In: *Liebe zu Frankfurt. Im Urteil von Dichtern, Denkern, Diplomaten.* Hrsg. v. Hilde Kathrein und Laura Krüger. Frankfurt am Main 1990.

Johann Kaspar Riesbeck, geboren 1745 in Höchst, gestorben 1786 in Aarau, war ein deutscher Jurist, Schriftsteller, Schauspieler und Illuminat. 1768 begann er ein Studium in Mainz, das er für Reisen durch Deutschland mehrfach unterbrach. Er unterhielt Kontakte zu Vertretern des Sturm und Drang, traf in Frankfurt am Main mit Johann Wolfgang von Goethe zusammen. Eine tätliche Auseinandersetzung mit einem Domherren zwang ihn 1775 Mainz zu verlassen. In Salzburg und Wien lebte er als Schauspieler, Übersetzer, Journalist und Schriftsteller. Durch die Fürsprache Goethes wurde er 1780 Redakteur der neugegründeten ›Zürcher Zeitung‹. Trotz großer literarischer Erfolge starb er 1786 einsam und verarmt im schweizerischen Aarau.

Riesbeck, Johann Kaspar: Brief eines reisenden Franzosen über Deutschland an seinen Bruder in Paris. Zwey und sechzigster Brief. In: *Liebe zu Frankfurt. Im Urteil von Dichtern, Denkern, Diplomaten.* Hrsg. v. Hilde Kathrein und Laura Krüger. Frankfurt am Main 1990.

Joachim Ringelnatz, eigentlich Hans Gustav Bötticher, wurde 1883 in Wurzen geboren und starb 1934 in Berlin. Der deutsche Schriftsteller, Kabarettist und Maler ist vor allem für seine Figur Kuttel Daddeldu bekannt. Bis 1909 schlug sich Ringelnatz mit Gelegenheitsjobs durch, dann bestritt er kurze Zeit seinen Lebensunterhalt als Kabarettist in der Münchner Künstlerkneipe ›Simplicissimus‹, wo u.a. Erich Mühsam, Frank Wedekind und Max Reinhardt verkehrten. 1914 meldete er sich zum Kriegsdienst. Seit 1910 hatte er Texte publiziert, doch erst ab 1919 tat er dies unter dem Pseudonym Joachim Ringelnatz. 1920 zogen er und seine Frau nach Berlin. Der unpolitische Ringelnatz unterschätzte die Nationalsozialisten, 1933 erteilten diese ihm Auftrittsverbot. 1934 reiste er noch zu Gastspielen in die Schweiz, starb jedoch kurz darauf an Tuberkulose.

Ringelnatz, Joachim: Frankfurt am Main. In: Ders.: *Das Gesamtwerk in sieben Bänden*. Bd. 1. Berlin 1984.

Hans Sachs wurde 1494 in Nürnberg geboren und starb dort 1576. Er war ein deutscher Spruchdichter, Meistersinger und Dramatiker. Von 1508–11 absolvierte er eine Schuhmacherlehre und ging dann für fünf Jahre auf Gesellenwanderung. Während dieser Zeit soll er sich in Innsbruck zum Studium des Meistersangs entschlossen haben, nahm schließlich in München Unterricht. 1516 siedelte er sich in Nürnberg an, wurde dort 1520 Schuhmachermeister und aktives Zunftmitglied der Meistersinger. Außerdem unterstützte er schon früh die Reformation, verbreitete die Lehre Martin Luthers. Er war einer der bekanntesten Dichter des 16. Jahrhunderts und sein Werk gilt heute als ein bedeutendes Zeugnis der reichsstädtischen bürgerlichen Kultur jener Zeit. Überdies prägt bis heute das Denkmal, das Richard Wagner ihm in den »Meistersingern« setzte, das öffentliche Bild Sachs'.

Sachs, Hans: Schwank: Von dem frommen adel. In: Ders.: *Spruchgedichte. Aus dem Nachlass*. Buch 4, Teil 3. Augsburg 1578.

Paul Schede, auch Paulus Melissus, wurde 1539 in Mellrichstadt geboren und starb 1602 in Heidelberg. Er war ein neulateinischer Schriftsteller, Übersetzer und Komponist. Von 1557–59 studierte er Philologie in Erfurt und Jena, ging dann nach Wien, wo er 1561 zum Poeta laureatus ernannt wurde. Er unternahm Reisen nach Prag, Wittenberg, Leipzig, nach Frankreich, in die Schweiz, nach Italien und England. 1580–84 lebte er in Nürnberg, ging einige Zeit nach Paris und wurde 1586 schließlich mit dem Titel Kurpfälzischer Rat Verwalter der kurfürstlichen Bibliotheca Palatina in Heidelberg.

Schede, Paul: Gleichwie Hellas. In: *Liebe zu Frankfurt. Im Urteil von Dichtern, Denkern, Diplomaten.* Hrsg. v. Hilde Kathrein und Laura Krüger. Frankfurt am Main 1990.

Robert Schumann war ein deutscher Komponist und Pianist, der 1810 in Zwickau geboren wurde und 1856 in Endenich (heute ein Stadtteil von Bonn) starb. Er studierte 1828–30 Jura in Heidelberg und Leipzig, widmete sich aber lieber der Musik und begann zu komponieren. 1840 heiratete er Clara, die Tochter seines Klavierlehrers Friedrich Wieck. 1843 kam er durch Vermittlung Felix Mendelssohn Bartholdys als Lehrer ans Leipziger Konservatorium, 1844 als Chorleiter nach Dresden. 1850 wurde er Städtischer Musikdirektor in Düsseldorf, wo ihn Johannes Brahms aufsuchte und mit seinem Talent beeindruckte. Körperliche und seelische Leiden trieben ihn 1854 zu einem Selbstmordversuch, woraufhin er in die Heil- und Pflegeanstalt in Endenich eingewiesen wurde.

Schumann, Robert: Brief an die Mutter. In: *Liebe zu Frankfurt. Im Urteil von Dichtern, Denkern, Diplomaten.* Hrsg. v. Hilde Kathrein und Laura Krüger. Frankfurt am Main 1990.

Johann Gottfried Seume war ein deutscher Schriftsteller und Dichter, der 1763 in Poserna, Sachsen, geboren wurde und 1810 in Teplitz, Böhmen, starb. Seume studierte in Leipzig Theologie und wurde 1781 von Soldaten auf dem Weg nach Paris aufgegriffen und vom Landgrafen von Hessen-Kassel als Soldat an England für den Amerikanischen Unabhängigkeitskrieg verkauft; er erreichte 1782 Kanada, wo nicht mehr gekämpft wurde. Im folgenden Jahr wurde er nach Bremen zurückgebracht und erst 1787 gegen Kaution freigelassen. Er studierte dann Jura, Philologie, Altphilologie und Geschichte in Leipzig. 1792 ging er als Sekretär und Adjutant des russischen Generals Igelström nach Russland, 1793 begleitete er ihn nach Warschau, wo er in Gefangenschaft geriet. Er kehrte nach Leipzig zurück und arbeitete von 1797 an als Lektor in Grimma. Ab 1801 unternahm er zwei große Reisen, die ihn durch mehrere europäische Länder führten.

Seume, Johann Gottfried: *Spaziergang nach Syrakus im Jahre* 1802. Braunschweig 1803, S. 589–590.

Karl Simrock war ein deutscher Dichter, Philologe und Ethnologe, der 1802 in Bonn geboren wurde und 1876 dort auch starb. Er immatrikulierte sich 1818 für ein Jurastudium in Bonn und besuchte Vorlesungen von Ernst Moritz Arndt und August Wilhelm Schlegel. Ab 1822 setzte er das Studium in Berlin fort, wo er als Richter am Königlichen Kammergericht angestellt wurde. In Berlin freundete er sich mit Adelbert von Chamisso an und begann, Gedichte zu veröffentlichen. 1830 wurde er wegen eines als revolutionär eingestuften Gedichts zur französischen Julirevolution aus dem Staatsdienst entlassen. 1832 kehrte er nach Bonn zurück, 1834 wurde er zum Doktor der Philosophie promoviert, 1850 zum außerordentlichen, 1853 zum ordentlichen Professor für deutsche Sprache und Literatur ernannt. Vor allem die Übertragung des Nibelungenliedes und der Gedichte von Walther von der Vogelweide begründeten Simrocks Ruf.

Simrock, Karl: Frankfurts Weg zur freien Reichsstadt; Die Frankfurter – ein sehr geistreicher Menschenschlag. In: *Liebe zu Frankfurt. Im Urteil von Dichtern, Denkern, Diplomaten.* Hrsg. v. Hilde Kathrein und Laura Krüger. Frankfurt am Main 1990.

Johanna Spyri wurde 1827 in Hirzel, Kanton Zürich, als Johanna Louise Heusser geboren und starb 1901 in Zürich. Sie war eine Schweizer Jugendbuchautorin. 1852 heiratete sie den Zürcher Rechtsanwalt und späteren Stadtschreiber Johann Bernhard Spyri, der zum engsten Freundeskreis Richard Wagners in Zürich gehörte. Erst als 44jährige veröffentlichte sie ihre erste Erzählung, 1880 erschien ihr Roman »Heidis Lehr- und Wanderjahre«, der eines der erfolgreichsten Kinderbücher der Welt wurde.

Spyri, Johanna: *Heidis Lehr- und Wanderjahre.* Gotha 1880, S. 115–118, 125–131.

Johann Steinwert von Soest, eigentlich Johann Grumelkut, wurde 1448 in Unna geboren und starb 1506 in Frankfurt am Main. Er war Sangesmeister am Heidelberger Hof, bevor er sich 1500 als Stadtarzt in Frankfurt am Main niederließ.

Steinwert von Soest, Johann: *Ein Spruchgedicht zu Lob und Ehre der Stadt Frankfurt* (*Eyn Spruchgedicht zu lob und eer der Statt Franckfortt*, 1501). Erstveröffentlichung der Übertragung von Ursula Paintner.

Friedrich Stoltze wurde 1816 in Frankfurt geboren und starb dort 1891. Er war ein Frankfurter Heimat- und Mundartdichter und Journalist. Als Sechzehnjähriger kam er in Kontakt mit Ludwig Börne, dessen liberale Gedanken ihn beeinflussten. In der freiheitlich-demokratischen Zeitung ›Latern‹ veröffentlichte er satirische Texte zum Zeitgeschehen und über bekannte Persönlichkeiten. Wegen seiner Aktivitäten wurde er 1866 nach der Annektierung der Freien Stadt Frankfurt von Preußen mehrfach in Abwesenheit verurteilt und musste schließlich ins Exil gehen. Nach Aufenthalten in der Schweiz und Stuttgart kehrte er nach einer Amnestie in seine Heimatstadt zurück und betreute ab 1871 bis zu seinem Tod wieder das Erscheinen der ›Latern‹.

Stoltze, Friedrich: Frankfurt. In: *Die schönsten Dichtungen in Frankfurter Mundart*. Von Friedrich Stoltze. Hrsg. v. Henriette Kramer. Frankfurt am Main 1997.

Ludwig Tieck war ein deutscher Schriftsteller, Dichter und Übersetzer der Romantik. Er wurde 1773 in Berlin geboren, wo er 1853 auch starb. Er studierte Geschichte, Philologie und Literatur in Halle (Saale), Göttingen und Erlangen. Während der Studienzeit reiste er mit Heinrich Wilhelm Wackenroder nach Nürnberg, durch die Fränkische Schweiz bis ins Fichtelgebirge. 1794 brach er sein Studium ab und kehrte nach Berlin zurück, es erschienen erste Erzählungen und Romane. 1797 lernte er Friedrich Schlegel kennen und hielt sich 1798–1800 in Jena auf, wo er im Kreis der Frühromantiker verkehrte. 1801 übersiedelte er nach Dresden. In den Folgejahren lebte er teils in Berlin, teils auf Gut Ziebingen bei Frankfurt an der Oder. 1805 unternahm er eine Bildungsreise nach Italien, 1817 nach England. 1819–41 lebte er als freier Schriftsteller und Dramaturg des Hoftheaters in Dresden. 1842 berief König Friedrich Wilhelm IV. den renommierten Novellendichter und Shakespeare-Übersetzer als Geheimen Rat nach Berlin, wo dieser dann bis zu seinem Tod lebte.

Tieck, Ludwig: Der junge Tischlermeister. Novelle in sieben Abschnitten. In: Ders: *Werke*. Bd. 4, S. 357–362. Berlin 1836.

Kurt Tucholsky war ein deutscher Schriftsteller und Journalist, der 1890 in Berlin geboren wurde und 1935 in Göteborg starb. Er zählt zu den bedeutendsten Publizisten der Weimarer Republik. Er war Demokrat, Pazifist, politisch engagierter Journalist, Gesellschaftskritiker und zwischenzeitlich Mitherausgeber der Wochenzeitschrift ›Die Weltbühne‹. Nach dem Abitur begann Tucholsky 1909 ein Jurastudium in Berlin, das er 1912 beendete. Er war unterdessen bereits journalistisch und literarisch tätig, ab 1913 engagierte er sich bei der Theaterzeitschrift ›Die Schaubühne‹, die später in ›Die Weltbühne‹ umbenannt wurde. Seine publizistische Karriere wurde durch seine Einberufung als Soldat im Ersten Weltkrieg unterbrochen. 1918 übernahm Tucholsky die Leitung der satirischen Beilage des linksliberalen ›Berliner Tageblatts‹, genannt ›Ulk‹. Unter verschiedenen Pseudonymen veröffentlichte er seine politischen Leitartikel, Reportagen, Glossen, Satiren und Gedichte. Außerdem engagierte er sich etwa bei der Gründung der USPD 1919. Als Korrespondent der ›Weltbühne‹ und der ›Vossischen Zeitung‹ ging er 1924 nach Paris und hielt sich nur zwischenzeitlich in Deutschland auf. 1929 zog er angesichts der politischen Verhältnisse in seiner Heimat nach Schweden.

Tucholsky, Kurt: Kleine Dienstreise. In: Ders.: *Gesammelte Werke*. Bd. II. Reinbek bei Hamburg 1961.

Richard Wagner wurde 1813 in Leipzig geboren und starb 1883 in Venedig. Er war ein deutscher Komponist, Schriftsteller, Dramatiker, Theaterregisseur und Dirigent. Er gilt als Erneuerer der europäischen Musik des 19. Jahrhunderts, verstand die Oper als Gesamtkunstwerk. Außerdem gründete er die Festspiele, die noch heute im Bayreuther Festspielhaus stattfinden. Er studierte ab 1831 in Leipzig Musik. Nach Jahren in Riga und Paris siedelte er sich 1842 in Dresden an, wo ihm der künstlerische Durchbruch gelang. Hier lernte er Franz Liszt kennen, mit dem ihn eine lebenslange Freundschaft verband. Nach seiner Beteiligung am Dresdner Maiaufstand 1849 sah er sich gezwungen, in die Schweiz zu fliehen. Berufliche Gründe führten ihn in den nächsten Jahren nach Paris, Italien, London, nach Sankt Petersburg, Moskau, Budapest und Prag. Ab 1860 durfte der Revolutionär wieder deutschen Boden betreten. 1864 wurde Wagner von seinem Mäzen König Ludwig II. in München empfangen, verließ die Stadt jedoch bald wieder, um sich in der Nähe von Luzern niederzulassen. 1876 fanden die ersten Bayreuther Festspiele statt, bei denen der »Ring des Nibelungen« vollständig aufgeführt wurde. Wagner starb während eines Aufenthalts in Venedig in seinem Arbeitszimmer.

Wagner, Richard: *Mein Leben.* München 1911, S. 117–118, 712–713.

Über das Leben des Autors *W. Wagner* liegen uns leider keine Informationen vor.

Wagner, W.: Die Frankfurterinnen. In: *Liebe zu Frankfurt. Im Urteil von Dichtern, Denkern, Diplomaten.* Hrsg. v. Hilde Kathrein und Laura Krüger. Frankfurt am Main 1990.

Über das Leben des Autors *Heinrich Wassermann* liegen uns leider keine Informationen vor.

Wassermann, Heinrich: Am Freßgass-Brunnen. In: *Liebe zu Frankfurt. Im Urteil von Dichtern, Denkern, Diplomaten.* Hrsg. v. Hilde Kathrein und Laura Krüger. Frankfurt am Main 1990.

Karl Julius Weber war ein deutscher Schriftsteller und Satiriker, der 1767 in Langenburg geboren wurde und 1832 in Kupferzell starb. Er studierte Jura in Erlangen und Göttingen, bevor er am Genfer See eine Hauslehrerstelle antrat. 1792 wurde er Privatsekretär des Grafen von Erbach-Schönberg, 1799 Regierungsrat, später Hofrat der Regierungskanzlei zu König im Odenwald. 1802 begleitete er als Isenburgischer Hofrat den Erbgrafen auf dessen Reisen, nahm nach einem Zerwürfnis jedoch seinen Abschied. Von 1820–24 vertrat er das Oberamt Künzelsau in der württembergischen Ständeversammlung. Außerdem widmete er sich seinem literarischen Schaffen und unternahm zahlreiche Reisen u. a. nach Paris, Wien, Böhmen, Schlesien und an den Rhein.

Weber, Karl Julius: Das Stadtgebiet ist ein großer Garten; Die Frankfurter Küche steht auf der Höhe der Zeit. In: *Liebe zu Frankfurt. Im Urteil von Dichtern, Denkern, Diplomaten.* Hrsg. v. Hilde Kathrein und Laura Krüger. Frankfurt am Main 1990.

Eine Lese-Verführung

Literarisches, Kurzweiliges,
Erhellendes aus deutschen Landen

Der etwas andere Reisebegleiter für
den nächsten Streifzug durchs eigene Land

Diese Reihe nimmt deutsche Städte, Flüsse und Regionen in den Blick: Auszüge aus literarischen Klassikern, Gedichte, Sagen, Märchen und Briefe über die verschiedenen Landstriche versammeln Historisches und Mythisches, Kurioses und Aufschlussreiches.

Bislang erschienen:

Berlin
Band 65002

Dresden
Band 65004

Frankfurt
Band 65001

Harz
Band 65007

Rhein
Band 65006

Schwaben
Band 65003

Fischer Taschenbuch Verlag

fi 666 047/ 3